本书为华东师范大学
基地成果出版资助项目研究成果

重构关系：

多元教育治理的产权边界研究

宁本涛　　著

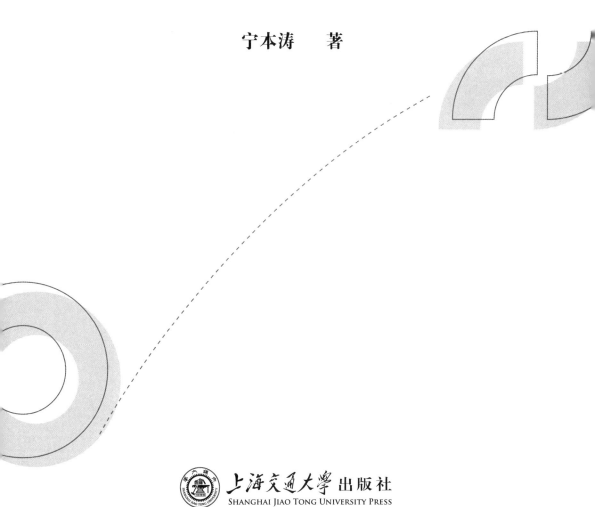

上海交通大学出版社
SHANGHAI JIAO TONG UNIVERSITY PRESS

内容提要

  产权研究是新制度经济学中的一个核心范畴。本书基于新制度经济学、新公共管理学、新制度教育学等跨学科视角，以制度创新理论、产权理论、委托代理理论、交易成本理论和场域-惯习理论为主要分析工具，重点探讨公共教育视域内公办和民办中小学教育产权制度的市场运行与法律保护的若干重点、难点和痛点问题。试图通过教师、学生、家长、管理者等各类教育利益相关者的教育责权利关系重构与价值调适，来规范教育治理中的产权边界不清、产权结构固化、产权保障与激励机制不力和价值误识等问题，着力提升教育治理理念、思维及能力的现代化水平，加快实现办人民满意的高质量教育之目的。

  本书适合教育学、经济学以及管理学等领域的研究人员、在读研究生和教育行政人员、中小学校长教师及教研人员阅读。

图书在版编目(CIP)数据

  重构关系:多元教育治理的产权边界研究/宁本涛
著.—上海:上海交通大学出版社,2022.11
  ISBN 978 - 7 - 313 - 24321 - 8

  Ⅰ.①重…　Ⅱ.①宁…　Ⅲ.①教育管理-研究-中国
Ⅳ.①G526

  中国版本图书馆 CIP 数据核字(2022)第 190742 号

重构关系:多元教育治理的产权边界研究
CHONGGOU GUANXI: DUOYUAN JIAOYU ZHILI DE CHANQUAN BIANJIE YANJIU

著　　者:宁本涛
出版发行:上海交通大学出版社　　　　　　地　　址:上海市番禺路 951 号
邮政编码:200030　　　　　　　　　　　　电　　话:021 - 64071208
印　　制:上海新艺印刷有限公司　　　　　经　　销:全国新华书店
开　　本:710mm×1000mm　1/16　　　　印　　张:14
字　　数:220 千字
版　　次:2022 年 11 月第 1 版　　　　　　印　　次:2022 年 11 月第 1 次印刷
书　　号:ISBN 978 - 7 - 313 - 24321 - 8
定　　价:78.00 元

前　言

　　教育有问题并非仅仅是"教育"的问题，需要"跳出教育看教育"。教育治理，本书特指政府，各类教育机构和社会及家庭共同对教育事务的相互协调和治理，使责任、权力利益和价值观得到调和并采取联合的持续的行动过程。教育治理和教育管理是两个不同概念，很容易混淆，教育管理是单向性的，唯一的主体是政府，具有一定的强制性，是自上而下的概念。而教育治理具有互动性，是政府和社会组织乃至家庭、个人自下而上共同参与与合作。产权经济学是新制度经济学和社会学中的一个核心范畴。本书基于新制度经济学、新公共管理学、新制度教育学等跨学科视角，以制度变迁与创新理论、产权理论、交易成本理论、委托代理理论以及博弈理论等为主要分析工具，重点探讨公共教育治理视域教育产权制度安排的市场运行与法律保护的效力与公平问题以及诸多教育产权主体之间关系重构的若干热点和难点问题。

　　本书共十二章，分为两大部分，第一部分是理论基础，包括第一至三章，就研究意义、文献综述、研究思路、核心概念以及教育治理产权制度变革的逻辑起点等问题进行详细分析和探讨；第二部分是个案和实证研究，包括第四至第十二章，着重分析和探讨国家教育办学体制改革中的个体教育产权保护以及我国公共教育行政管理体制、办学体制、民办和公办学校以及家庭内部治理结构改革中的教育产权结构、产权运行机制和产权效率实现等问题，并提出政策合理化建议。

　　第一章，导论。公共教育的市场竞争机制引入给教育公益性和行政性的传统认识带来了严峻挑战，教育具有公益性还是私益性？教育服务是公共产品还是私人产品？公共教育的提供方是政府还是市场？社会力量办学组织的性质是营利性的还是非营利性的？如果两者并存，如何进行教育产权制度设计与运营？等等。本章依据新制度经济学的相关理论资源，在总结已有教育产权研究成果的基础上，提出教育产权的市场运行与法律保护的边界问题，并就研究意义、文献综述、研究方法和理论基础进行阐释。

第二章，教育产权以及学校产权治理相关基本概念辨析。当前教育理论界使用教育产权这个概念时，常常忽视这个概念产生的时代背景，没有对教育产权范畴进行明确界定和特殊处理，所使用的教育产权概念基本等同于法学界通行的教育所有权概念，缺乏从产权经济学上对教育产权广义与动态运行机制内涵及外延的把握，造成教育产权研究和实践上的不够深入。本章通过文献法对产权（权利、责任及利益）、教育产权、教育产权制度等相关核心概念的内涵、外延及误解和争论进行创新性的语义解读和概念辨析研究。

第三章，我国公共教育产权制度变革与创新的逻辑起点研究。随着中国社会主义市场经济体制的深化、教育治理综合改革的深入，因教育产权归属不明、性质不清、流转不畅、激励不当和保障不力而产生的问题和矛盾逐渐凸显，已成为我国各级各类教育事业发展的主要瓶颈。本章对教育治理产权市场运行和法律保护的逻辑起点进行阐述和论证。

第四章，教育多元化办学体制改革中的不同教育利益相关者的产权保护及激励机制研究。本章对我国城市化进程中流动人口子女受教育权的产权保护问题进行深入分析，以上海民工子弟学校"转制"为例，在总结其成功经验的基础上提出进一步完善流动人口子女教育治理的制度创新安排。

第五章，"择校热"是中国基础教育需要根治的"老大难"问题。本章对分级办学与分级管理背景下国家与地方教育行政管理体制改革中的教育行政产权边界进行研究，以"就近入学"教育治理中的困境为例，对"就近入学"政府教育治理的公正性及其治理过程中的路径依赖问题进行深入分析，并提出优化"就近入学"教育治理成效的改进建议。

第六章，"全民减负"教育治理的产权困境及其出路研究。"解铃还须系铃人"，本章对我国中小学学生"减负"缘何会有"越减越负"问题的症结进行多重归因分析，在对我国基础教育公共服务产品属性再认识的基础上，提出精准减负的产权改进策略。

第七章，委托代理视域下的教育产权激励机制研究。本章以上海浦东

"教育委托管理"的教育产权创新试验为例,对该试验的现实背景、产生与发展动因以及实践成效进行深入分析,提出完善的教育分权激励机制是一个包括诸多要素、有机构成和积极相互关系的网状结构,它的三个基本组成部分即非正式制度、正式制度和实施机制,并不是相互独立的,而是相互联系和相互渗透,在一定条件下可以相互转化的。

第八章,"公民同招"教育治理的价值审视与平衡进路;第九章,基于信任关系重建的政府教育督导效能提升研究;第十章,教育治理中教师人力资本产权保护与激励机制研究;第十一章,教育学区化治理能有效缩小义务教育城乡差距吗——以 C 市 R 区为例;第十二章,"双减"实施现状、成效及教育治理生态重建研究。

以上内容构成本书整体。

目 录

第一章

导　论

改革开放四十多年的教育变革和进步可圈可点,我国的教育治理体制和机制虽然取得了较大进展,如全面发展素质教育办学理念逐步得到认可、办学体制逐渐实现多元化格局、学校治理方式逐步规范和民主化,但是随着我国市场经济体制的深化、教育综合改革的深入,因产权归属不明、性质不清、流转不畅和保障不力而产生的问题和矛盾逐渐凸显,已成为我国各级各类教育事业发展的主要瓶颈。

一、问题的提出

2018 年《中国家长教育焦虑指数调查报告》显示,中国家长教育综合焦虑指数达到 67 点,整体处于比较焦虑状态。在教育极端焦虑的裹挟之下,家长和社会的焦虑情绪弥散到学校,导致"教师不敢管、社会不愿管、家长舍不得管"的学校依法办学日常生态的失序、失信与危机。

先从一则网上笑话说起。话说,一日正在讲课,一学生要求上厕所,老师觉得影响课堂秩序,不准,结果孩子不幸尿于裤中。家长状告教育局:该老师违反人权,剥夺学生上厕所的权利,应严惩。又一日上课,一学生要求上厕所,老师批准。谁知该生在厕所滑倒受伤。家长状告教育局:课堂期间该老师擅自让学生离开课室,导致学生受到伤害,教师未尽到监护义务,应严惩。又一日上课,一学生要求上厕所,老师害怕他在厕所滑倒,前往陪护,谁知老师离开课堂期间,大量学生在教室打闹,多人受伤。家长联名状告教育局:该教师上课期间擅离工作岗位,致使多名学生打闹受伤,应严惩。又一日上课,又一学生要求上厕所,于是该老师带领全班学生一起去厕所。家长状告教育部门：该教师上课期间不传授学业，工作态度有严重问题，玩忽职守，不务正业，应严惩。这则笑话表面反映的是一种网络舆情，背后折射出的是深层次的教师教育惩戒权如何保护的问题。笑话旨在说明老师在教育教学过程中，对学生管也不是，不管也不是，道出了当前教育治理过程中师生责权利关系紧张的尴尬现状。

央视《经济与法》栏目曾做过一期"都是蚊子惹的祸"的节目。节目中说，一位学生可能是因为蚊子叮咬而得了乙脑，最终治疗无效而死亡。家长把孩子就读的学校告上了法庭，要求学校赔偿医疗费、死亡赔偿金、精神抚慰金等各项费用208843.70元。法院也很为难，因为无法确定蚊子的来历，也无法认定学校的监管责任。这事儿，家长当然也无法举证孩子的病是因为学校的蚊子叮咬而造成。同样，学校也不能证实学校的蚊子没咬过孩子。于是，只好从学校的管理方面找漏洞。然而，漏洞只要找，一定是有的。经过调查，发现孩子的蚊帐没挂，学校也没有给他挂上，而且，学校的纱窗还有点破旧。于是，法院判决学校赔偿家长各种损失5万元！因为一只不知道从哪儿飞来的蚊子，学校居然赔了5万元钱。如果这不是央视的节目，是不是我们也会当成笑话来看？从案例来看，只要学生出事，不管什么原因，不管在哪里出事，都能找出学校"教育不当，管理不善"的地方，学校都得承担责任，最终学校变成了"无限责任"公司。

由于教育治理不力所带来的教育焦虑也是一个全球化的问题。在人力资本理论和全球化竞争趋势的影响下，民众越来越相信教育的投入将带来更大的经济回报。即使在没有突出竞争文化传统的西欧和北欧国家，近年来政府和媒体也都高度关注本国学生在国际学生评估项目（PISA）等测评中的表现，这对社会和家庭的教育心态产生了一定影响。"密集教养"（intensive parenting）成为一种主流的教育文化。20世纪90年代，随着社会经济结构变迁和儿童早期发展研究的理论进展，在美国等国家的中产阶层家庭，一种以孩子为中心、专家指导、情感投入、劳动密集和经济昂贵的育儿方式逐渐成为主流。这种教养方式结合了权威型教养和专断型教养的特征，父母倾向于在子女发展的全过程进行干预，在幼儿早期照管、兴趣培训、课外补习等各个方面都在不断增加精力、时间和经济投入。这种"密集教养"原本是上层阶级和高收入家庭维护家庭文化和社会资本的一种方式，但现在却在整个社会蔓延。有研究者对美国3642名家长进行调查发现，不同阶层、种族和收入水平的家长普遍认同应当以更昂贵的方式养育子女。经济学家和社会学家认为,经济焦虑是"密集教养"方式背后重要的动因。西方各国近年来经济发展放缓,未来前景不确定性增加。相比于战后"婴儿潮一代",今天的家长普遍对子女能否在未来保持经济地位或者实现阶层跃升抱有极大的怀疑,只能通过增加育儿和教育投入来努力。网络时代公共媒体的大肆渲染和商业机构的推波助澜也进一步加重了这种焦虑。总之,教育如何实现从"学校化"到共同利益,从竞争到合作的重大的转向是当下中国乃至世界各国多元教育治理都必须解答的难题。

明晰产权是市场成熟的先决条件,应由产权界定清晰和流转通畅而理顺政府、学校、社会和教师、学生的责权利关系,为独立主体的发展创造基础条件,活化激励和竞争机制,让市场机制在需要和适宜发挥作用的领域淋漓尽致地发挥作用。构建促进教育和谐发展的产权制度,源于自保,更是为了抓住机遇促进发展。教育产业经营领域,在利与义的取舍和利与利的较量中,需要教育产权制度的规范和调整,从而对教育产权主体实现有效规范,节省教育产业交易费用,引导教育产权活动服务于教育产业更大价值的追求。

在国内教育市场机制不健全、发育不完善的情况下,现阶段我国教育治理体制改革和教育资源配置面临诸多机制性和政策性障碍,最为突出的是资源配置的主体不明确、目标不清晰、保障不完善、缺乏健全的法规政策支持等。在计划经济体制下形成的传统观念和政策制度,会成为教育资源优化配置的阻力。教育市场的规范与完善程度及其有效性决定和影响着教育资源配置的有效性。

质言之,当前我国多元教育治理产权领域存在的突出问题在于:由于缺乏科学完善的现代教育产权制度,目前,我国教育产权,不论是公立教育还是民办教育,政府与学校之间、学校与学生、家长之间、教师与学生之间以及家长与孩子之间依然存在产权不明晰、权责不明确、保护不严格和流转不顺畅,功利性与公益性关系处理不当等问题。

联合国教科文组织(UNESCO)继《学会生存:教育世界的今天和明天》和《学习:内在的财富》两部里程碑式的出版物后,发布的重要报告——《反思教育:向"全球共同利益"的理念转变》,在继承"终身学习"和"学习型社会"理念基础上,放眼世界,提出在相互依存程度日益加深的世界环境中,要实现人类可持续发展，应当"将知识和教育视为共同利益。这意味着，知识的创造及其获取、认证和使用是所有人的事，是社会集体努力的一部分"。但现实中，正规教育权被学校垄断，制度化教育意味着教育结果认证、能力筛选和人才选拔成为学校日常事务的一部分，社会力量逐渐消解，多元文化趋于统一。伊里奇认为，学校与社会之间形成了一种屏障，学校教育脱离社会，成了另一个"社会"。以"学校"为代表的正规教育是社会学习和学会生存的第一步，重要性不能削弱，但出于共同利益考量，教育需要更强的包容性与开放性，以保护多元文化与多样人群的受教育权。

二、文献综述

（一）国外的研究

探讨多元教育治理的产权边界问题，首先必须厘定何谓治理、何谓教育治理的问题。治理（governance），最早源于拉丁文和古希腊语，原指控制、引导和操纵，长期与统治（government）交叉使用并且用于国家事务相关的管理活动和政治活动中。但是从 20 世纪 90 年代以来，被广泛应用于政治、经济学领域，现在也被用在教育学领域。

英国学者查尔斯·拉布（Charles Raab）认为"治理意味着一种包括市场、政府和社会的新的互动方式，它回应了日益增加的社会复杂性、多边性及其政策事件和问题"。具体而言，治理是各种公共的或私人的个人和机构管理其共同事务的诸多方式的总和。它是使相互冲突的或不同的利益得以调和并且采取联合行动的持续的过程。这既包括有权迫使人们服从的正式制度和规则，也包括各种人们同意或符合其利益的非正式的制度安排。它有四个典型特征：首先，治理不是一整套规则，也不是一种活动，而是一个过程；其次，治理不是控制，而是相互尊重和沟通协调；再次，治理既涉及公共部门，也包括私人部门；最后，治理不是一种正式的制度或发布一系列政策文件，而是包括非正式制度和实施机制以及环境之间持续的互动。

所谓教育治理，本书特指多元教育利益和价值相关者如政府、学校、社会、师生以及家庭共同参与管理教育公共事务的过程，它呈现出一种新型的教育治理形态和民主形态。多元教育治理的直接目标是通过法治和善治，缓解教育生态的个体和集体焦虑，办好人民满意的高质量教育，即"满意的高品质教育治理"；最终目标是"人民满意的高质量教育"，即建立高效、公平、自由、有序、生态可持续发展的教育生态新格局。即最好的教育生态是让教育者不断感到自己是多余的,最好的治理是让管理者不断感到自己不被需要。理顺教育利益相关者之间规范、有效的产权关系是完善教育治理体系和推进教育治理现代化的关键,其核心是通过明责、分权、赋能、聚力、增值、商谈等多种方式调整优化共治主体的权、责、利关系,解决我国教育治理中社会力量参与不够、学校办学自主权缺失、教师工作积极性不高、政府宏观管理能力不足、学校内部治理结构不完善、学生学习与发展动力不足、教育效能低下等教育焦虑和内卷突出问题。

产权经济学研究是新制度西方经济学中的一个核心范畴。科斯是产权理论的开创者,理解科斯定理及其产权理论的核心内容和观点,必须首先理解"外部性"和"交易费用"这两个核心概念。无论是一个人还是一件事都会对其他的个体产生重大的影响。比如,汽车运输必然会产生废气污染环境,而植树造林发展林业就会形成改善环境的结果。外部性效应又可称为溢出效应、外部影响,指的是一个人或一群人的行动和决策对另一个人或一群人强加了成本或赋予利益,对旁观者造成了损失或者福利的情况。这种影响并不是在有关各方以价格为基础的交换中发生的,因此其影响是外的;如果给旁观者带来的是福利损失(成本),可称之为"负外部性";如果给旁观者带来的是福利增加(收益),则可称之为"正外部性"。全体社会成员都可以无偿享受的公共物品,可以说是正外部性的特例。个体经济活动付出的成本和得到的收益可谓个体(私人)成本和个体(私人)收益,而这一活动带给旁观者的额外成本和额外收益就是社会成本和社会收益。

科斯定理的要义是指,如果私人各方可以无成本地就资源配置进行协商,那么私人市场总能解决外部性问题,并有效地配置资源。假定甲有一条自己很喜爱的狗,但是狗的吠叫打扰了邻居乙。很显然,甲从所拥有的狗中得到了利益,但是这条狗却给乙带来了负外部性。两人通过对价格的协商,总可以达到有效率的结果。假定甲从养狗中得到的收益是500元,乙由于狗的吠叫承受700元的成本,于是,乙向甲支付600元,让甲放弃养狗,甲很乐意接受。这样,双方的境况都比以前好了,从而达到了有效率的结果。该定理旨在说明,任何经济社会活动,只要财产权是明确的,并且其交易成本为零或者很小,则无论在开始时将财产权赋予谁,市场均衡的最终结果都是有效率的。

国外学者很快将产权理论、交易费用理论及其方法的普适性运用到包括教育在内的社会分析之中。亨利·汉斯曼研究发现营利企业和非营利性组织的逻辑是相同的，基于"一般合约机制"理论，认为学校的非营利性实质是为了减少组织运行成本和产权交易费用的一种制度安排①，但是他没有看到社会对教育的监督是一种"超合约机制"。奥利弗·哈特利用不完全合同理论探讨了政府提供并生产教育服务的产权边界与重组问题②。列文对美国 20 世纪 90 年代教育部门存在的公共选择和市场选择机制进行了系统的分析③。爱德华·B.菲斯克认为，"教育分权是一个复杂的过程，它可以带来学校系统运转方式的重大变化，包括决策、经费使用、教师培训、课程设计和地方学校管理"④。

（二）国内的研究

国内学者对教育治理过程中的产权问题的研究，始于 20 世纪 90 年代末，至今已有 20 多年的时间，人们对教育产权问题的研究主要集中于教育产权问题的提出（教育产权存在合理性探讨）、教育产权的概念界定、教育产权的性质和特点、教育产权的结构与功能、教育产权的基础理论、教育产权制度的主要问题和解决方略，以及民办教育产权安排、公立学校产权改革等方面。

一是关于教育产权问题的提出。基于教育投资的多样化和办学主体的多元化，各类教育组织的财产权归属与收益保障就成了一个突出问题，较早对这一问题关注的是杨丽娟。随后，诸多学者相继提出了我国教育产权中所有制形式高度统一、行政权力挤占教育管理权、产权界限模糊与保障不力、教育产权市场发展落后、大学办学自主权缺失等问题。

二是关于教育产权概念的界定。有广义与狭义两种基本观点，杨丽娟认为，教育产权只指围绕教育资本而形成的学校产权，即对特定学校的财产权利，指参与学校投资、经营、管理的各个活动主体围绕学校的教育财产形

① Hansmann H. The ownership of enterprise [M]. MA：Harvard University Press，2000.
② 奥利弗·哈特.企业、合同与财务结构[M].费方域，译.海：上海人民出版社，2006.
③ 列文.学校的选择：市场机制[M]//卡诺伊.教育经济学国际百科全书.闵维方，等译.北京：高等教育出版社，2000.
④ Fiske E B. Decentralization of Education：Politics and Consensus [R]. Washington，D. C：The World Bank，1996

成的所有权、占有权、使用权、处分权、收益权等权利关系和结构[①]。范先佐认为,"一个完整的教育产权的界定应该根据前面关于产权的定义,对教育活动中各个主体的权利界定,以及面对教育活动中不确定性与不完全信息时,对教育剩余索取权与教育剩余控制权的架构"[②]。教育产权本质是教育范畴内的经济学概念,指拥有举办教育机构财产的权利,即人们围绕着教育财产所结成的权利关系,主要由教育资产产权和教育资本产权两个方面构成,前者包括用于教育教学的房屋、土地、设施和物品等"硬产权";后者包括教育经费、政策、制度、知识、品牌、服务、师资、生源等"软产权"。其中,知识产权(intellectual property),是一种无形财产权,它是指凭智力的创造性劳动取得成果后,智力劳动者对其成果依法享有的一种权利。这种权利包括人身权利和财产权利,也称为精神权利和经济权利。薛兆丰提出的教育产权还包括言论自由的权利,即"行使言论自由的权利,需要运用稀缺的资源。我不能强迫你把财富转让给我,我也不能强迫你倾听或者朗诵我的'言论'。我不能为了交谈就征用别人的财产,别人的注意力对我来说也不是'免费'的。我没有权利把你的资源当作是经济上免费的来使用,即使我使用那些资源是为了跟你交流"[③]。上述界定拓展了对"软教育产权"的认识边界。

三是关于教育产权的性质与特点。学者们侧重从教育产权相对于企业产权的共性以及教育产权自身的特点进行探讨。靳希斌认为,教育产权相对于企业产权所具有的相似性或共性主要表现在四个方面,即产权形式具有法律的权威性和强制性;教育产权是整体性和分割性的统一[④];教育产权是责任和权利的统一;教育产权是自由和限制的统一。宁本涛认为,现代教育产权具有完整性、授予性、多重性、特定性、地域性、阶段性、流动性和转移性等个性[⑤]。教育产权的界定对于保证个人在教育活动中的权利平等和教育自由有着重要的意义,也是促成各教育主体有效谋取个人利益和主体之间良性互动的关键。

---

① 杨丽娟.关于教育产权若干问题的探讨[J].教育与经济,2000(1):12-16.
② 范先佐.教育的低效率与教育产权分析[J].华中师范大学学报(人文社科版),2002(3):5-10.
③ 薛兆丰.薛兆丰经济学讲义[M].北京:中信出版社出版,2018.
④ 靳希斌.教育产权与教育体制创新:从制度经济学角度分析教育体制改革问题[J].广东社会科学,2003(2):74-80.
⑤ 宁本涛.中国民办教育产权研究[M].济南:齐鲁书社,2003.

四是关于教育产权制度的结构与功能。何宗海认为，教育产权制度是一种将教育产权的各种功能按照一定的教育教学规范予以优化组合、发挥其效用的制度，它由一系列教育产权关系和教育产权运用规范组合而成①。教育产权主要功能在于：赋予教育产权主体合法占有该产权的法定主体资格；促使教育产权在参与教育市场的竞争中高效运作；规范投资者、学校、国家等主体的行为，并对各产权主体的行为做出合理预期，明确各自的权利义务关系，解决教育资源你我不分的矛盾，最终保障教育资本的财产权益和教育事业的健康发展。张万朋、薛天祥也指出："界定教育产权的目的，在于使教育产权在教育产业活动中发挥其特有的功能，即激励个人和教育组织积极地从事各种教育投资、教育消费以及教育经营管理活动，不断增进有限教育资源的合理配置并提高其使用效率②。教育产权的明确界定，正是为人们在教育市场上更好地从事各种教育活动提供了一个必要而基本的条件。"此外，诸多学者还对民办教育产权制度安排和公办高校的法人治理结构以及产权、消费权与大学生权益保护等问题进行了专门探讨。

上述研究经历二十多年的发展，基本完成了对教育产权范畴、属性、功能及意义等若干方面的富有成效的探讨，为教育经济问题的探讨提供了一个新的研究视角。目前研究存在的问题：

一是关于教育产权基本概念内涵分歧大，运用条件不清晰。如对教育产权中个人"软产权"（如教育行为权）的界定问题；

二是研究视角各异，缺乏跨学科沟通，有经济学的、法学的、政治学的以及教育学的，唯独没有跨学科的多元分析；

三是有些研究存在明显的移植西方产权经济学理论、国企改革思路进行教育产权改革的倾向，缺乏针对教育治理领域的适应性改造；

四是一些学者并没有摆脱"公""私"成见，思辨研究多，实地调查少；重理论建构，轻问题分析，较少从产权角度对国外相似问题进行比较研究；

五是关于教育产权的市场运作与法律保护等问题尚待进一步的探讨。

随着教育产权理论研究的逐步深入，有必要对教育产权概念、理论本身

---

① 何宗海.何宗海：中国现代教育产权制度[2008 - 08 - 20][2021 - 05 - 22]. http://www. aisixiang. com/data/20205. html.

② 张万朋，薛天祥.进行教育产权制度创新　促进教育市场发育[J]. 中国高教研究 2003(6)：20 - 22.

进行学术反思和清理,并就教育热点、难点和痛点问题的产权市场运行和法律保护作进一步的深化、细化研究,这具有重要的教育经济学术研究价值。研究的实践价值在于逐步完善中国特色教育产权利益主体的相互关系,便于更好地发挥教育资源的作用,实现教育产权的综合价值。通过现代教育产权制度的实践案例创新研究,解决如何界定、变更和安排教育产权结构,降低或消除教育治理机制中费用过高的问题,提高人力资源与物力资源的运行效率,改善教育资源配置和治理机制,促进中国教育与经济的相互促进和同向可持续内涵发展。对我国当前制约教育发展的民办教育产权边界模糊、公共教育资源管理"缺位"、师生教育产权保障"不当"、教育行政管理"低效"、公办学校办学自主权"缺失"、学生自主权选择权、家长教育权越位等问题进行深层次的制度探讨,提出推进公共教育产权改革的基本机制和实践路径。

三、理论假设与方法选择

(一) 理论假设

本研究的一个基本假设,公共教育是建立在公共经济基础之上的一项提供教育公共服务的系统工程。以公共经济为基础、多种经济成分混合而成,是现阶段中国教育公共服务混合产品属性的显著特点。需要说明的是这里的教育是个大教育概念,不仅包括学校教育,还包括家庭教育和社会教育。教育公共服务的"供给不足"不是政府、社会和家庭的物质供给不足,而是教育产权制度,教育产权政策与教育产权供给方式的"供给不足"。当前教育改革与创新的主要障碍是教育体制与制度的改革与创新,实现教育体制与制度的改革与创新,关键在于教育产权制度的变革。而以往的产权制度安排中,行政权力挤占其他主体教育产权的现象非常严重,因此,深化教育治理体系改革背景下,必须在具体教育治理场域(国家、地方政府、学校、家庭等)中树立教育产权的观念与意识,明晰教育产权,构建教育产权结构多元化和自由化的战略与高效运行机制。

(二) 研究的目标、内容

(1) 理清新制度经济学视域下产权、教育产权、教育产权制度等核心概念的内涵以及教育产权的基本特性和本质要义。

(2) 探讨多元教育治理实践中以下问题:为什么要明晰教育产权以及如

何促进教育产权的边界界定、市场运行和法律保护?学校教育产权界定及其制度运营的逻辑起点、功能及其限度又是什么?

(3) 在当前教育治理改革实践领域,公办和民办教育产权制度安排存在的热点和突出问题是什么? 上海、浙江、湖北等地教育行政产权改革实践的创新经验和成效是什么? 又有什么样的深刻教训需要反思和改进?

(4) 深化多元教育治理体系改革背景下,构建现代多元化和社会化的教育产权制度的合理性和必要性是什么,以及如何进行机制创新? 如针对非营利性民办学校的教育治理与质量保障体系构建问题、进城务工随迁子女教育事务的社会支持、"教师绩效激励"等问题的制度设计研究。

(5) 教育惩戒的科学性、合理化和系统化制定以及家校合作过程中教育产权的合理化运营与社会承认与保护的问题。

(6) 课程与教学评价改革的"素质"与"应试"话语权之争的价值深意与基本逻辑是什么? 如何处理"应试教育"与"素质教育"关系以及不同教育利益相关者之间"实践话语""政策话语"与"学术话语"之间的相互沟通和平等交流?

(7) "双减"新政的教育治理现状、成效及协同治理机制分析以及新高考背景下新高考改革如何兼顾"效率与公平"问题研究。

(三) 研究的方法与工具

本研究为跨学科的整合研究,在研究中主要采用理论分析、比较研究、案例研究与实证研究相结合的方法,以理论分析方法和个案研究为主,辅之以调查实证研究。

首先,通过文献法对产权、教育产权、教育产权的特征、教育产权制度以及教育产权制度功能等教育产权相关概念的内涵、外延及误解和争论进行概念辨析研究。其次,运用理论分析,对公共教育产权制度明晰和流动的逻辑起点——教育服务属性,进行学术梳理和理性探讨。再次,通过个案研究法对我国现阶段教育产权市场运行与法律保护的诸多疑难问题和现实案例进行具体分析。最后,通过理论归纳和总结,提出构建现代教育制度高效运行的基本机制的政策建议。具体的研究方法如下。

(1) 文献分析法。通过文献资料的搜集和整理,分析国内外关于教育产权制度变革问题的研究成果,总结其经验及不足,为本研究提供理论指导和实证借鉴。

（2）比较研究法。对比国外关于教育办学体制和公办与私立学校内部治理结构的研究，分析其相同及不同之处，为我国公办和民办教育产权的市场运行和法律保护提供有益参考。

（3）深度访谈法。分为两部分，一为问卷编制之前，通过与老师、学生、家长访谈发现公办和民办学校内部治理结构方面存在的主要困难与障碍，以此形成问卷框架和基本内容；二为正式访谈，对问题进行深入的了解。在上海、苏州等地抽取 10 所学校各约谈 3 位办学者或校长，从而基于不同视角对现代学校内部治理和学校、教师、学生权益缺失问题有一个较为全面的透视。

（4）调查研究法。本研究采用分层随机取样法，按照随机取样的原则分别从上海、苏州、济南所在辖区抽取 20～28 所公办和民办中小学近 3 000 名教师和 2 000 名学生，以他们为主，以 1 000 名家长为辅，全面调查我国现代学校"双减"产权治理水平现状、成效和问题。在调查问卷的设计上，在参考国内外相关调查工具的基础上，自编调查工具。先进行预调查，再对自编问卷修正以体现其科学性，保证信度和效度，最后正式施测。

总的来说，在研究方法上争取有所创新。新制度教育经济学是一个多学科视角的领域，本书在新制度经济学的产权理论、交易成本理论、委托代理理论和制度创新理论基础上，综合运用文献综述、比较研究、深度访谈和实证调查分析的研究方法，实现了研究视角和话语体系的创新。

四、研究的价值

本研究基于新制度经济学、新公共管理学和新制度教育学等跨学科视角，并以制度创新理论、产权理论、委托代理理论、交易成本理论和场域-惯习理论为主要理论分析工具，重点探讨我国教育治理改革背景下的教育产权制度改革的诸多难题。

（一）研究的理论价值

随着教育产权理论研究的深入，有必要对教育产权概念、理论本身进行学术反思和清理，并就教育行政管理体制、办学体制和公办、民办学校的产权激励机制和法律保护作进一步的深化、细化研究，以深化和提升中国现代教育产权制度研究的品质，拓展中国教育经济学领域的研究。

同时本研究在系统化方面提供了新制度经济学研究一个范例。通过对我国当前制约教育发展的民办教育产权边界模糊、公共教育资源管理"缺位"、个体教育产权保障"不当"、教育行政管理"低效"、公办学校办学自主权"缺失"和教师工作积极性和学生学习主动性不高等问题进行深层次的制度探讨，提出系统推进公共教育产权在国家、区域、学校、社区和家庭层面改革的基本机制和实践路径。

（二）研究的实践意义

在市场冲击下的教育大变革时代，没有一劳永逸的最好教育产权制度，只有不断改进和完善的教育产权制度。面对利益诉求多元、阶层流动不断固化的复杂教育治理局面，教育产权制度如不及时变革，单纯或片面利用市场机制，往往带给教育的不是更多的资源、更高的效率，而是严重的资源流失和更大的教育不公平或教育内卷，来自产权制度的阻碍将成为影响教育发展的关键性因素。

本研究成果无疑对基础教育体制创新及实践有具体指导意义。改革和完善中国教育产权利益主体的相互关系，可以更好地发挥教育资源的作用，实现教育产权的价值。通过现代教育产权制度的创新，解决如何界定、变更和安排教育产权结构，可以降低或消除多元教育治理机制中费用过高的问题，提高人力资源与物力资源的运行效率，改善教育资源配置和治理机制，促进中国教育经济和整体办学质量、人才培养品质的可持续高质量内涵发展。

教育产权及其相关概念辨析

当前教育理论界使用教育产权这个概念时,常常忽视这个概念产生的时代背景,没有对教育产权范畴进行明确界定,所使用的教育产权概念基本混同于法学界通行的教育所有权概念,缺乏从产权经济学或法经济学意义上对教育产权广义与动态内涵及外延的把握,造成教育产权研究和实践上的不够深入。列宁曾经指出,概念是学问入门的先导。因此,明确教育产权相关概念的内涵是探讨问题的前提。要研究教育产权若干问题,必须明确教育产权的基本内涵。而要明确教育产权的内涵与外延,则须从经济学中的一般产权和企业产权起源谈起。

一、财产及其权利

(一)法律意义上的财产及其权利

产权原是财产权利的简称,因而包含了财产和权利两个方面的内容。单就财产范畴而言,它并不同于一般的物体,而是被公共认可的只能被某(些)人控制和利用的物品的某(些)属性。根据不同的标准,财产可以分为物质形态的财产和非物质形态的财产(如观念形态的声誉、品牌等)、生产性财产和非生产性财产、动产和不动产、自然形成的财产和劳动创造的财产以及私人财产、公共财产和俱乐部财产等不同种类。财产的构成反映了经济社会活动中人对物等的排他性占有关系。而权利则既指法律认可和规定的权利,也包括人们约定俗成相互认可的权利。因此,产权并不仅限于法律意义上的财产权利。这正如人力资本产权不同于人权一样。前者包含了后者,比后者更广泛。或者说,法律意义上的财产权利只是产权在正式制度上的一种体现而已。界定财产权利的制度还有其他如各种单位、组织的具体规章或非正式制度（如习俗、道德、惯例等）。可见，产权含义比法律意义上的财产权利要广得多。

（二）经济意义上的产权要义

产权的英文表达有 property，property rights，a property right，the right of property 等多种形式，因而在定义上也存在着较大差异。著名产权经济学家德姆塞茨认为："产权包括一个人或其他人受益或受损的权利。"①柯武刚、史漫飞将产权定义为"个人和组织的一组受保护的权利，……产权决定着财产运用上的责任和收益"②。这主要是从人与财产的关系来界定产权的。但另一些经济学家认为，产权更为本质的地方则在于其以财产为基础体现了人与人之间的关系，比如菲吕博顿等认为："产权不是指人与物之间的关系，而是指由物的存在及关于它们的使用所引起的人们之间相互认可的行为关系。"③

综合各种论述可以看出，产权不仅指人与物的关系，更指人们相互认可的关于物的存在及使用所引起的行为关系。需要注意的是，产权并不仅限于所有权。概括起来，产权可以描述为：被公共认可的行使物品某种（些）有价值属性的诸如所有权、占有权、收益权和处置权等的一系列权利。

（三）产权多元化的分类

在产权经济学家看来，产权具有排他性、可分割性、可转让性和有限性等特征。根据产权归属主体不同可以分为私有产权（private property rights）、集体产权（collective property rights）、共有产权（communal property rights）和国有产权（state-owned property rights）等。任何产权都只是相对明确的，绝对清晰的产权并不存在。这是由物品属性、界定技术和契约不完全等因素决定的。由于物品属性存在多种，要界定完全不仅技术达不到，即使技术能够达到也会由于成本过高不得不望而却步。因此，产权始终是相对清晰的产权，而没能充分界定的那部分属性就留在公共领域（产

---

① Demsetz H, Alchian A A. Production, information costs, and economics organization [J]. American Economic Review, 1972:123－129.

② 柯武刚，史漫飞.制度经济学:社会秩序与公共政策[M].韩朝华，译.北京:商务印书馆,2000.

③ 菲吕博顿，瑞切特.新制度经济学[M].孙经纬，译.北京:中国经济出版社,1998.

权的模糊部分），被称为剩余。于是，人们获得产权的来源往往有两种：一种是已界定的所属产权，另一种是从公共领域（public domain）中攫取的产权。这些"产权的获得是由财产所有制、政治体制、法律以及道德伦理所决定的"。这些财产所有制、政治体制、法律以及道德伦理等其实也都是产权制度。而没能完全界定产权的契约（制度）就是不完全契约或不完全的产权制度。当然，任何契约（制度）都是不完全的。

二、企业及其产权

不同研究视角下对企业（enterprise 或 firm）的描述不同。在新古典经济学的视域里，企业是将投入（生产要素）转化为产出的一种组织机构。但新制度经济学则从交易成本的角度揭示了企业的本质。

（一）企业的由来

著名产权经济学家科斯认为，企业和市场都是经济的协调工具和资源的配置方式[①]。企业产生于其相对于市场（价格机制）所具有的成本优势：可以减少签约次数；可以以低于市场交易的价格得到生产要素；可以让生产要素所有者根据契约获得报酬并在一定程度上服从企业家指挥。威廉姆森等也指出，企业是交易的一种治理结构，具有激励、控制和固定的结构优势即更强的适应性效率。[②] 阿尔钦和德姆塞茨也认为，企业无非是一种具有团队生产性质的特殊的契约安排[③]。我国著名产权经济学家周其仁进一步指出，企业就是人力资本和非人力资本的一种特别合约[④]。综上所述，企业在本质上是一系列节省交易成本、追求产出最大化的契约连接物，因而是一种关于产权的特殊制度或合约。

（二）企业的边界

如前所述，界定产权的制度始终是不完全的，因而产权的界定与明晰始终是相对的，即始终存在着公共部分或剩余。尤其是在企业中，由于增加了

---

① 转引自威廉姆森，温特.企业的性质：起源、演变与发展［M］.姚海鑫，邢源源，译.北京：商务印书馆，2007.
② 威廉姆森，温特.企业的性质：起源、演变与发展［M］.姚海鑫，邢源源，译.北京：商务印书馆，2007.
③ Alchian A, Demsetz H. Production, information costs and economic organization ［J］. American Economic Review，1972，62：777－795.
④ 周其仁.市场里的企业：一个人力资本与非人力资本的特别合约［J］.经济研究，1996（7）：71－79.

未来信息不确定性和生产要素的结合效应①等变量,其制度及合同就更加不完全,因而存在更大的剩余空间。在这些企业契约中没有明确界定的产权里,与使用权、处置权和转让权等控制权相应的剩余权利被称为剩余控制权(residual control rights),与收益权相应的剩余权利被称为剩余索取权(residual claim rights)。也就是说,企业制度未能明确界定的控制权利即为剩余控制权,未能明确界定的收益权利即为剩余索取权。因此,企业中的产权除了合约明确规定的、对各种有关财产的所有权、占有权、收益权和处置权等权力之外,还应包括剩余控制权和剩余索取权,这一点对理解企业产权非常重要。具体说来,企业的剩余控制权就是指企业合约中未明确规定的在经营过程中状态出现时的相机处置权(或决策权)。企业的剩余索取权就是指对企业总收入扣除所有固定合约支付后的剩余的要求权(这里的剩余与企业利润或剩余价值有所不同,它仅指因行使剩余控制权而带来的收益或损失)。企业的剩余控制权和剩余索取权(统称为剩余处置权,也称企业所有权)决定了企业的效率和生命,因而是企业产权问题的关键。甚至可以说,企业产权问题归根结底就是剩余控制权和剩余索取权的分配问题即如何优化产权配置以提高企业的"合作剩余"问题。这不仅在私有企业、集体企业如此,即便在国有企业也是如此。国有企业中,政府还可能有故意制造模糊产权的产权模糊化倾向,因而这一问题往往更加突出。

三、教育产权的内涵辨析

在认识和明确了产权、产权制度以及企业产权的含义以后,就可以进一步来探讨教育产权及学校产权若干问题。

(一) 教育财产的特殊性

教育产权就是指教育财产权利。因此,要研究教育产权就必须把握教育财产的特殊性和复杂性。显然,教育财产并不同于市场交易中的一般财产,它已经被教育契约决定了性质。也就是说,教育财产是一种关于教育交易的契约财产。需要重点指出的是,如果把教育机构(教育行政机构及其下属的学校组织)看成一个整体的话,教育机构(尤其是学校)与企业并无二

---

① 企业生产要素的结合效应是指企业总产出并非单个要素产出的简单相加,要素之间会相互影响边际产量。

致,甚至实质就是一种特殊的企业(姑且暂不论其营利性和产品特性)。企业并不都是物质生产部门(如各种保险公司等服务性行业的企业组织等)。

(二) 学校的企业组织特性

事实上,新制度经济学家在论及企业的时候就已经包括了学校、医院等组织。我国学者曹淑江也认为:"不能根据其提供的产品或服务的类别和用途的不同来决定一个组织是否是企业,学校组织也是一种企业。"①如上文所述,企业不过是一系列为节省交易成本、追求产出最大化的契约连接物。教育部门完全具备企业的这种基本特质。教育机构的形成使得教育活动具有了团队生产的优势,也大大减少了交易的次数和不确定性,从而有利于交易费用的节省。同时,教育运营也是讲究投入产出的。教育机构的产生旨在追求约束条件下的产出最大化。教育产品就是因教育要素投入而改变了的受教育者素质(知识的获得、能力与品格的提升等)。通过教育要素的投入可以获得远远大于其成本的教育收益(包括教育的个人收益和社会收益)。可见,教育机构完全可以视为一种企业(管理者、生产者、其他生产要素和产品),教育机构及其下辖的公立学校可看作是一个全国连锁企业。需要补充说明的是,说教育机构是一种特殊的企业,并不否定教育是一种公益事业。说教育是公益事业是强调教育结果具有极强的正外部性即会给公众带来极大的社会收益;而说教育机构是一种企业则是强调教育过程和生产方式是旨在节省交易成本和产出最大化的团队生产。一个描述结果(受益状况),一个描述过程(生产方式),两者并不矛盾。毋庸置疑,从生产的角度来看,教育机构与企业在本质上并无不同。因此,教育产权也就完全可以视为一种企业产权而绝非一般物品产权,因为也同样增加了未来信息不确定性和生产要素的结合效应等企业契约变量。由于要素之间的相互影响和许多不确定因素等原因,教育契约更不可能完全规定所有要素所有者的权利,从而存在更多的剩余部分。因此,教育产权的外延不仅包括各行为主体(包括组织和个人)关于其财产的所有权、占有权、收益权和处置权等权力,还应包括将教育机构视为企业后所必然涉及而且客观存在的剩余控制权和剩余索取权(即企业所有权)。而在企业中作为产权核心的剩余处置权也同样是制约教育效率和成败的关键因素,从而也是教育产权问题的核心。

---

① 曹淑江.教育制度和教育组织的经济学分析[M].北京:北京师范大学出版社,2004.

因此，从这个意义上说，教育（机构）产权（包括学校产权）"实质是……作为一个企业的所有权"也并无不可。当然，必须声明的是，以精神生产和人才培养为学校使命的教育（企业）与以物质生产和追求经济利益最大化的一般企业又是有着本质区别的。这主要根源于产品属性的不同。虽然由于教育产品属性的特殊性及其所决定的交易过程的特殊性，教育产权跟一般企业产权在具体实现形式和途径上必然差距较大，但在产权内容上两者却是基本一致的。

只要有契约就会有剩余（权利），教育领域充满了不确定性，从而使得教育契约中的剩余问题更加突出。只有看到了这一点，才能真正理解教育产权的本质内涵并对之作出比较科学的定义。正如我国著名教育经济学者范先佐教授指出的："一个完整的教育产权的界定应该……对教育活动中各个主体的权利界定，以及面对教育活动中不确定性与不完全信息时，对教育剩余索取权与教育剩余控制权的架构。"[①]

（三）教育产权的概念厘定

然而，令人遗憾的是目前学界并没有普遍认识到这一点，对教育产权的定义也没有形成比较一致的看法。归纳起来，对教育产权的概念主要有以下几种说法。①教育产权就是对教育机构财产所拥有的权利，是因为教育财产而结成的权利关系。这里的教育财产既包括学校或其他教育机构的物质资料等硬财产，也包括教育机构的办学作风、教学经验思想、教育特色及其品牌等"软财产"。②教育产权是围绕教育资本而形成的学校产权即对特定学校的财产权利，具体说来就是学校投资、经营、管理的各活动主体围绕教育财产形成的所有权、处置权、使用权、收益权等权利关系和结构。③教育产权是指教育产业的参与者对教育资源及其经营收益所享有的包括物权和人身权在内的排他性权利集合。④狭义的教育产权仅指围绕教育资本而形成的学校产权即对特定学校的财产权利。完整、广义的教育产权还应包括劳动力产权。⑤教育产权是指参与教育活动的组织和个人围绕教育财产而形成的一组权利关系。其中，参与教育活动的组织和个人是教育产权的主体，包括政府、教育（行政）机构、教育者、受教育者和教育管理者等；教育

---

① 范先佐.教育的低效率与教育产权分析[J].华中师范大学学报（人文社会科学版），2002(3)：5-10.

财产就是教育产权的客体,包括各类实物形态的财产如土地、教学设施等,也包括货币形态的财产如办学经费等,还包括人力资本、品牌、特色、经验、知识等无形资产。

从上述关于教育产权的定义来看,①虽然强调了教育财产的机构性(即组织性),却忽视了人力资本这一重要的教育产权客体;②的定义显然将教育产权窄化为教育机构产权中的学校产权了,而除此之外还有教育行政机构产权和个体人力资本产权等。从逻辑上讲,它犯了定义过窄的逻辑错误。④的定义也存在同样的问题。除③之外,其余定义均未能完全将教育产品(主要指教育收益)纳入教育财产中。③跟⑤相对接近但也各有侧重。一方面,两者在教育产权的主体上表述相似却有差别:"教育产业的参与者"跟"参与教育活动的组织和个人"差距较大,前者比后者更广泛,但后者比前者更明确(强调了组织和个人两种类别)。另一方面,③更全面地看到和表述了教育产权的客体应是"教育资源及其经营收益"。尽管⑤已将"教育(机构)所有权"纳入了教育产权的分析中,但在表述教育产权的客体时仍然忽略了"经营收益"(包括教育经营管理中的货币收益和教育产品带来的各种收益)这一重要内容。

综上所述,笔者认为,对于教育产权的概念要义可以作如下简要的表述:教育产权特指教育相关组织(包括教育行政机构、学校及其他教育组织等)和个人对教育活动和教育资源及其经营收益过程中所享有的包括所有权、占有权、收益权、处置权、剩余控制权和剩余索取权等一系列权利、责任、利益和价值理解的集合。政府、学校和学生、家庭作为教育机构的主要隶属组织或分支机构,其产权内容自然属于教育产权改革的核心组成部分。

也就是说,正确理解教育产权必须结合新制度经济学、法学、教育学、社会文化心理学等跨学科视角来进行解读和解释。所谓教育产权,指在具体教育场域内如高等教育、基础教育、职业教育等,或学校教育、家庭教育和社会教育中,教育产权主体或教育利益相关者围绕着教育财产与教育行为选择的财产权利关系和行为权利关系。其中,教育财产主要由教育资产产权和教育资本产权两个方面构成,前者包括用于教育教学的房屋、土地、设施和物品等"硬产权";后者包括教育经费、政策、制度、知识、品牌、服务、师资、生源等"软产权";后者教育行为权利关系指教育利益主体诸如政党、政府、校长、教师、学生、家长、社会团体的教育行为及活动的自主选择权。具体包括政党和政府及其代理者的教育领导督导权；校长的教育决策、领导与执行权；教师的教学、研究、管理自主权与参与权；学生的教育选择权、参与权、知情权和监督权；家长的择校权、参与权、知情权和监督评价权等。

四、教育产权制度安排

（一）何谓教育产权制度

有了教育产权，也就有了明晰和激活教育产权关系的制度安排。所谓教育产权制度，是教育产权各项权能、责任和利益在学校教育、家庭教育和社会教育场域中的具体化，以学校产权明晰和运营为核心，涉及教育管理体制、办学体制和学校内部管理体制中的产权制度，能以点带面地反映教育产权制度的具体内容。尽管马克思把产权看成是一组权利的组合，包括占有权、使用权、支配权、经营权、索取权、继承权和不可侵犯权等一系列的权利，在很多情况下，财产的各种权利可以相互分离。财产关系是生产关系的法律术语，产权是生产关系的法律表现，所有权是所有制的法律形态。旧的生产方式和经济组织形式决定了财产权利结构是一种宏观的规律性和原则性的分析，却对具体经济形态的产权形态缺乏分析；而新制度经济学产权理论则聚焦研究如何通过界定、变更产权安排，创造或维持一个交易费用较低、效率较高的产权制度。

由此揭示出，构建教育产权制度的核心是有效界定教育产权主体的权责利关系，完善教育产权交易规则，以公开、公平和公正有效的教育产权制度激励和规范教育产权主体的行为，促进教育产权主体形成合理的教育运营预期，提高教育资源配置的效率与公平。产权制度是规制关系和行为的规则的集合。根据一般的对产权制度结构特征的表述方式，结合教育自身的特点，我们将教育产权制度表述为：一种将教育产权的各种功能按照一定的教育教学规范予以优化组合、发挥其效用的制度；是由一系列教育产权关系和教育产权运用规范组合而成的制度；是对所有教育产权形式加以保护的一种法律制度。现代教育产权制度的主要功能在于：赋予教育产权主体合法占有该产权的法定主体资格；促使教育产权在参与教育市场的竞争中高效运作；规范投资者、学校、国家等主体的行为，并对各产权主体的行为做出合理预期。明确各自的权利义务关系，解决教育资源你我不分、你我不清的矛盾，最终保障教育资本的财产权益和教育事业的健康发展。这种功能，是促使各种教育行为主体通过对教育产权以及可控制的教育资源的有效使用,产生令社会满意的教育效果。同样,教育产权制度也是通过创新教育教学激励机制、市场配置教育资源和规范市场竞争秩序三大功能,促进教育经济和教育事业发展的根本保证。

制度与资源一样,也存在着稀缺性。当制度供给短缺时,经济发展和社会进步将受到制约。在某些条件下,制度制约比资源制约更为关键。教育资产和教育资本的权责利高度统一、产权主体归属明确和产权收益(包括公共财政投入和各类学费及办学收入等)归属具体明确,是现代教育产权制度的基础;权属主体和责任主体(教育主体和教育自主权)明确、权利义务保护严格,是现代教育产权制度基本要求。建立健全适应中国国情和教育发展规律的现代产权制度,在市场经济框架体制下建立完善统一开放竞争有序的教育市场体系,是实现市场配置教育资源的基础。

在制度框架下,资源流转畅通、财产权利和利益对称是现代教育产权制度健全的显著标志。经济学上的权利利益对称,是指市场主体在整个管理过程中特别是在处理各种利益关系时,追求权利和利益的对称性、对等性,实现二者之间实现最佳效益的状态。我们以市场为背景,对现代教育产权制度框架下的办学行为的权利和利益对称作如下假设:市场主体(政府、单位和个人,下同)赋予教育主体(学校和教职员工,下同)多少投入(全部教育资源),该教育主体在拥有对应权利的同时,就负有完成相应任务的责任,具有获得相应利益的资格;市场主体赋予教育主体多少权利和享受了多大的利益,教育主体就应对市场主体负有多大的责任。通过权利和利益的对称对等,教育主体付出的劳动和贡献与实际所得的对称,可体现公正、公平和多劳多得,这正是现代教育所体现、追求的效果和目标。

(二) 教育产权制度关系的分类

多元教育产权制度包含的产权关系很多,其中基本的教育产权关系主要是政府与学校之间、学校与学生之间以及教师与学生之间的教育产权关系。

1. 政府与学校之间的教育产权关系是教育产权制度安排亟须理顺的关系

国内对于教育产权问题的研究始于 20 世纪 90 年代。受计划经济体制的影响,1949 年以来我国一直是单一的政府办学格局,学校的所有权和经营权都归政府所有。改革开放后，单一的产权格局被打破，学校办学体制开始多元化，各种产权问题也相继而来。随着我国办学体制的多元化，出现了教育产权存在是否合理的讨论，经济学家从教育资源的稀缺性方面来讲述，认为在目前教育资源稀缺、信息不对称的前提下，对教育产权的讨论非常有必要；而另一种声音认为公立学校属于国家所有，私立学校或民办学校属于企业，所以没有必要引入教育产权的概念。当然对于第二种声音而言本人是不赞同的，康永久教授也在其书中着重描述了教育产权对于教育的重要性。

随着经济的不断发展，人民对教育的需求日益丰富化，我国办学体制也越来越多元化，关于政府对于教育产权制度安排的影响讨论也愈发变多。诺斯在其国家模型中提到政府对于教育产权起着一些好的影响：一是政府通过政治权利（如制定教育方面的法律、法规等），在全社会界定和安排教育产权；二是有利于降低教育产权界定和转让中的交易费用。但是政府对于教育产权的影响也不仅仅是好的，一旦国家权力介入教育产权的方式与程度出现问题，也会造成一些不良影响。比如，我国国情决定了政府主导教育产权制度的制定，政府本身的一些特点对教育造成了一些掣肘：一个是政府的科层制管理，时效性低，学校的需求不能及时满足，教育资源不能得到很好的利用；二是政府官员习惯于寻找利益最大化，体现在教育方面就是喜欢利用优质资源打造优质学校，利用自己对教育资源的管理权以及公民对优质资源的需求进行寻租，造成教育不公平；三是教育产权制度多少存在"政教不分"、教育机构行政化色彩浓重、教育产权保障不当和不力、行政过多介入，影响基层自主办学、教育产权界限模糊，主体权益保护不严等。这些不良影响使得教育效率低下以及影响教育市场的发展。

在我国，公办学校都是国有教育产权，国家是教育产权的界定和执行者，国家在现代教育产权制度的形成和运行中具有决定性的作用，但是大多数效率不高的教育产权也都和国家教育政策有着一定的关系。一方面，教育产权投入责任界定模糊。政府管理学校，包括为学校划分调配教育资源，但是政府行政人员更是有限理性人，他们做选择时更多考虑可以得到的回报率。举个例子，我国教育资源的稀缺性使得当下做不到公平公正地将所有资源平均分配给每一个学校，政府行政人员为了追求利益会将资源着重分配给一所或几所学校，促使这些学校成为优质重点学校，进而利用这些学校去获取利益。这其实就表现出了教育产权投入责任界定模糊现象，国家掌握了教育资源的所有权,学校对此除了接受而毫无他法。不合理的教育投入体制造成我国教育发展不均衡发展现状,好的公立学校拥有优质教师资源以及学习设施,而弱的公立学校还存在教师配备不足问题,近年来国家为了解决教育发展不均衡问题出台了一些政策文本,但是如果政府不能深刻认识产权投入模糊对公平造成的伤害这一问题,教育发展均衡很长一段时间依旧很难达到。另一方面,由于教育信息的不对称,政府与学校产权关系界定不合理。因为国情,以及政府与公立学校的关系,公立学校似乎一直处于被领导地位,很少拥有发言权,在与政府的产权关系界定中也处于弱势。例如政府为防止学校贪污腐败而设立的采购制度,学校必须在政府规定的范围内购买,在购买前也要写申请单,一般学校为了避免少报都会能多报尽量多报,这也会造成浪费资源的现象时有发生;政府对教育产权的绝对控制还表现在如今的"就近入学"政策,学校该怎样招生,招哪里的生,学校没有话语权,只能听从政府安排。政府没有给予学校一定限度的权力,学校的行动受到极大约束,可能造成学校对办学招生工作的懈怠,积极性不高等。

　　政府与学校之间的产权关系合理明确,对于学校未来发展有着极大的促进作用,那么如何才能够让他们之间的产权关系达到一个平衡合理的状态? 这就需要对目前产权关系做出实质性调整和改进。第一,规范政府产权行使行为。正如前面所提到的政府与学校教育产权投入责任界定模糊,政府侵犯学校的教育产权,造成了教育的不公平现象。因此建立好监督机制,确保政府行使产权行为合理合法。作为对学校发展有直接影响的地方政府来说,一定要规范其产权行为。规范政府行使产权行为,让各个学校得到公平合理的教育资源,促进学校的良性发展。第二,通过法律形式界定清晰明确的产权关系。产权关系的不清晰造成了强弱势双方恶性发展,通过法律法规的规定可以更好地规范政府权限,将属于学校的教育产权还给学校,学校有了自主发展的空间会更加有活力,办学水平也会得到提升。第三,及时公开政府信息,由社会监督政府行使产权行为。公开、公平和透明的政务工作,可以对政府工作形成一种制约作用,有效防止教育产权被滥用,同时作为与政府博弈的学校,在这一过程中可以有效行使自己的权力,利用监督机制维护自己的利益。第四,让懂教育的人管理教育。造成政府与学校产权出现问题还有一种可能性便是政府人员是有限理性人,他们考虑问题更多从收益角度出发,但是办学校不是一项只注重收益的事情,因此让懂教育的政府人员管理教育方面的事情可以让学校得到更好的发展。第五,要激活校长负责制。实行校长负责制的初衷是让校长有职有权,以保证其政令畅通,提高效率。从一定程度上来说,这项制度确实实现了起初的设想。但是,由于对校长权力缺少行之有效的监督和约束,与上述理想效果同样存在的还有一些弊端。有的校长负责制运行出现了校长专制、国有资产的大量流失、侵犯和践踏教师权等问题。由于校长负责制存在的这些突出问题,校长问责制越来越多地被提出。校长问责制的产生是我国现代社会民主政治发展和现代教育改革的结果。校长问责制是基于校长作为教育管理责任主体在实施管理权利的过程中,对其主观或客观引发的教育危机和后果进行后续追究,以减少教育损失的一种教育管理补偿和追究机制。

2. 学校与学生之间的教育产权关系是基本的教育产权安排

近年来,学校与学生之间的教育产权关系成为社会和学界讨论的热点话题。学校与学生之间的教育产权关系的处理是使学校和学生双赢的关键所在,也是推动学校与学生共同发展的瓶颈。在实践过程中,学校和学生往往会从各自不同的利益和立场出发,进而开展不同形式的交流与合作。教育产权的界定对于保证个人在教育活动中的权利平等和教育自由有着重要的意义,也是促成各教育主体有效谋取个人利益和主体之间良性互动的关键。

对教育产权的概念界定有多种思路,通常与现实生活中不同的历史背景和经济水平相关联,因此必须结合教育实际情况来分析教育产权的范畴。在康永久的《教育制度的生成与变革:新制度教育学论纲》中,提出把教育产权理解为"教育中人(包括法人在内)的各项权利的综合"。这样一来,教育产权就有了既包括围绕有形教育资产,也包括围绕无形教育资产而产生的各种权利关系,与此同时还包括教育中个人对自己的知识、能力、兴趣、意愿、权利等方面的所有、使用、转让、收益时所拥有的权利束。[①] 将教育产权概念放置于学校和学生的关系之中进行讨论时,两者在教育中的所享有的权利和教育产权关系变得更为具体化:学校在教育活动中的权利包括选择所需招收的生源、按照规定章程组织开展教育教学活动、对受教育者以及教职工进行奖励或处罚、管理和使用学校内的设施和经费等;学生在教育活动中的权利主要有受教育权和人身权,人身权又包括在受教育的过程中享有

---

① 康永久.教育制度的生成与变革:新制度教育学论纲[M].北京:教育科学出版社,2003.

身体健康、人格尊严、人身自由和隐私不受侵害的权利,此外还有在受教育过程中获得适当休息、得到适当发展和自由发表言论与著作等权利。从以上对学校与学生在教育中各自权利的描述中,可以窥见学校和学生之间的教育产权关系是十分密切的,两者之间有一种基于教育与受教育、管理与被管理的权力关系。

　　笔者以为,在学校和学生发生相互教育行为关系的时候,学生更容易遭受到教育中的不公平对待。因此,上述的问题解决须一方面从教育产权制度和政策变革的角度,通过政府的力量自上而下对学校进行规范化来进行改善。历年关于我国教育改革和发展的各类政策文件中,都曾明确要努力办好每一所学校,改善学校的办学条件,不得将学校分为重点和非重点学校,不得在学校内分设重点班和非重点班,这使教育资源不断向优质均衡发展,学校与学校之间的差距不断缩小。此外,政府还需要给予弱势学校和弱势学生更多的政策倾斜补偿措施,基本保障弱势学校的经费、设施、教材、教师需求,以及建立对弱势学生的关怀帮助机制,尽可能避免学生由于经济困难、户籍问题和生理或心理上的障碍而失去受教育的机会。另一方面,在学校层面上更要通过学校改革让教育公平落到实处。在明确了学校的权责后,学校可以为教育公平努力尝试在教育过程中重视差异化原则,即在实际教育活动中观察到不同学生在性别、能力、个性和兴趣上的差异,为学生提供适合他们的教育模式,促进学生的个性发展和全面发展。值得注意的是,学校为教育公平所做的贡献并不是“一视同仁”和“一刀切”,也不是对所有的学生都使用同一套教学内容和教学方法,那样只会导致过度的一致性和机会上的平等,并不能达到更高质量的教育公平。在具体的教学内容和评价机制方面,学校也需要根据学生的不同需求和潜能,制定不同的课程和校本活动,并建构多元的评价体系,使得每一个学生的发展都能得到尊重和肯定。最后,学生对公平的体验和感受是教育公平中不得被忽视的一点。学生应当借助学校的环境和机制,勇于发表自己的看法和感受,向学校相关制度的设计者提出自己的建议。

　　3. 教师与学生之间的教育产权关系是最关键的教育产权安排之一

　　众所周知,在学校教育场域中,“课比天大”,教师的主要责任是教学,而教学从本质上来说是道德性的,因此,教师负有道德责任是学校教育的应有之义。古德莱德等认为教学有五个道德根源,即进行探究、掌握知识、具备能力、给予关怀,以及自由、安康与社会公平性。① 基于此,教师的教育责任主要包括以下两个方面:教会学生知识与能力,给予学生自由、公正与关怀。因此,教师行使对学生的权利应当基于其自身的责任,不可脱离责任过分行使权利,对学生造成压制与伤害等。

与此同时,教育的最大价值是保障学生的利益。综合布里格豪斯等人的观点,学生利益主要涵盖了以下三个层面。首先,学生具有作为人的基本需求的利益,包括生理身体、人格尊严等。其次,学生具有符合其特质的主体利益。学生具有广泛的可塑性和内在的潜能,可以发展那些满足自身需求和实现自身自主的能力。最后,学生还具有成人所不具有的独特利益。学生具有发展性,而发展是一个过程。因此,对于在发展过程中的学生来说,与同伴嬉戏玩耍、在试误中成长、获得家庭抚育等,在很大程度上都属于此类利益②。

在学校场域中,由于师生关系从本质上说是一种不平等的关系,教师作为教育教学的主导者,有义务担负起自身教学的道德责任,保障学生的利益。而在具体实践中,往往出现师生权责关系边界模糊不清的情况,何种权益是正当的、在多大程度上可以保障师生权益等问题的厘清是有效解决教育过程中师生关系问题的内在要求。

---

① 古德莱德,索德,斯罗特尼克.提升教师的教育境界:教学的道德尺度[M].汪菊,译.北京:教育科学出版社,2012.
② 程亮.儿童利益及其教育意义[J].教育研究,2018(3):20-26.

第三章

教育产权制度运行的逻辑起点

为什么一定要明晰、重组和创新多元协同的有效且公平的教育产权制度呢？这是本书不得不面对的一个研究逻辑问题。对此问题的回答是与对现代教育基本属性的深入探讨密切相关的。就经济层面而言，现代教育是建立在公共经济基础（不是公有经济，公有经济是公共经济的重要组成部分）之上的一项社会服务事业的系统工程。以公共经济为基础、多种经济成分混合而成，是教育服务经济的一个显著特点。教育是一种特殊的政府监管下的文化服务产业。"特殊或复杂"的考量是基于对教育本质属性的再认识。

属性的哲学概念是指某一事物在运动中本身所固有的特性，是物质本质特征的规定性。教育的本质属性规定的是"教育是什么"的特性。古今中外的教育大家们因自己所处的历史时期、条件、环境或对象、内容的不同，从自身不同的视角对教育的本质属性作出了精辟的论述。

一、公共性——教育产业客观属性的核心

公共性内涵通常可归结为：一种民主、平等、公正、守法的正义精神；一种以公益为目的、为公众服务的奉献情怀；一种体现民主价值观的和谐的社会氛围。其基本特征是：某种涉及公众利益的社会事务，需要由社会成员共同承担、共同享受、共同管理、共同监督。教育的公共性，是教育所具有的既使整个社会受益，又使社会生活中的每一个人受益的功效和职能。实现教育公共性的最为直接有效的载体是学校和各类培训机构。家庭教育也具有显著的教育公共性特征，尽管实现教育价值的途径和方法与学校有所不同。

教育公共性的管理和监督职能通常由政府或社团代为行使。

时常有人把教育所提供的服务称为"公共产品"。这种观念在强调教育公共性时忽略了教育的其他重要属性。教育的公共性与"公共产品"的公共性具有本质的不同。教育的公共性不排斥竞争性,教育品牌的使用具有排他性,教育资产(资源)的受用具有直接的投入性,教育产品的消费具有可选择性。教育的公共性并不意味着教育资产的公有性,也不是办学模式的完全公办化。教育的公共性与教育投资的公有、私有性质以及办学的所有制形式并没有本质的联系。民办教育与公办教育一样具有公益性,而公办教育也与民办教育一样具有盈利的可能性。

(一) 公益性是现代教育公共性的本质体现

维护教育的公益性原则是我国宪法和法律赋予各级政府、社会组织和每个公民的责任和义务。而履行这一责任义务的职能和途径有所不同。国家和政府的责任,是在制定涉及教育的法律法规时,在保证公正公平的前提下,首先考虑教育公益性的维护,确保正常的公共财政投入;从宏观上做好调控工作,维持良好的教育秩序,保证教育的均衡发展。社会应在发挥教育公益性方面有所作为。教育的公益性的实现,需要社会力量的关心扶持,把实现教育优先发展的战略构想变成全社会的动力和合力。教育的公益性跟教育机构的"公""私"所有制属性没有关系,更不能相提并论。就其本质职能来讲,教育没有"公""私"之分,教育的价值也不体现"公""私"属性。资本主义教育制度下培养的不一定全是"唯利是图"的资本家,社会主义教育制度下成长的也不一定是100%的"布尔什维克"。公益性包含明显的非营利因素,但不能等同于非营利性,这是由教育属性的复杂性所决定的。教育公益性的实现,必须以建立在市场经济基础上的、遵循价值规律的、融入现实经济社会的教学活动来完成。人们往往在教育公益性原则与教育资源配置方式的市场经济性质问题上,容易陷入认识的误区,认为教育公益性体现的是精神价值、文化价值、政治价值,而市场经济追逐的是物质价值、功利价值、经济价值,价值观念不同;认为教育公益性维护的是社会整体利益,市场经济成就的是个体利益;教育资源既然具有公益性,就不应当具有市场经济的营利性。其实,市场经济条件下的教育公益性,其本身就包含着效率性要求。就是说,追求教育的经济和社会效率目标,这本身就是公共教育的利益所在。

（二）行政性是实现现代教育公共性的法治保障

教育的行政性是指国家、政府及其教育行政部门依法行使教育管理的权力和职能，是对各种教育活动实施控制、协调、指导和监督等的总称。教育行政性的基本含义是：首先，它属于国家权力范畴，是国家公务；其次，是政府教育行政部门独立拥有的权力；最后，它是一种"执行权"，是按照国家教育法律法规赋予的权限和程序行使教育管理的职能行为。行政性是一把双刃剑，用好了，会促进和保护教育的快速发展；用不好，会阻碍甚至破坏教育的发展。用得好与不好，关键取决于国家教育法规和教育政策制定的科学与否与开放程度。

现阶段，转变教育行政管理职能和改善教育供给方式，是教育体制改革要重点解决的关键问题和重大课题。要明确一个分开，即政、事分开；实现两个转变，即行政管理职能的转变和教育供给方式的转变；建立三项制度，即公益保障制度、教育产权制度和自主治校制度。只有这样，教育的行政性才能正确有效地体现。

二、投资性与经营性——现代教育产业物质属性的客观特征

狭义的产业是指对土地、财产等有形物质的拥有。广义的产业是指所有从事生产和服务的职业，包括有形产品（工农业等）的生产和服务、无形产品（精神文化等）的生产和服务等。教育的产业属性是从 20 世纪初以来逐渐提出的，是与工业经济的发展、知识经济的出现，以及教育内容和教育模式的变化紧密相关的。同时，也应看到教育是一个复杂的社会结构群体，具有多重性、类别性、动态性和交错性。教育的属性并不是单一的，它既有传统观念的社会公益属性，也具有服务产业属性，但两者并不对立。

（一）投资性是实现现代教育服务产业性的物质基础

无论对于社会还是对于个人以及家庭而言，教育都是一种生产，一种人力资源的生产，一种公共服务产品的生产。教育支出是一种特殊的投资。这种特殊性符合投资的一般特征：投入是为了产出，支出具有明确的目的性——在未来获取价值（或经济上的，或精神上的）回报。无论是公共投入还是个人投入，教育支出都不具备"通过消费品满足自身欲望"的消费特点。教育投资的特殊性还表现在具有明显的投入与产出特性。这里所说的投入，是指接受教育必须要进行各种支出，包括受教育者的各种生活费用，如

衣食住行等。从另一层意义上讲，包括通过教育获得知识、技能的各种支出。这种投入实际上就是一种市场经济行为。产出，是指投入后形成的以人力资源为特征的教育结果，也就是受教育者获得的自身发展所必需的知识、技能。

(二) 经营性是实现现代教育服务产业性的有效工具

经营性，指教育所具有的参与市场经济运营的产业特性。在经济学意义上，是指该教育主体在确定营利或非营利性质后的运作方式；在法律意义上，是指它与其他社会组织之间产生平等契约的民事关系；在财政学、会计学意义上，是指教育主体要计算收入和支出，实行经济核算。教育既然是服务产业，就必然具有服务经营的功能，会遇到"盈亏"的问题。教育服务需要市场化的运作模式，需要经营。从法律意义上说来，学校（包括各类具有法人资格的教育培训机构，不区分公办、民办等所有制形式）是教育服务主体。从事教育经营是学校或其他教育培训机构的专有职能和职责。教育主体，指"有意识地实施教育作用于教育客体的人：一指教育者，主要是教师；二指受教育者；三指教育者与受教育者，两者都是有主体意识的人，在教学活动中，两者都是主体，又互为认识与作用的客体。投资者（包括政府）不能成为直接的教育主体，即便是在公办学校参与市场竞争的情况下，也应如此。这是由教育的行政性（政、事分开）和市场竞争的公平性法则（政府具有对市场的管理和主导职能）所决定的。教育投资者，尤其是政府，不充当"教育主体"，不直接参与教育经营，有利于从宏观上体现教育的公共性，比如教育发展规划、教育公共政策的制定实施，教育发展方向的把握，重大教育问题的处置等；有利于维护教育的公益性，对教育的公共投入及使用，目的性更为明确，操作性更强；有利于掌控教育的公平性，实现教育供给方式的转变，远离"垄断教育市场"的嫌疑；有利于正确行使教育行政管理职能，高屋建瓴地掌控教育市场动态，以"裁判员"的身份审视评估教育，引领教育发展方向。

现阶段我国的教育服务市场机制很不健全，教育服务产业经营处于"犹抱琵琶半遮面"的状态。一方面，计划经济时代遗留下来的产权归属体系依旧牢牢控制着教育市场，公有教育资产的权、责、利权属关系不清晰，不统一，严重制约着教育服务产业经济的良性发展；另一方面，在教育服务产业政策不开放的帷幕下，寄生着一个庞大的自成体系的、既吃教育"皇粮"又吃教育"市场"的"准教育阶层"。他们中的许多人占据着国家教育行政事业单位编制，举着"公办学校"甚至"教育厅、局"的牌子，既不做教育教学，又不做教育科研，其职责是专门为教育"服务"的：有教育后勤、教育交通、教育补习、教育旅游、教育出国、教育保健和教育"三产"等。国家应进一步创造环境及条件，像重视与支持企业改革那样，积极按照市场与教育运行规律，彻底改革严重缺乏市场竞争机制的办学体制。

总之，公共性与产业性是市场经济条件下教育服务客观属性的两大领域。只重视公共性而忽视产业性，教育服务会失去强劲的发展动力；只重视产业性而忽视公共性，教育服务会偏离其本质方向。实际上，教育服务的公共性与产业性并不是互相排斥的，相反，只要规则得当，调控适度，它们会相互促进，相辅相成。

现代教育服务的公共性以及由其延伸派生出来的公益性、公平性、差异性和行政性，已为现实社会的各个阶层、各行各业所认同，并在建设法治社会、和谐社会的过程中得到了较好的践行和维护。而教育服务的产业性以及由其蕴含滋生出来的公私性、功利性、投资性和经营性却时常为人们所忽略，或因对其公共性的传统认知上的惯性，而形成意识的排斥。教育服务的公共性与产业性之间并不是一种非此即彼、互相排斥的关系，两者之间不但不互相矛盾，而且存在着密切的联系，我们既不能因为强调教育的产业性而忽视教育的公共性，又不能因为强调教育的公共性而忽视教育的产业性。

三、对"教育产业化争论"的再思考

（一）"教育产业化"的由来和主旨

数十年前，美国斯坦福大学开辟了学校工业园，使教学活动、科研成果与工业园的发展双向互动，彼此推进，最终形成了世界一流的技术和知识密集型工业开发区，这就是"硅谷"。有人根据这一成功案例提出了"教育产业化"这一概念。之后，美、英等国家的其他大学，也在20世纪80年代开始了"教育产业化"的尝试，开辟了一些既有社会效益，也有经济效益的研究项目。这就是教育产业化的由来。

教育产业化强调的是，教育与产业（比如工业、商业）的挂钩，是教学的知识成果与产业生产的经济效益之间的互相拉动，相得益彰。数十年前，我国在扩大内需的宏观经济背景下，一些学者提出的通过"教育产业化"缓解教育经费紧张和扩大内需的建议很快被政府有关部门采纳，但有些教育管

理者将"教育产业化"误解，把教育产业化等同于教育商业化；把"教育产业化"理解为招收大量的学生进行高标准收费，各类院校打着"产业化"和"教育成本分担理论"的幌子大肆向学生收费，对真正的"教育产业化"弃而不谈。一些负有教育投资责任的地方政府也借"产业化"之名减少应有的教育投入。这种被误解的产业化的后果导致的最直接的问题是教育丧失了它的"公共性"。

（二）"教育产业化"的话语之争

我们知道，所谓纯公共品即满足以下特征：非竞争性——边际生产成本和边际拥挤成本为零；非排斥性——共同消费，效用不可分割，难以排斥不交费者，即难以避免"搭便车"。例如国防、外交、环境保护等。而教育，它的个体需求有着明显的差异，并且据有一定的排斥性。所以，它不是我们认为的纯公共品，是一种"准公共品"（既具有商品性，又具有公益性）。

政府适合于生产纯公共品，而教育却并不适合由政府一手包办。这里政府生产和政府间接生产值得区分一下。政府的直接生产指从头到尾都由政府出资、管理、生产。而间接生产的方式很多，比如我们知道的控股、与私人签订合同等。私人生产效率明显高于政府效率。所以，教育是一种适合政府间接生产的"准公共品"。

世界各国政府出台教育产业化即走向市场的最终目的就是为了从过去由政府一手包办的、单一的精英教育过渡到满足不同层次的教育需求。走向市场的另一个好处是可以获得市场上的资金从而提高教育环境。从根本上看来，教育产业化和教育民主与自由思想相适应的制度变迁，是一个双赢的好事。教育产业化才能带来教育的足量化、民主化和多样化。

但是中国的教育产业化一度却迷失了方向，没有制度约束的强制性制度变迁，培养了越来越多的"买进大学生"，一些以房产开发形式建设运营的高校不得不靠卖地还债，许多学校腐败的事件屡见不鲜……

我们认为，这样的现象并不是因为教育产业化不好，而是人们误读了教育产业化，教育产业化发展的同时法律没跟上，鼓励政策没更上，政府行政体制改革也没有跟上，政府以何种间接生产的方式实现同样没有落实。在这样混乱的局面中，缺乏严谨的论证，人们忙忙碌碌地就开展教育产业化的改革又怎能成功？再好的设想也只是一种设想。比如，中国基础教育表现出来的种种弊病，从教育乱收费到占用学生的假期补课，从学生身体被搞坏到个性被压制,从老师打骂学生到学生自尊心被毁灭,从考试作弊到教材买卖中的腐败,从应试教育日趋强化到素质教育只喊不做,类似现象屡见不鲜,令人痛惜!需要有识之士进行系统性反思和总结,以推进教育和教育产业化改革。

(三) 还"教育产业化"的本来面目

我们的教育产业化有些甚至是教育脱离了公共品的概念。比如有些个体商人投资办学,完全为了赚钱,学校则成了一件谋取私利的私人物品。国外不少好的大学是私立的,这里的私立并不像国内的个体商人作为后台老板创立。这些好的私立大学资金来源多样化,由政府提供一部分,企业捐赠一部分,学校的科研项目创造一部分等。这些私立相当于属于企业与政府间的中间机构。这就是国外的政府间接生产的方式。同时,值得一提的是,国外的企业向学校捐赠一般都有一定的免税优惠。税收是累进制的,即你的营业收入超过某·个标准,收税的百分比就会大大上升。那么对于刚刚超过这个标准的企业,采用捐赠的方式合理避税是很划算的事情。而在中国,随着教育产业化的出台却未见任何这方面的优惠。

总之,教育产业制度的变革,实质是教育的民主化与自由化,而不是所谓"营利化"或"经营化",因为作为一种特殊企业的学校,如果离开"营利"是举步维艰,不可持续的,只是学校"营利",不是谋"小利",而是谋"大利"(不仅包括经济价值,更包括社会价值、文化价值、道德价值等)。要让教育产业化不被误读,我们的教育思想观念、政策法规,以及政府行政体制改革与间接生产的方式一定要跟上。"警惕右,但更要反对左",不然很多本来好的事情很难不走样、不变味。

四、学校产权经营的功能及其限度

早在 20 世纪 60 年代,以舒尔茨、贝克尔为代表的西方人力资本理论学者就认为,在市场经济条件下,"生产"教育服务的学校需要投入一定的人力、物力以及财力等资源,而在各种资源稀缺和制度刚性的现实条件约束下,受教育者"消费"学校的教育服务就是一种重要的人力资本投资,提供教育服务的学校和一般企业一样,其运行绩效则完全取决于学校生产要素的组合以及教育技术的更新。而近年来以诺斯、科斯为代表的新制度经济学者则认为,由于学校教育服务本身具有较大的正外部性,即只要学校教育服务的生产存在知识问题,只要不可能测度教育服务的全部成本和效益并将它们按起源分别进行核算,或者这样做的代价过高,就会出现外部性问题。因此,这种外部性的学校产权制度安排,就成为除学校生产要素组合及其技术之外的决定学校生产绩效的又一个至关重要的因素。

(一)学校产权的基本含义

何谓"学校产权",目前教育经济学界对这个概念的界定十分模糊。究其原因在于诸多学者对产权概念内涵的理解分歧较大。因此,界定"学校产权",必须首先厘定究竟什么是产权以及学校提供的核心产品到底指什么。有人认为学校的产品是"人"。其实,从教育经济学的视角来看,人只是学校的间接产品,学校的直接产品应是"教育服务",包括教学服务、科研服务及其他衍生性的社会服务,而"教学服务"是学校提供的核心服务。

产权是一个极其复杂的范畴。从法学的视角来看,"产权"是和财产或资源的稀缺相联系的一个概念。一般认为,产权指社会生活中的个人或组织按照法律对财产(有形的与无形的)的权利,它包括资产的所有权或归属权、使用权、支配权、收益权等在内的一系列权利。从经济学的视角来看,产权是一个更为宽泛的概念,是和经济学中的正负外部性相联系的一个范畴。产权经济学家眼中的产权概念,不是指一般的物质实体,而是指由人们对物的使用所引起的相互认可的行为关系。它是用来界定人们在经济活动中如何受益、如何受损,以及相互之间如何进行补偿的规则。具体而言,一个产权的基本内容包含:①使用资产的权利(使用权);②获得资产收益的权利(用益权);③改变资产形态和实质的权利(处分权),④以双方一致同意的价格把所有或部分由①②③规定的权利转让给他人的权利。即行动团体对资源的使用权、转让权以及收入的享用权。

本书侧重从产权经济学角度研究广义上的学校产权,既包括学校组织或机构的财产归属权,也包括办学自主权即学校资产的使用权、收益权和处置权。学校产权的经营主要涉及两个层次的问题:一是法律层面上学校财产所有权的初始配置;二是实践层面上学校产权权能的委托代理。从法律层面上的学校产权即学校财产所有权来看,其产权结构一般包括私人产权、集体或社团产权、国家产权等三种基本形式。这种产权制度的建立与形成要由国家的强制力量如法院等来保证、实施。我国学校产权制度建设的一个重要目的就是通过学校所有权与经营权的分离以及学校经营权的不断分解与重组,进而提高学校教育资源的配置效率的。当前我国学校产权经营的一个关键环节,是如何进行学校财产所有权的重新界定。学校所有权笼统地讲国有或公有等于谁也没有。学校产权主体不明或学校产权主体"缺位",会诱使公立学校国有资产包括人力资本资产管理和使用中的机会主义行为、搭便车行为和寻租行为,导致国有资产的严重浪费和流失。为此,公立学校所有权应积极实施产权社会化的分解和重组。比如,现阶段我国基础教育领域出现的"国有民办""民办公助"和"公办民助"类型的学校就是介于政府包揽办学与私人自主办学之间的一种新型办学模式。在这种办学模式中,政府将全民所有制或集体所有制的公办学校按照有法定效力的程序,交给有独立法人地位的社会团体或公民个人承办。其资产及资产增值的主要部分仍属国家所有,而事业费和日常运行经费的全部或大部由承办者依法筹集,承办者享有办学自主权,这种产权经营的制度安排极大地调动了民间力量参与办学的积极性。

(二) 学校产权经营的主要功能

在国家包揽办学的计划经济时期,人们习惯于教育服务是一种社会福利或公共产品的说法,忽视了教育服务的准公共产品性质以及教育服务组织本身具有的生产属性。正是人们认识的偏颇,以及政府垄断经营的惰性,导致了教育投资的长期滞后和短缺。随着知识经济时代的来临,知识已经成为经济增长的内生变量,因此,作为提供精神文化消费品的学校教育服务具有的生产属性及其商品价值正日益凸显出来。所以,尽快明晰学校产权制度及其制度配置功能十分重要。

第一,排他性功能。产权具有界定财产归属的功能,能使财产主体人格化、产权关系明晰化,对排除了财产所有和财产运营中的非主体因素、非经济因素的干扰及财产的正常运作提供了权利基础。排他性既是所有者自主权的前提条件,也是使私人产权得以发挥作用的前提条件。学校产权作为反映和实现教育产品多种性质的法权形式,必须由一定的国家意志和法律所认可并受到严格的保护,这是学校产权界定的最根本的特征。在日常经济社会生活中,人与人之间对财产的权利实际上构成竞争,比如特定财产的特定权利一般只能有一个主体拥有,也就是说,特定物质财产不能既是甲的,又是乙的。在我国社会转型时期,由于学校产权主体可以是个人即私人产权主体如私人办学,也可以是共有产权或国家产权或其他公有产权主体如公立学校，这就引出一个问题，私有产权结构的产权有没有排他性？答案是肯定的。按照产权经济学的逻辑，学校举办者无论是选择一个非营利性还是一个营利性的法人组织结构，都是同样需要保护的，任何个人或组织侵犯学校财产和权益的行为都应当受到严厉的惩罚。

第二，约束性功能。学校产权安排既是学校举办者、管理者等产权主体使用学校教育资源的自由，也是各产权主体的行为约束边界。而学校产权的有界性或约束性，包含两个层面的含义：其一指任何产权与别的产权之间，必须有清晰的界限；其二指任何产权必须有限度。前者指不同产权之间的界限，后者指特定权利的范围。比如，在学校产权中，无论是在学校法人产权与学校投资者的产权之间，还是在学校法人产权的狭义所有权和经营权之间，在分离的情况下，必须要确定其界限，否则就无法做到有效分离。人们可以界定产权，可以按照对自己最有利的原则决定把产权界定到什么程度。在此意义上说，产权总能得到最好的界定。然而，由于商品属性很复杂，测定每种属性都要付出成本，彻底界定产权的代价就过于高昂，因此产权从来不可能得到充分的界定。

第三，优化资源的功能。任何产权要想有效利用，必须是可分割的。产权往往只有在能被分割的情况下，才能被有效地利用。比如，一个大型公司的所有权可以被划分为能被较小投资者购买的股份，如此，一些重大工业项目和基础设施项目所需要的巨额资本才能积累。学校产权同样具备这种功能。具体而言，学校产权的可分割性是指学校所有权与其他各项派生的权利是可分离的，同时由所有权派生的各项权利之间也是可分的，各项权能又可分别属于不同的产权主体。这样，具有不同需求和知识的人便能将某项独特的资产投入他们所能发现的最有价值的用途上去。学校产权的另一个重要性质是可转让性，即它们必须是可处置的或可转让的。在传统或其他制度禁止处置产权的地方，如禁止出售产权的地方，产权被束缚于一个既有的所有者，而其他人尽管具备更好的知识和技能，却不能对该财产进行更好的利用。比如，我国现行法规对民办学校终止或破产时财产安排的限制，一定程度上将带来社会力量参与办学的负面效应。

第四，激励性功能。学校产权的激励性功能，是学校产权主体公平竞争的内在要求。学校产权是依法占有和使用学校财产的权利，学校产权主体最为关注的是由产权所产生的利益或带来的效用满足。但公平的产权同时也意味着产权主体的责任和承担成本,因为利益获得最终要通过自己的尽责和努力才能实现,否则就是不公平的。例如,在合作办学过程中,各产权主体必须以契约形式严格划分彼此的责、权、利,如谁可以决定哪部分校产的抵押或转让,谁可以收回哪些校产,做到权责对称。在资源稀缺的社会里,那些缺乏责任心,不能把资源投入最大收益之处的产权所有者将被淘汰出局。此外,学校产权制度形成的稳定预期,有利于产权主体从长远利益考虑,避免了短期化行为。

(三) 学校产权经营的限度

在市场经济条件下,现代学校产权经营作为一种基本的现代学校制度,其根本目的在于建立一种能够明晰办学主体及其利益关系,进而激发社会各界投资教育的积极性,并将更多的资金吸引到教育中来的游戏规则。但是,在现实的学校教育改革实践中,正如著名经济学家舒尔茨所言,教育机构不具有传统工业的某些经济性质,这是事实。除少数采取不正当办法追逐金钱的学校外,一般学校的组织管理却不是为了盈利的。教育机构的资产并未在证券交易所开列户头。无论学生或他们的家长,通常都不支付学生所需的全部费用。从学校教育能增加学生将来收入这一点来看,它具有投资性质,不过,这样创造的人力资本并不像物力资本那样可以出售。因此,学校产权的经营毕竟具有不同于一般企业产权的复杂特征。

第一,学校经营目标的多重性。一般企业产权安排的经营目标是一元的,即企业追求利润最大化,因此界定和运营企业产权的目的是通过产权的不断明晰化来降低生产中的交易费用,并进行有效的激励和约束,最终实现个人和企业的利润最大化。而学校教育服务一般具有较强的外在性,其价值目标是追求对社会产生更多正的"外溢效应",即综合效益的最大化。因此,学校组织在设定经济效益目标和投入产出效率目标时,只能将其作为所要选择的基本目标之一,学校组织的最终目标除经济效益之外,同时还要实现社会效益、政治效益、文化效益等。如何保持学校多种经营目标的和平共处与全面实现,是学校组织与一般企业产权安排最大的区别。

第二,学校资产重组的有限性。这包括两层含义:一是对公立学校进行产权重组的方式与一般企业不同,学校并非越大越好。因此,对公立学校(国有或集体所有的学校)产权的重组应牢牢抓住国家的终极所有权,进行产权重组的最佳方式是吸引融资,学校可以和其他经济成分联合、合作办学,但不宜像国有企业一样实行出卖或低价转让。二是在所有权主体不变的情况下,对学校产权不同权利主体及其职责范围结构进行划分时的分割方式也与一般企业不同。学校作为特定教育财产的集合实体,由于其全部财产均服务于学生学习这一对象的特殊性,与企业相比较,学校资产就有强烈的彼此依赖性而呈现完整性和非绝对分解性。学校财产,如图书馆、操场、仪器设备等都是教学活动中不可缺少的,某一部分的缺失必将引起教学活动的中断或残缺,影响教学的整体效果。这说明在学校产权中的诸项权能中,关于学校资产的抵押的使用权是受到国家法规限制的。

第三,学校委托代理机制的差异性。国办学校的终极所有者是全体人民或纳税人,但无论是具体的"个人"还是抽象的"国家",都无法亲自行使所有权,必须要寻找和委托合适的"代理人"进行有效经营。一般企业的投入和产出都可以进行精确计算,其产品质量和要求也可以明确化,因此对企业所有权代理者的行为易于监督和约束。如果能建立有效的激励和约束机制,则企业可采取多层委托代理的办法,对经营行为进行最大可能的分解并进行权责和利益的细分,以获取最大的经济收益。但是,由于学校的产出一般难以进行量化计算,教育服务的质量也具有"无形性",所以,如果学校经营也实行多层委托代理方式,则易造成教学目的、质量要求等内容信息在传递过程中的"失真",并且由于对代理者的活动难以监督而易于产生过高的交易成本。同时,学校的办学目的和质量水平是以教育整体活动和条件为保证的,难以根据不同环节、阶段或活动去划分责、权,并以此来分解经济效益。所以,有人主张,学校产权在具体运作时不宜采取多层委托代理办法,而应采取"一级委托代理制",即由政府把学校产权直接委托给某一团体或个人,其中接受委托代理的团体可以派出个人代表,但接受委托代理的个人不宜再派他人代表。比如,"国有民办制"的学校。学校产权实施委托代理制时,应在办学章程上明确学校投资者及其承办者或者管理者的权利、职责和义务的范围,这样才能够防止家族式办学,提高管理水平,确保教育国有资产的保值增值,使学校出质量、出效益。

第四,学校产权经营的"超稳定性"。无论是学校产权还是企业产权都要求有一定的稳定性和持续性。产权制度的稳定性和持续性关系到市场主体能否形成合理的预期,以及社会经济能否实现可持续发展。稳定的预期有利于市场主体行为的长期化,而不稳定的预期将导致市场主体的短期行为,不利于资源配置效率的提高。但是,企业产权的有效性则更强调主权的自由交易或转让,产权的自由交易或转让有利于资源在各产业、部门或企业的合理调整,从而使产权配置达到最优。就一般的企业而言,其经营成效在短期内就会显现出来,在没有取得应有的收益时就会出于所有者的要求或市场竞争的压力而进行产权的重组或转让。而学校的价值目标要复杂得多,它以教育的社会效益为根本目的,兼顾自身的经济效益。而这一价值目标的实现不仅取决于办学者、经营者的决策与经营,更取决于复杂、不确定的社会因素,如生源、所在地区经济文化背景等,从这层意义上说,学校经营其实有很大的风险,加之教育具有长周期性和滞后性等特点,所以不能仅根据学校一年或几年的升学情况或教学质量判断其经营情况,更不能轻易将学校资产尤其是学校的人力资源——教师转让,使其流出教育领域。

第五,学校产权结构的社会化。从国外学校制度变革的实践来看,学校作为一种资本与知本组合的非营利性组织,反而是节约教育交易费用的一种有效的制度安排。因此,从长远看,学校财产所有权结构一般不是私人所有或几个私人合伙所有,而更多的为社会集体所有或共有产权机构混合所有。然而,在实际经济运行中,一般企业的财产所有权结构则更多地表现为私人所有或混合私人所有。这是学校组织与一般企业的本质区别。因为,一方面,学校教育服务的性质是一种准公共产品;另一方面,在市场经济运行中,任何一项产权或权利都不是绝对的,而是相互制约的,对任何产权的界定、变更和维护都要计算成本与收益。从这一角度讲,学校组织的所有权结构并非一定要私有产权形式,而可能是一种社会化的产权结构。

综上所述,学校产权的基本内容包括权利和利益两方面,学校产权的利益是学校产权主体之间关系的本质所在。同时,学校产权主体可以运用学校产权的经营来谋求自身利益。于是,有人认为,学校产权制度的界定和行使会使学校组织成为一个完全营利性的企业,也就是说,教育这个行业可以完全采取市场化的方式运行,教育服务的生产和消费只要由公平的教育价格决定就行了,这样教育资源的配置就能达到帕累托最优。其实,这种认识是一种误解。首先,从严格意义上讲,教育市场只是一种"准市场""半市场";"教育价格"也不是一个真正的货币价格,而是一个"准教育价格"或"影子价格"。这是因为,决定教育价格的基本因素不单有办学成本,还有其他制度成本,如政府的免税、优惠政策,学生个人时间、精力的投入等,"教育价格"只是对其他物品价格的一种模拟。其次,大多数教育产品是一种准公共产品,具有较强的外溢效应,如果教育完全由私人提供,会出现"教育市场失灵"的现象。再者,根据现代契约理论,教育产品在教育生产者和教育消费者之间的交易契约,其实是一种信息不对称的不完全契约,教育服务如果完全按照教育市场价格机制运作,从整个社会来说,将会由于教育服务交易费用的上升而使任何交易无法达成。总而言之,即使在教育领域进行学校产权的社会化改革之后,政府所办的学校仍要占较大比例,尤其是在义务教育阶段,政府对举办公共教育服务具有不可推卸的责任。

第四章

流动人口子女的教育产权保护

伴随着城市化发展的需要，人口流动成为经济发展的助动力。大城市良好的经济发展前景、完善的基础设施、优质的医疗卫生及教育资源等成为一种无形的"拉力"，加上乡村生存环境及生存质量低的"推力"助动，无形的手一推一拉，使人口从乡村流往城镇，从中西部地区流往东部沿海地区。

一、民工子弟学校"转制"的背景分析

21世纪以来，进城务工人员大规模涌入城市，2006年《中国农民工调研报告》指出，我国流动人口规模达1.4亿[①]，流动人口的主体是农村外出劳动力；2015年2月26日，国家统计局公布的《2014年国民经济和社会发展统计公报》显示，流动人口达2.53亿[②]，流动人口以向大城市集聚为主要流动方向。伴随着对弱势群体的关注，被边缘化了的进城务工人员群体作为城市建设和发展的一股不可或缺的力量逐渐进入了研究者的视野，成为关注的热点和焦点。

基于对优质生活的追求，进城务工人员流动方式也在逐渐发生改变，由"候鸟式"流动转为"迁移式"流动，并由"独身"流动到"举家"迁移。伴随着家庭

---

① 国务院研究室课题组.中国农民工调研报告[M].北京：中国言实出版社，2006：228.

② 进城务工人员的称谓有很多，比如"民工""农民工""流动人口""进城农民工""外来打工者""进城务工农民""进城农民工"等，此处所述流动人口即指进城务工人员，不做具体区分。流动人口是指人户分离人口中扣除市辖区内人户分离的人口。市辖区内人户分离的人口是指一个直辖市或地级市所辖区内和区与区之间，居住地和户口登记地不在同一乡镇街道的人口。国家统计局.2014年国民经济和社会发展统计公报[EB/OL].(2015-02-26)[2015-04-02].http://www.stats.gov.cn/tjsj/zxfb/201502/t20150226_685799.html.

式流动潮的盛行，"移民二代"现象逐渐深化，"移民三代"现象也崭露头角，其中6～15岁随同父母流动的民工子女比例在2013年达到62.5%，比2011年上升了5.2%，且近年来育龄妇女在流入地怀孕和生育的比例也在提高，分别比2011年上升5.9%和7.0%，其中，在流入地生育的比例达59.2%[①]。2010年，教育部在其颁布的《国家中长期教育改革和发展规划纲要（2010—2020年）》中，将农民工群体正式称为"进城务工人员"，并指出"坚持以输入地为主、以全日制公办中小学为主，确保进城务工人员随迁子女平等接受义务教育"[②]。

面对进城务工人员随迁子女数量的日益膨胀，流入地教育资源承载力具有有限性，入学机会均等、教育公平、家庭教育、学业质量等一系列问题亟待解决。基于此，进城务工人员随迁子女教育问题成为时下关注的热点，关系着进城务工人员家庭的稳定以及社会的长治久安、教育公平等，是教育领域面临的一大课题和考验。

作为经济比较活跃的东部沿海城市，上海市引领着长三角地区发展的潮流，吸引着大批的进城务工人员。2005年至2014年末，上海市常住人口总量稳中有增，然外来常住人口在常住人口中占比增幅显著，详见图4-1、图4-2。截至2014年末，上海市户籍常住人口1429.26万人，外来常住人口996.42万人。2012年末，上海市常住人口总数为2380.43万人。其中，外来常住人口960.24万人，占全部常住人口比重40.3%，逾七成为民工，民工中八成为夫妻共同来沪，占82.2%，其中53.8万人为随迁子女（40.17万人在公办学校就读，占全部随迁子女人数的78.3%；在受政府委托的民办小学就读的有11.69万人，占21.7%）[③]。2005年上海市义务教育阶段随迁子女为38.17万人[④]，2012年增长至53.8万人，增幅达29.05%。上海市外来人口的增多，外来务工人员的涌入，举家迁移现象的普遍化，使得上海市随迁子女教育方面面临着巨大的压力和挑战。

---

① 国家卫生计生委. 中国流动人口发展报告2014[EB/OL]. (2014-11-18)[2015-04-02]. http://www.moh.gov.cn/xcs/s3574/201411/dc3ba043cbf74e2d8fe68000d4651505.shtml.

② 中华人民共和国教育部. 国家中长期教育改革和发展规划纲要（2010—2020）[EB/OL]. (2010-07-29)[2015-04-02]. http://www.moe.edu.cn/publicfiles/business/htmlfiles/moe/moe_838/201008/93704.html.

③ 上海市统计局. 2012年上海市国民经济和社会发展统计公报[EB/OL]. (2013-02-26)[2015-12-10]. http://www.stats-sh.gov.cn/sjfb/201302/253153.html.

④ 中央教育科学研究所课题组. 进城务工农民随迁子女教育状况调研报告[J]. 教育研究, 2008(4): 13-21.

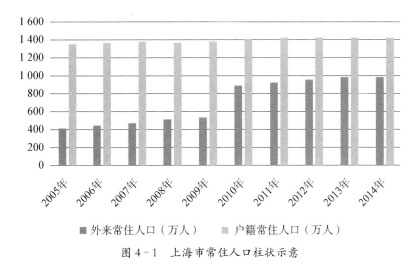

图 4-1 上海市常住人口柱状示意

图 4-2 上海市外来常住人口雷达示意

"两为主"的政策要求及《义务教育法》的修订都对随迁子女教育问题作出"以输入地政府为主"的明确规定。在随迁子女教育问题以输入地政府为主的政策导向下,上海市教育政策不断作出调整,以公办教育为主要阵地来解决随迁子女"无学上、入学难"的问题。政策的开放、优质教育资源的吸引力,进城务工人员不愿回流,常居在输入地,随迁子女教育问题突出。优质教育资源的稀缺性及教育承载力的有限性,上海市义务教育阶段教育面临着巨大的压力和挑战。处理好义务教育阶段随迁子女教育问题,保障进城务工人员随迁子女教育质量和受教育权利,需要多主体共同努力,发挥社会、学校和家庭的重要作用。

二、民工子弟学校"转制"的初衷

如何解决城市化进程中流动人口子女公平受教育问题是一个世界性的教育难题。2008 年上海市政府推动的 162 所农民工子女小学"民办公助制"试验为流动人口子女教育提供了有益探索和宝贵经验，基本建立了规范的管理结构，办学条件得到较大改善。但在取得成绩的同时，也存在着一定的教育产权隐患。首先，需要积极应对首先"转制"学校一刀切式的"民办非企业"法人架构，既不是纯公益组织，也不是纯营利性企业组织，导致学校实际办学性质定位模糊，"回民"还是"转公"，进退两难；其次，"转制"前后各种学校资产产权归属的界定与划分仍不够清晰，容易滋生国有资产流失及各种产权纠纷风险；最后，"转制"学校的内部治理机制尚不健全，未来发展方向充满变数，不免引发人们对农民工子女教育政策的不稳定预期和各种办学短期行为，师生正当权益难以得到有效保护的担忧。

上海农民工子女小学的大规模"民办公助"式转制改革肇始于上海市教委 2008 年启动的进城务工人员随迁子女义务教育三年（2008—2010）行动计划。该计划侧重在公共教育资源确实不能满足随迁子女教育需求的城郊接合地区，将符合条件的"简易学校"经过办学设施改造后纳入民办教育管理，政府委托其招收随迁子女。计划共审批设立 162 所以招收随迁子女为主的民办小学，政府向其购买约 12 万个免费义务教育学位；同时关闭存在安全隐患、办学条件不合格的农民工子女学校 100 所。对新审批的以招收随迁子女为主的民办小学，上海市政府给予 50 万元办学设施改造经费，不足部分由区县予以补足。在此基础上，上海市政府还委托这些民办小学招收随迁子女免费就读，并根据学生招生人数给予基本办学成本补贴。2008—2010 年，上海市、区财政共投入 10 多亿元，用于这些民办小学的办学设施改造和基本成本补贴。截至 2010 年，上海各区县共投入资金 2 375 万元，为全市 162 所以招收随迁子女为主的民办小学配备了标准图书室，增配了体育运动器材。

三、上海民工子弟学校"转制"的成功经验及问题

从 20 世纪 80 年代末的"备案制"简易办学，到 2003 年的"审批制"办学、再到 2008 年至今的"民办公助制"办学，上海这种由政府购买教育服务的"转制模式"无疑为社会转型时期中国流动人口子女教育问题提供了有益探索

和宝贵经验,在全国率先基本建立了规范的管理结构,办学条件得到较大改善。但在取得成绩的同时,也存在着致命的教育产权制度隐患。首先,"转制"学校的性质定位非常模糊;其次,"转制"前后学校各类资产产权归属需要进一步明晰;最后,"转制"学校的自主管理及师生权益保护还不够完善,学校未来将朝什么方向发展也前途未卜、充满变数。这些基本问题如果处理不当,将不断危及"转制"农民工子女学校自主生存与发展的合法性,带来农民工子女教育利益相关者对政策预期的不稳定和短期行为并诱发各种办学纠纷与风险。

(一)"转制"学校的"民办非企业"法人定位模糊

上海"民办公助"式"转制"变革使当地农民工子女学校统一划归为"民办学校",似乎在一定程度上完成了农民工子女学校从"私人办学"到"法人办学"的华丽转变。但这种转变只是一种名义上的转型而非实质意义的转型。

根据1986年颁布的《中华人民共和国民法通则》(以下简称《民法通则》),我国的法人机构一般包括企业法人、机关法人、事业单位法人和社会团体法人。1999年民政部发布了《民办非企业单位登记管理办法》,民办学校被定性为"民办非企业"。法律明确规定:"民办教育事业属于公益性事业,是社会主义教育事业的组成部分。"但是,民办学校在民政部门注册时,根据政府有关法规被硬性界定为"民办非企业单位",这是超越《民法通则》提出的新概念。从该规定来看,民办非企业单位和组织应该具有以下特征:公益性,不以营利为目的。其盈利只能用于其组织本身的发展和自身服务系统;提供社会服务活动,可提供公共物品和私人物品,即对不特定的人和群体提供公益性服务;利用非国有资产举办,出资人为非政府系统。根据上述特征的描述,在我国的现行制度框架中,民办学校被划归民办非企业单位,这主要是对民办学校的一刀切的非营利性规定。尽管有了"民办非企业单位"的概念,但在实际运行中就民办学校税收、教师福利待遇、社会保险等重要问题并未制定与之相应的政策,相反,只按企业的标准执行,而并未按"非企业"对待。

《民办非企业单位登记管理暂行条例》将我国的民办学校统一划归为"民办非企业法人",这使得民办学校既不属于事业单位也不属于企业,而且《民法通则》中并没有此种性质对应的法人类型,这就使得民办学校不伦不类,地位十分尴尬,直接造成了民办学校性质上的"非营利性"与实际运行中大多数学校"投资经营办学"的矛盾。如今,无论是政府决策者和教育行政部门还是民办学校都对这一矛盾持回避态度,政府和教育行政部门希望用非营利性的政策框架来进行统一管理,但实际上包括民办农民工子女学校在内的大多数民办学校则将自己的非营利性避而不谈而在实际运行中满足自己的营利诉求。

此种法人制度安排直接影响了"转制"农民工子女教育的未来自主发展。首先,是不利于民办农民工子女学校多元化筹资办学的发展,《中华人民共和国民办教育促进法》(以下简称《民办教育促进法》)规定出资者可以取得合理回报,这对投资办学是有吸引力的,但这一规定却对真正意义上的具有教育经营(主要是校长和教师的人力资本经营)非营利学校十分不利。由于民办学校的统一"民办非企业"法人性质,类型及分类并不明晰,这使得热心教育事业的人士和机构陷入"灵与肉"的纷繁纠结之中,让他们会对自己的投融资行为和教育经营行为有所顾虑,担心最后自己的投融资资产和心血付出会被从中抽取回报或直接纳入或外溢到他人腰包。此种担心合情合理,从这方面来讲,民工民办学校的法人不合理定位已经影响到了学校未来发展的物力资本和人力资本的加盟和积聚。

其次,不利于政府出台有针对性的政策。民办农民工子女学校的定位模棱两可,也使得政府进入了进退两难的境地。一方面,政府想要加大对民办农民工子女学校的扶持力度,比如加大资金投入,实施基本设施改造与建设并给予其与公办学校同等的税收优惠和财政补助或者给予教师民办教师同等的待遇。但另一方面,政府又担心最后这些投入会落入非政府出资人、举办者及管理者的私人口袋中。

我们建议,取消当前民办农民工子女学校的"民办非企业"这一似是而非的法人性质硬性界定,重新进行分类治理。在这方面,可以借鉴温州地区的可贵探索,将"非营利性的全日制民办学校按照民办事业单位法人进行登记,管理营利性的全日制民办学校按照企业法人进行登记管理",并明确"民办事业单位法人由民政部门登记管理,企业法人由工商部门登记管理"①。

民政部门和教育部门应重点做好对非营利性民办农民工子女学校的扶

---

① 董圣足.温州新政:区域民办教育制度创新的典范[J].教育发展研究,2011(22):1-6.

持与监管。民办农民工子女学校事业法人治理结构的有效措施是建立有效的学校董事会制度。在这一制度中,董事会作为学校的最高决策机构,全面负责学校的经营管理活动,出资人将自己投入的办学资产交由董事会管理,董事会则拥有学校资产的支配权,并决定校长的聘用、奖惩及解雇。校长受聘于董事会,接受董事会的领导,作为董事会决议的执行者,在其授权范围内负责学校的具体管理,提高教学质量,保证学校工作有序进行。同时,设立独立于董事会的监事会,负责对董事会的决策操作和校长执行行为的监督,以防止民办学校的失范行为。最终实现决策权、执行权和监督权的分离和平衡。同时完善公共治理结构,发挥教职员工、学生、家长、社区、毕业生、社会贤达等参与学校管理的作用,形成学校内部权力纵向下移和横向分配平衡相结合的制衡体制[①]。

(二) "转制"学校前后的产权归属有待进一步明晰

如何明晰"转制"学校的各种教育产权归属,是关系到民办农民工子女学校利益博弈的重大问题。从发生学意义上讲,我国农民工子女学校是教育被动适应社会主义市场经济的产物。尽管农民工子女学校提供的是义务教育阶段的公共教育服务,但是民办农民工子女学校是教育公益性与经营性的混合物,是教育物质资本和智力资本的有机结合。它的生成不可避免地带有生产服务性、经营性和商业性。

首先,根据《民办教育促进法》,民办农民工子女学校私人举办者投入学校的资产在转制过程中必须明晰。然而,笔者在调研中发现,一些私人举办的农民工子女小学,由于在转制过程中选择继续办学,原有资产未被评估和补偿,而转制之后举办者无法获得任何回报的,大有人在。比如,上海 S 区 S 小学由安徽籍人士创办于 2001 年,转制之前有小学生 700 名,中学生 1 500 名。2009 年转制为民办农民工小学,举办者聘任的校长继续留任。现有学生 2 600 人,分为 51 个班。教师 103 名,本地人很少,每年税后收入约为 3 万元,可评中高级职称。转制前创办者投入 2 300 万元改善办学条件,建设教学楼、运动场等,转制时政府投入 50 万元,由于举办者继续办学,政府未对原有资产完全赎买。给予的年生均经费中,规定 70% 得用于支付教师工资,其余部分得拿发票到教育部门支取,没有考虑到校舍租金的问题。这为今后

---

① 胡卫.促进民办教育健康稳定可持续发展[J].上海教育,2010(9):60.

学校终止时的教育产权纠纷埋下隐患。根据《民办教育促进法》，当地政府应根据民工子弟学校举办者的物质资本和人力资本的投入状况和学校声誉给予适当的经济补偿和精神鼓励。

其次，政府、社会公益组织或公司为农民工子女校转制前后投入或捐赠资产的归属及处置也需要明晰。民办农民工子女学校存续过程中这些资产的归属属于学校法人所有是毫无疑问的，但是，如果遇到学校拆迁、关闭或转卖，政府或公司投入的资产应该归政府或公司所有。捐赠资产的处理可参照美国的做法。美国的长期实践中，捐赠是按契约形式处理，无论是现金还是物品（服务例外，因为无法收回），如果捐赠者无要求，则受捐者自主处理。如果捐赠者有要求，则按约定办理。常见的有：指定使用用途或指定时间限制；如未按指定的要求去做，要退还捐赠者或向捐赠者申请更改要求。为此，政府、社会有责任监督"民办公助"类型的民办民工子弟学校建立全覆盖的学校资产管理制度，并建立相应的学校资产增值评估制度，以防止各种资产尤其是国有资产的流失与乱用。

最后，是对民办农民工子女学校中的个人投资者和经营者的合理回报及奖励问题，这是理顺政府与当前农民工子女学校关系的一个最为敏感的问题。民办农民工子女学校虽然是民办非企业法人，但它客观上提供了部分本应由政府提供的纯公共服务，但并不能指望民办农民工子女学校的举办者和经营者都是慈善家。没有稳定的合理回报预期，是让投资型（物质资本和人力资本）举办者不能有长期打算，进而不希望加大办学投入的根本原因之一。为提高民办农民工子女学校的多元化融资水平，提高校长及教师的工作积极性和办学质量，笔者建议应当参照《民办教育促进法》给予民办农民工子女学校私人投资者和举办者正当的合理回报。合理回报的具体额度由举办者和学校法人根据学校发展现状自主选择，但必须公开并接受政府与社会的监督。同时，政府应给予民办农民工子女学校发展做出突出贡献的校长和教师给予必要的物质奖励和精神表彰。

（三）"转制"学校内部治理与师生权益保障机制待完善

完善"转制"学校的内部治理与师生权益保障机制，首先要理顺"转制"学校与政府的关系。政校不分，则学校责任主体实际依旧是政府。学校与政府之间形成了一种类似承包或租赁的关系。学校赢了，皆大欢喜。若是亏了，还得由政府托盘，学校本身并不承担责任。转制学校并没有成为自负盈亏的独立的人格化法人实体。如此,"转制"学校的组织结构依然按照公办学校的管理办法,校长并不是由董事会投票选出,而是政府选聘任命,因而校长不是直接对董事会负责,实际上还是直接对政府负责。校长缺乏微观监督评价机制,在有限任期内,校长的办学行为就极容易短期化。因此,"转制"学校应加快建设现代学校制度,不断完善董事会领导下的校长负责制,最终成为一个自主的独立办学主体。

其次,要理顺"转制"学校与教师的关系,不断强化教师权利及发展保障体系建设。现行的民办农民工子女学校教师管理实施的是一般教师聘任劳动合同制,教师的人事关系施行"人事代理制",不同于同行的公办学校教师的"事业人事档案制",无法解决老师们的落户及住房问题,这种制度安排在学校存续之间与公办学校教师的福利待遇似乎差异不大,但在学校终止或解散后却面临非常棘手的教师安置与补偿问题。根据劳动保护法,教师们非正常离职要按受所在学校的法定补偿(经济补偿金的支付标准为每满一个年度支付一个月的,最多不超过 12 个月)学校自身也因此面临很大的未来巨额资金应对风险,为此,转制民办学校平时应预留出一定的教育发展基金以备不时之需。

最后,要理顺"转制"农民工子女学校学生与流入地政府的关系。流动人口子女公平受教育权的保护问题是当前我国流动人口子女接受义务教育的一个掣肘,也是世界各国基础教育发展的一个共同社会难题。以墨西哥为例,墨西哥实施"关注流动人口家庭子女小学教育的计划"(PRONIM)和"流动人口家庭子女的跨文化教育模式",为小学一年级专门制定了流动人口子女小学教育课程总体设置与教学指南。农业季节,在流动人口集中的地区为他们的子女提供学前教育和小学教育。在法国,16 岁以下的孩子,无论国籍是否在法国,都能享受到与当地孩子同样的教育机会和权利。法国人认为,赋予每个孩子公平接受义务教育的权利对国家来说是最有效率的事情,否则,将导致犯罪率和失业率提高等社会不利因素,付出更大的代价。上述国家在义务教育阶段对少数弱势群体大多采用政府承担成本、受教育者公平享有教育机会的模式,这也是市场条件下对义务教育公共产品性质的一种尊重和承认,这给我们的启示是:无论是发达国家还是发展中国家,都能够通过政府公共资源的再分配,切实保证一国范围内的义务教育需要的均衡发展,并为每个适龄儿童接受义务教育创造较为平等的机会。说到底,流动人口子女教育问题不仅仅是一个"钱"的问题,更是"权利"公平的问题。在当前基础教育"户籍管学籍"体制下,由于农民工子女流动频繁和随意,很难为其建立一套持续和常规的学籍档案,致使学校和有关部门难以清楚地掌握农民工子女的流动去向,无法进行科学的统计和就学监控,进而导致其学籍管理的混乱和无序,不利于从整体上确保农民工子女接受义务教育权利的实现。为此,建议尽快建立专门的全国性农民工子女电子学籍联网档案。

此外,随着农民工子女教育问题时限的延长,农民工子女义务教育后的教育评价问题如公平考试权问题开始凸显,成为实现教育公平的重要问题。由于我国的城乡二元体制和相关政策的不健全,农民工子女在流入地的初级中学完成义务教育阶段的学习后,需要作出两种选择:要么中断学业留在城市自谋出路,要么回原籍参加高中升学考试。对于在城市"土生土长"的第二代农民工子女来说,再返回原籍已经不太现实,他们既是城市的"边缘人",又是家乡的"异乡人";既难以进入城市的优质学校,又无法融入家乡的教育和升学系统,只能成为身份模糊的"夹缝中人",这种身份认同的危机会直接影响他们的生存状态和人格特点。

面对社会压力和民主呼声,尽管我国政府也在不断推出相关政策文件,以期"保障农民工子弟的权益"。但是,这种保障在实际中却成为一种变相卸责,将本来由国家保障的农民工子弟的公民权,变成了地方保障的"市民权"问题。就像有学者指出的那样,国家解决"农民工"问题的途径主要是将国家层面上的"公民权"问题转换成了城市层面上的"市民权"问题,将"国民待遇"问题转换成了"市民待遇"问题。

当然,解决农民工子女身上的包括"异地高考权"在内的受教育权不公平问题的关键是"绿色高考制度"的建立。如加快招生指标分配办法改革,综合考虑各省受教育人口基数、经济和文化发展水平,让各地的高考录取率特别是重点大学录取率大体一样,从而从根本上消解异地高考的内在动力。此外,加快城乡二元经济体制及其户籍结构的制度变革。城乡二元体制不同于城乡二元结构,城乡二元结构自古就有,而且今后较长时间内还会存在。但城乡二元体制是计划经济体制的产物。1958年《中华人民共和国户口登记条例》将户口一分为二,公民被分成农村户口和城市户口两大身份不同、待遇不同的利益群体,城乡被隔离开来,农村户口和城市户口都不得自由迁移。随着经济体制改革的推进,农民进城打工,获得了一种新的"农民工"身份,但这是一种未受制度认可的"半合法"的身份。未来体制保障方面,国家应进一步推进特大城市与农村隔离的户籍制度,促进城乡一体化发展;政策保障方面,权力机关应从法律上确立农民工平等的公民身份,从而保障农民工子女的各项教育权利。国家要制定保护农民工合法权益的指导纲要,并切实指导地方、学校根据当地的情况制定出符合自身要求的文件和行动指南;行政保障方面,纵向上应以流入地政府管理为主,加强流入地教育主管部门与相关职能部门的配合。横向上应加强流入地与流出地政府和教育主管部门的沟通协调。

第五章

"就近入学"教育治理的产权困境及其突破

从早期的"最近原则入学""考试竞争原则入学",再到依据学籍、户籍和实际居住地的"免试就近入学",如何更好地配置义务教育资源,满足人民日益增长的教育需求是政府深化教育综合治理体系改革的一个重要议题。2013年党的十八届三中全会通过的《中共中央关于全面深化改革若干重大问题的决定》再次把如何治理"择校"的教育公平问题推向了教育改革的风口浪尖。紧接着教育部发布《教育部关于进一步做好小学升入初中免试就近入学工作的实施意见》,对"免试就近入学"作了具体可操作的安排。几天后教育部办公厅下达《关于进一步做好重点大城市义务教育免试就近入学工作的通知》,明确列出了包括北京、上海在内的19个重点大城市就近入学时间表,进一步凸显了中央政府深化教育改革实现教育公平的综合治理力度和决心。

新政实施以来,在各大城市加大实施力度,全面推进义务教育免试就近入学并取得一定成效的同时,社会各界对于"免试就近入学"新政的政策担忧和"反治理"对策也与日俱增。免试就近入学的初衷是好的,考试意味着竞争,这对孩子的健康成长存在不利的影响。实施免试就近入学后,就有可能把孩子从过早的考试竞争中解放出来,为他们提供一个健康全面的素质教育环境。但是,出于市场因素,经济条件越好,能力越强的学生可能获得更好的教育。看似公平的划片免试就近入学仍然是一种教育选拔,这种选拔不是由智力和勤奋主导的考试来决定,而是与学生先天的家庭社会地位存在非常密切的关系。有实力买到学区房的家长,可以创造条件把孩子送到更好的学校,这也就意味着要花费更多的钱①。总之,这种吊诡的现象旨在表明,"免试就近入学"政策的真正落地和有效推进仍需其他配套政策的支撑和教育实践的不断考验。

一、"就近入学"教育治理起点的公正性考量

所谓教育产权,是个充满歧义的概念,本书特指参与教育活动的组织、个人及其他教育利益相关者围绕教育财产(有形的和无形的)和教育活动行为(办学、管理、教学、学习等)选择而形成的责、权、利对称的一组权利束,它不仅包括对各种教育财产的所有权、占有权、使用权、收益权和处置权,更包括对各种教育活动行为的知情权、参与权、选择权和决策权。

首先,就近入学政策的政府公权力施行一定程度上限制了家长对"非户籍"学校的正当教育选择权,面临政府教育产权界定的不公正。按照官方文件解释,所谓"免试就近入学"并非选择"离家最近"的学校就读,而是指由地方教育局根据本地区公办学校的资源配置状况和义务教育适龄学生的分布和需求状况,规划和确定本区义务教育阶段公办学校招生入学范围和招生人数,为每一位适龄儿童提供"就近入学"的义务教育名额。《中华人民共和国教育法》第九条规定:"中华人民共和国公民有受教育的权利和义务"②。由此可以看出,国家有义务为每个适龄儿童提供免费教育,每个适龄儿童也要接受义务教育。但是无论是哪一款法条规定,都强调的是政府保障适龄儿童、青少年就近接受义务教育,即就近入学主要强调的是政府的义务,而不是强调适龄儿童接受就近入学的义务。就近入学只是适龄儿童的一项权利,那么根据权利可以放弃的法律精神,学生理应可以放弃就近入学的权利而去择校,去追求优质的教育资源或更适合自己发展的学校。也就是说,从现行法律意义上,儿童青少年选择就读自己心仪的学校是"正当的",不应该受到政策歧视、围堵与干预。

"一项针对北京市中小学择校情况的大规模调查,经过实证研究发现多数北京市学生家长、学校领导、教师对择校是持赞同态度的。"③既然人们有择校的需要与需求,政府应该做的不是压制人们合理的教育需求,而是应该

---

① 普嘉."小升初"免试就近入学能否迈过公平坎[EB/OL](2014 - 02 - 10)[2020 - 10 - 20].https://news.sina.com.cn/o/2014-02-20/001029512330.shtml.
② 傅添.法理学视角下的受教育权利分析[J].现代教育管理,2008(4):17 - 19.
③ 胡咏梅,卢珂,薛海平.中小学择校问题的实证研究[J].教育学报,2008,4(2):74 - 78.

尊重人们的需求，并努力发展优质教育资源去满足人们的需要。一项本应该是对政府义务的规定却在执行中有意无意地演变成了对学生和家长的强制要求。这种严格限制儿童受教育的自由权、选择权的做法在西方发达国家已经进行了改革，在我国也正面临严峻的考验，如果连基本的择校权利都不给民众，那么，又如何调动公民主动参与社会事务、国家事务的热情与积极性？

其次，在优质公立教育资源分布严重不均的现实国情下实施"免试就近入学"不利于保护教育产权主体，尤其是"弱势群体"的"起点机会均等"。假如我国优质公立学校的资源分布均匀，没有地理位置的差异，就近入学的确可以保障社会弱势群体享有接受高质量教育的机会。可是这种假设没有实际意义，我国目前城市的"重点学校""示范学校"与农村的学校相比差距巨大，就算是同一个城市内优质教育资源分布也是非常不均衡的，优质公立学校一般坐落在环境优美、交通便利、经济发达，各种基础设施完善的地区，优势阶层一般居住于此。而弱势群体因为居住地经济落后、交通闭塞、环境质量较差拥有的优质学校量较少；即使搬迁居住在优质学校附近，也会因为生活成本上升，与优势阶层生活方式、消费观念的差异缺乏归属感而搬离此地。换言之，"就近入学"政策结果在很大程度上确立了优势阶层享受优质教育资源的合法性，而弱势群体反而因为居住在优势学区之外而被优质学校拒之门外。从这个意义上说，要求居民子女按居住地段就近入学，就等于"主观上"要求他们接受客观上并不平等的义务教育。一项旨在维护弱者利益的政策却被优势阶级搭了所谓公平政策的"便车"，这种"劫贫济富"的后果是背离了教育政策的美好初衷，违背了教育的基本公平与正义。这种"非正常"的不对等受教育权，某种程度上说，伤害了弱势群体的利益，也伤害了国家的公平正义。

最后，"就近入学"政策还可能因为因材施教原则问题，造成部分教育产权主体违反教育规律的"反向不公正"。"就近入学"要求所有人采用同一入学标准，表面上看起来公平、公正，其实从教育自身的发展规律来看却暗含"反向不公正"。一方面，对某些优秀学生来说，天赋较好更需要优秀教师的指导，需要有适合自己的学习内容、学习进度、难度和学习环境氛围。如果优秀生依照"就近入学"进入一所薄弱学校，这将不利于其成才；另一方面，对有些基础薄弱的学生也是不公平的，如果其按照"免试就近入学"进入一所高质量的学校,无法适应教学进度,及时掌握教学内容,久而久之,会产生一种厌学的情绪,对其心理和身体的健康发展均会产生不利的影响。此外,因为不同的学生有不同的兴趣、爱好、性格,各个学校经过长期发展,历史文化的积淀也形成了各自不同的学校文化,不同的学校特色。质言之,"一刀切"的禁止择校而实行"就近入学"政策最终使大多数学生不能依据自己的能力、特长选择适合自己的学校。这会扼杀各种精英人才的培养,不利于素质教育的开展,对社会也是一种损失。这不符合我们这个时代对多样化人才培养的要求,不能满足不同家长的需求,也不能适应孩子个性化成长的要求。适合孩子的教育才是好的教育,比起政府,其实,家长是最了解和关心孩子的教育与发展状况的,不顾孩子的实际情况,以绝对公平为由,实施强制性的教育产权界定模式只能达到形式上的教育公平,而非实质和真正意义上的教育公平。

二、"就近入学"政策推进过程的路径依赖

"就近入学"政策不仅面临教育治理权界定的公正性考量,更面临政府教育治理过程中的"路径依赖"困境。所谓"路径依赖"(path-dependence),又称路径依赖性,在新制度经济学中特指人类社会中的制度变迁均有类似于物理学中的惯性。即一旦进入某一制度路径(无论是"好"还是"坏")就可能对这种制度路径产生依赖。人们做了某种制度选择,就好比走上了一条制度"不归之路",惯性的力量会使这一制度选择不断自我强化,使人轻易走不出去。

首先,从"就近入学"教育治理的教育产权"价值预设"看,教育政策制定者往往把强制性的"零择校"与解决教育公平问题紧密地联系起来,认为允许择校就必然会导致乱收费,加重学生学习负担,造成社会不公。因此,一定要运用各种手段比如"就近入学"政策把"择校问题"彻底根除。其实,这是对"择校"问题本质的误读。

择校的教育产权制度安排对于教育公平的价值追求而言是一个中性政策。它不是作为"就近入学"的对立物而出现的,不是相互对立、此消彼长的关系,择校本身既没有违背教育公平,更没有违背教育的公正。《中华人民共和国义务教育法》中的"就近入学",保障了广大适龄儿童、青少年基本的入学权利,使人人都有机会接受义务教育,实现了教育机会的平等,但是这

种平等仅仅是保证广大适龄儿童、青少年低层次的"量"的平等和"外延"的平等；而择校作为考虑个人天赋能力、爱好特长的一种入学方式，保证了广大适龄儿童、青少年的高层次的"质"的平等和"内涵"的平等。"就近入学和择校都体现了某种教育公平，但择校所体现的教育公平层次显然比就近入学更高。"[①]两者是量与质的区别，是形式和本质的区别。"就近入学着重解决的是使每一位青少年、适龄儿童都有接受义务教育的权利，是每个学生教育选择权利得以充分实现的必经之途；而择校则体现了公民自由选择学校的权利，体现了真正的、更高的受教育自由权。"[②]根据1948年《世界人权宣言》第26条第3项规定："父母有优先权利选择子女的教育方式。"[③]因此，政府只是采取禁或堵的简单做法的公共治理逻辑有待进一步修正，应该在坚持政府宏观调控的原则下，允许学校产权主体及产权结构组合的多元化，给予学生、家长自主择校，这就兼顾了社会主义市场经济规律，也反映了教育公共政策的原则性与灵活性的统一，同时也尊重了家长的教育选择权。

其次，从"就近入学"政府治理的教育产权交易成本看，"免试就近入学"所依据的户籍竞争方式与分数竞争方式比较起来代价会更大。无论是在我国优质教育资源严重不足的现实情况下或者是将来实现优质教育资源普及化后，实行哪一种教育资源配置方式，本质上都是一种"择校"。只不过择校主体由家长变为教育部门，择校对象由任意学区的任意一所学校变为指定学区内的指定一所或几所学校，从而使"择校"竞争更为残酷与激烈。免试就近入学政策颁布以来，一些经济条件优越的家庭为了使自己的孩子到理想的学校上学，不惜一切代价到学校所在社区购置房产，进而实现户口的迁移，以达到择校的目的。而经济条件不好的人群难以用购房的方式来实现对优质教育资源的选择，只有听从政府的安排。比如，新政出台后，北京和上海等地一些名校所属学区的房价迅速攀升到令人瞠目的高价。"学区房"现象的出现本质上就是因为相关的政策制度无法覆盖到所有行为主体寻求优质基础教育资源的趋利性动机，无法在更大范围内有效保证基础教育资源的公平配置进而产生的一种必然结果。另外，从教育的公平竞争机制上看，一种高层次的教育追求目标的实现，可以和个人努力奋斗毫不相干，进

① 朱家存.就近入学：是权利还是义务[J].中国教育学刊,2001(6):9-12.
② 陈天红.择校与教育公平[J].基础教育参考,2005(3):8-9.
③ 申素平.在家教育的法理分析：从我国在家教育第一案说起[J].中国教育学刊,2008(7):28-30.

入优质学校机会的获得,不是建立在努力、奋斗、公平竞争等基础之上,而是被户籍地址所挟制,未必能实现教育质量的最优化状态。而且,在教育发展的关键环节中,政府无法通过户籍管理来扩大优质教育资源供应量,广大教师也不会仅仅因为户籍管理而自觉积极提高教学质量。

最后,从"就近入学"政府教育产权治理方式和偏好看,这种政府"强制型教育产权制度安排",以"零择校"促使义务教育学校生源趋同,迫使学校办学质量差距缩小,"倒逼"义务教育均衡发展的治理方式,是与教育治理法治化的内在追求相悖的。众所周知,鉴于我国长期处于经济计划体制之下,在历史长期发展过程中逐渐形成了政府对教育治理方式的大包大揽和教育治理结构的整齐划一,事无巨细动辄就用"法规""政策"行政计划命令的方式来解决,偏好用行政计划的方式完成各种教育资源配置。"就近入学"政策其实彰显的就是这样一种"运动式"的治理惯习和治理偏好。这与《中共中央关于全面深化改革若干重大问题的决定》中关于"强化权力运行制约和监督体系""政府应简政放权,扩大学校的自主权,变直接管理为间接管理"的精神是背道而驰的。党的十八届三中全会《中共中央关于全面深化改革若干重大问题的决定》的总目标是完善和发展中国特色社会主义制度,推进国家治理体系和治理能力现代化。这从一个侧面说明,包括教育治理在内的国家公共治理体系还没有充分现代化。权责不分,法制不彰,则国家制度建构不算真正完成。总之,由于"就近入学"教育治理问题的复杂性和长期性,改革的可依赖路径在于,如何从法治中国的本土实际出发,尊重和满足教育治理主体的多元化和个性化,促进教育治理公共权力向社会回归,实现多元治理主体之间的良好合作关系,最终形成一种政府、社会、学校、家长等多主体参与且各司其职、各负其责的以学生发展为本、面向学生实际、积极回应内在环境的变化、促使教育自主发展的常态性教育治理服务体系。

三、"就近入学"教育治理的教育产权改进策略

我们之所以要引入教育产权创新这个概念,是基于这样一个前提假设:教育资源的稀缺性,以及人们在使用教育资源本身存在的交易成本使得人们在使用教育资源的过程中不可避免地产生各种利益冲突。而通过对组织与组织之间以及人与人之间责、权、利关系的重新配置,即教育产权的明晰界定和高效运营,可以有效降低这种冲突。因此,现阶段走出"就近入学"政

府治理困境的一个基本立足点，在于如何从制衡单一的政府教育产权结构改革入手，尽快理顺和明晰政府、市场、社会和学校之间以及各教育者、受教育者以及教育管理者之间的教育产权边界及其对称关系。

第一，那种事无巨细的政府教育集权产权制度必须得到抑制，而真正属于教育行政部门权责范围的教育职责必须得到加强。在我国，长期以来在学校教育所有权和管理权的制度安排上，政府不仅是管理主体也是办学主体，通过行政部门划分地方教育归属权，直接由地方政府举办各级各类学校，所以学校是政府生产部门的附属物。学校的招生计划及入学考试、课程设置、教学规范以及质量评价全由政府统一计划安排和管理，学校和校长普遍缺少调配人财物等教育资源的自主权。这种单一的教育产权制度安排导致政府过度干预学校办学内部事务，使投资者、办学者、管理者与学校教职工各方在财产方面的责、权、利关系难以完全平衡。因此，中央和地方政府务必将在教育中的权力和责任越来越多地转移到提供充足的教育经费和保障正常的教育竞争秩序上来。单一计划资源配置方式下，本应由政府担起全部责任的基本义务教育阶段的经费占教育财政支出的小部分，而非义务教育阶段的经费却占了教育财政的很大一部分，这种教育财政结构是不合理的。要改变这种不合理的教育财政拨款结构，就要加快人大立法，着重加大对基本义务教育阶段的投入，扩大基本义务教育阶段的财政支出占教育财政总支出的比例，为基本义务教育阶段的质量的提高提供有力的物质保障。同时，加强校际师资合理流动，对薄弱地区加大财政支持以缩小地区之间学校的差异，以及加大同一地区薄弱学校的投资以缩小同一地区之间学校间的差异。实施专项财政转移支付制度，对准目标群体，重视新型城镇化进程中的农民工子女教育。"把农民工随迁子女义务教育纳入流入地教育发展规划和财政保障范畴，努力保证他们能在当地就读，完全由公办学校接收暂时有困难的，可以采取向民办学校购买服务的方式解决。"[①]努力提高农民工子弟学校的质量。在城乡、地区差距极大的现实情况下，仅仅依靠同等对待的平衡推进战略、企图通过社会经济发展自然缩小和弥补差距的设想是不现实的，同时使用"发展性"和"补偿性"两种准则，才能有效增进教育公平。

---

① 周玲.择校就学与教育资源配置[J].教育理论与实践,1999(5):23-26.

第二，积极培育和发展社会和民间的教育产权主体参与公共教育服务的积极性和行动力，使其与政府教育治理力量相辅相成。因此，要积极宣传、引导，营造市场和社会组织参与学校共治的舆论氛围，社会各界自身也要树立以人为本的全人教育价值观，积极履行学校评价者和监督者的责任。当前我国处于"人治向法治的转型期"，法制体系并不是很健全，给"人治"留下了巨大空间，这就要求政府不仅要做到简政放权，转换职能方式，由微观管理走向宏观管理，更要让权力在社会各界受到公开监督，做到教育重大政策治理过程如干部任命、财务管理以及招生考试等的公正和信息透明。根据"管办评"分离的原则，应该由社会组织对义务教育均衡情况进行独立的第三方评估，而不应该由政府自己进行"自我绩效"的评价与统计。在具体招生和管理过程中，每一所公办学校要自觉做到对各类家庭子女入学情况进行公示，坚决遏制"暗箱操作"。

第三，在学校内部要建立健全学校各种委员会，给学校法人及其代表"赋权"，将中小学校办学质量的治理置于委员会的监督制约之下。学校校长要大胆探索如何激活学校内部办学活力，完善办学法人制度，尊重教育内在治理规律，与此同时，树立学校治理教育整合力思想，给教师以充分教学权、学生以自由学习权、家长以平等选择权。"择校"屡禁不止的实质是学校教育资源尤其是师资资源发展的不均衡和学校办学活力不足。要实现优质教育资源的均衡发展，一个重要的任务就是促进薄弱学校的发展，缩小学校之间的差距。政府和社会除了加大对薄弱学校的财政支持，用来改善学校教学设施设备，修缮基建，从而缩小硬件之间的差距外，更要加强学校软件的建设，尤其是学校教师人力资本的发展以及家校合作能力的建设。政府一方面要学会引导而不是仅靠调派有丰富教学经验的优秀教师和丰富管理经验的优秀校长到薄弱学校轮岗来支持薄弱学校建设。另一方面，要深入实际，研究探讨如何激励薄弱学校和重点学校及学校社区帮扶结对子，相互学习交流，配合学区制实现教育资源共享，努力使薄弱学校提高教学质量，缩小与优质学校在师资队伍和内涵发展上的距离。从长远看，政府还可以在办好公办学校之余，打破公立学校对基础义务教育的长期垄断，引导中小学办学形式多样化发展，积极推动民办学校和职业教育、特色学校的发展，适当给予民办教育、中外合作办学、职业教育等以一定的支持，并提供一个无歧视、公平、合理的市场竞争机制，使民办教育、中外合作办学和职业教育提高质量,办出特色。还可以给"在家上学"这样一种教育形式的生存空间,在家上学儿童的父母必须制订出合理有效的培养计划,上报当地教育行政部门审核备案,允许接受家庭教育的儿童参加当地公立义务教育学校的阶段性考试。总之,在教育产权结构多元化的办学模式和真实性教育评价机制下,各类各学段学生各尽其能、各得其所,学校充满生机与活力,家长对教育多元化和选择性的需求得以满足,择校难题才会最终迎刃而解。

第六章

"全民减负"教育治理的产权困境及出路

中小学生负担过重长期以来是党和政府从事教育治理的顽疾。早在建国初期,毛主席就学生的健康问题写信给当时的教育部长马叙伦,提出"要各校注意健康第一、学习第二,学习和开会的时间宜大减"[①]。之后半个世纪以来,我国政府一直很关注学生的学习负担问题。国家有关行政部门下达一道道"减负令",要求各级学校减轻学生课外作业量,减轻书包的重量,加大学生作息的时间和课外活动的时间。但是,实际效果并不理想。

尤其在当今社会阶层固化和唯"应试教育"办学思想影响下,多数中小学校为求升学率,在课程标准和教材要求之外,给学生布置大量的练习题,甚至为了与其他学校竞争,随意拔高要求,给学生布置大量的难题、偏题和怪题等。还有学校的老师采取"灌输"式的传统教学,给学生布置大量在课题性质和类型上都相互重复的练习题,或者是一些惩罚性的作业,凡此种种迫使中小学生忙于完成大量的作业,严重影响了睡眠时间、心理健康、学习兴趣和发展禀赋。

此外,在学校外部,囿于中国传统考试制度文化的浸染,许多家长随波逐流,奉行极端的教育功利主义,把考入重点大学作为孩子读书的唯一出路,为争取让孩子上名校的机会,不惜花高额学费继续加重学生的学业负担,如在节假日、双休日和寒暑假都给学生补课等。

针对上述情况,以往诸多研究多从学校教育的内部探讨"减负"问题,以寻求基于学校立场的理想化解决办法,但收效甚微。本书将从新制度经济

---

① 中国教育年鉴编辑部.中国教育年鉴 1949—1981[M].中国大百科全书出版社,1984:161.

学中的教育产权制度重建视角来分析中小学"减负"教育治理失灵的教育产权根源，并在此基础上提出破解当前减负教育治理困境的可能路径。

一、"减负"越减越"负"的症结在哪里

毋庸置疑，理论界同仁普遍认识到了学业或课业负担过重对中小学生生理、心理和学习兴趣的深度危害，也一直在呼喊着"减负"，国家"减负"的政策决心一次比一次坚定，引发了一轮轮"减负"的政策和措施，基层学校也做出了多种努力以实现真正的减负，但实际收效甚微，并进入一个"负担过重—减负—负担再过重—再减负"的怪圈，"减负"越减越"负"，最后变成了"增负"。显而易见，减负问题已不单单是个学校教育问题，而俨然成为一个各种教育利益相关者参与的社会"利益角力场"。政府、社会各界、学校、家长和学生个人其实都是减负的重要参与者和结果评价者，他们之间的利益相互博弈，更加重了减负"难"。

那么，中小学生"减负"积重难返的症结究竟在哪里？有的研究者认为，"减负"难是屡禁不止的校外教育造成的；也有研究者基于信号传递理论，认为"减负"难是我国社会盛行的传统精英教育体制造成的；还有一种较流行的观点认为，"减负"难主要源于教育供给和需求之间的矛盾，以及优质教育资源的缺乏，表现为我国各类学校属性及区域、师资、经费和办学质量的巨大差别。人人都会选择争夺稀少的优质教育资源，僧多粥少，自然优胜劣汰，除了让学生加重负担加重压力以外，实在很难找出更好的替代方法。以上各种分析各具一定的现实合理性，但都缺乏对"减负"问题的复杂性和动态性的深层次制度博弈分析。笔者认为，减负问题是中国特定历史文化背景下独有的教育制度异化问题。我国中小学生"减负"难并非简单或仅仅源于教育供需之间的矛盾，以及优质教育资源的缺乏，深层次的根源则是我国教育产权制度边界不清晰和不合理造成的。

"减负"表面上看起来是一个教育供求问题，深层次是一个复杂的教育转型（从传统教育转向现代教育）中的制度博弈问题，涉及中小学生自身教育产权的自主选择和安排问题，以及作为学生教育利益相关者的政府、社会、家长、学校、教师的教育产权如何选择和配置的问题。这些权利是由国家法律以及相关政府赋予的神圣的不可剥夺性权利，涵盖不同的教育产权主体基于对特定客体的权利，相互之间发生的各种各样的经济关系。通常有教育教学、教育

管理、资产管理、资本运作、领导与被领导、监督与被监督、学校与教职员工之间、教师与学生之间、家长与学生等多个层面的教育产权相互关系。

纵观我国改革开放四十多年的经济社会变革,教育体制改革也取得较大进展,办学体制开始逐渐实现多元化,学校治理方式逐步走向规范化和民主化。但是,随着我国市场经济体制改革的不断深化和深入,因教育产权归属不明、性质不清、结构单一、流转不畅和保障不力而产生的问题和矛盾逐渐凸显,已成为我国各级各类教育事业发展的主要瓶颈。比如,从学校教育产权层面看,长期以来,有关"教育能否营利、能否取得回报"争议的直接指向,是教育产权不明晰和缺乏相应规范的、可操作的教育产权制度的突出表现。不允许教育产出和营利,是否意味着只允许教育投入和亏损呢?答案当然是否定的。教育能否营利,是由教育的产业经营性质和经营实践所决定的。经营好,便可营利,经营不好,不仅不能营利,也便失去了生存空间。由于教育具有公共性的特殊社会职能,以建立现代教育产权制度为核心的教育体制改革可以滞后于经济体制改革,但不能以教育的公益性和公平性为借口,人为地拖延或者拒绝这种改革。

二、现代教育公共产品属性的再认识

长期以来,人们时常把现代中小学所提供的服务称之为"纯公共产品"。这种观念在强调教育公共性时忽略了教育的其他重要属性。教育的公共性与"公共产品"的公共性具有本质的不同。教育的公共性不排斥竞争性,教育品牌的使用具有排他性,教育资产(资源)的受用具有直接的投入性,教育产品的消费具有可选择性。教育的公共性并不意味着教育资产的公有性,也不是办学模式的完全公办化。教育的公共性与教育投资的公有、私有性质以及办学的所有制形式并没有本质的联系。民办教育与公办教育一样具有公益性,而公办教育也与民办教育一样具有营利的可能性。

所谓现代教育的公共性,是指教育所具有的既使整个社会受益,又使社会生活中的每一个人受益的功效和职能。实现教育公共性的最为直接有效的载体是学校和各类培训机构。家庭教育也具有显著的教育公共性特征,尽管实现教育价值的途径和方法与学校有所不同。教育公共性的管理和监督职能通常由政府或社团代为行使。维护教育的公益性原则是我国宪法和法律赋予各级政府、社会组织和每个公民的责任和义务。而履行这一责任义务的职能和途径有所不同。国家和政府的责任，是在制定涉及教育的法律法规时，在保证公正公平的前提下，首先考虑教育公益性的维护，确保正常的公共财政投入，从宏观上做好调控工作，维持良好的教育秩序，保证教育的均衡发展。而社会也应在发挥教育公益性方面有所作为。教育的公益性的实现，需要社会力量的关心扶持，把实现教育优先发展的战略构想变成全社会的动力和合力。

当前争议最大的当属如何理解现代教育的产业属性。所谓教育的产业属性是从 20 世纪初以来逐渐提出的，是与工业经济的发展、知识经济的出现，以及教育内容和教育模式的变化紧密相关的。同时，也应看到教育是一个复杂的社会结构群体，具有多重性、类别性、动态性和交错性。教育的属性并不是单一的，它既有传统观念的社会公益属性，也具有服务产业属性，但两者并不对立。因此，无论对于社会还是对于个人以及家庭，从社会意义上来说，教育都是一种人力资源的生产，一种公共服务产品的生产。教育支出是一种特殊的投资，这种特殊性符合投资的一般特征：投入是为了产出；支出具有明确的目的性——在未来获取价值（或经济上，或精神上的）回报。无论是公共投入还是个人投入，教育支出都不具备"通过消费品满足自身欲望"的纯消费特点。教育投资的特殊性还表现在具有明显的投入与产出特性。这里所说的投入，是指接受教育必须要进行各种支出，包括受教育者的各种生活费用，如衣食住行等。从个体意义上讲更是如此，包括通过教育获得知识、技能的各种支出。这种投入实际上就是一种市场经济行为。产出，是指投入后形成的以人力资源为特征的教育结果，也就是受教育者获得的自身发展所必需的知识、技能。

三、改革教育产权，走出"减负"教育治理困境

众所周知，我国现代教育服务的产出与职责其实是一种模糊的体制，教育占社会总资源的比例，教育资源在教育系统内部的分配、在各级各类教育间的分配以及其他子系统之间的分配多数也是模糊的。尤其在义务教育阶段，长期以来学校被看作国家财产，范围涉及极广，政府对学校的管理过多过死，使得学校缺乏一定的自主性。而且这种政府干预下的宏观教育制度易带来信息的不对称，政策与现实的脱节。虽然政府鼓励中小学民办学校和私立学校的发展，但是由于政府产权不明晰，政府有一定干涉权利，民办

学校和私立学校良性发展依然举步维艰。

深化教育治理体系背景下,明晰和重组改革传统的中小学教育产权制度,其重大意义在于是使基础教育服务从制度上融入社会主义市场经济的一种深层次权利选择。

在我国,在教育所有权和管理权的制度安排上,政府不仅是管理主体也是办学主体,通过行政部门划分地方教育归属权,直接由地方政府举办各级各类学校,所以学校是政府生产部门的附属物。学校的招生计划及入学考试、课程设置和教学规范全由政府统一计划安排和管理,学校没有调配人财物等教育资源的自主权。所以必然会导致政府的过度干预,使投资者、办学者、管理者与学校教职工各方在财产方面的责、权、利关系难以完全平衡。因此,从新制度经济学中的产权理论来看,对我国的基础教育产权制度进行多元化和社会化改革是解决中小学生"减负"困境的治本之策。

首先,在学校教育外部的国家顶层治理方面,一方面,要在法律上明晰各级党政组织机构与中小学校法人之间的责权利边界。其中,区分营利性和非营利性中小学教育是基础教育产权市场运行机制改革的重要环节。非营利性中小学教育机构是通过政府税收或捐资举办的教育服务机构,举办者不以营利为目的,不享有财产所有权和收益权;营利性中小学教育机构是通过投资兴办的教育服务机构,投资者拥有其所投资的教育机构的所有权和收益权。因此,有必要进一步完善公共基础教育学校的法人产权制度,实现终极财产所有权外在化和法人产权独立化。另一方面,在公共基础教育产权各项权能的法律保护方面,核心要理顺公共基础教育行政管理机制,推进公共基础教育"管办评"分离。教育治理现代化改革的关键在于中央与地方政府应通过拨款、信息咨询、制定大的方针政策来宏观控制中小学校,进一步扩大中小学学校及校长在招生、教学、科学研究、机构设置、教师管理、学生管理、经费使用等方面的自主权,以及与社会力量联合办学的自由权等。同时,为了减少由于多层行政增加的教育交易费用,教育行政部门要改为中央、省、县三级,加强统一的人权与财权、事权管理,并加强行政问责。

其次,学校教育的中观治理层面,要厘清中小学校法人合法地位以及与家庭组织、社会机构之间的教育责权利边界。在义务教育阶段公立学校,政府一方面通过应试教育制度选拔人才,另一方面又希望学校实行素质教育培养人才。而学校一方面要保持升学率，另一方面又要提高学生素质，在产权不明晰的情况下，只能是上有政策下有对策。而本该由社会各界和家庭个人进行多元化投资、自主办学的民办教育和中等职业技术教育却因政府部门的垄断控制供给不足，致使教育的供给和社会需要迂回曲折。所以进行学校教育产权的多元化和社会化改革，就可以光明正大地对公立学校进行大胆的结构调整，可以积极探索新的多元化办学模式和办学体制。不再像过去那样基本由国家包揽，应当弱化政府的干预，鼓励民办教育、私立教育的发展，比如"国有民办""民办国有""教育股份制""职教集团""教育园区""中外合资""中外合作"等。

最后，在微观的学校教育内部治理层面，要厘定学校治理内部校长与教师、学生之间以及家长与子女之间的教育责权利的边界。长期以来，在学校内部治理层面，学校是以外部控制为主的管理模式，人们只注重了学校间属性和特点的共性，而忽视了各自学校的个性。学校的管理权利主要是掌握在教育行政机关的手中，他们不仅拥有很大程度上的教育政策的制定权，而且还拥有诸如课程、教学和财务等一定学校层面上的常规管理的权利，这样导致管理的权限不但高度集中，而且科层化、官僚化，学校管理机构变得异常庞大，使得学校走向趋同化，面对变化的外在形势和要求时，缺乏一种应变能力和创新能力。社会化和多元化是我国基础教育产权制度变革与改进的核心，是形成有利于基础教育场域中受教育者自由选择和教育从业人员充分发挥聪明才智的机制和环境，承认并促进中小学教育法人的管理、品牌、专业知识、专利和经验等无形资产转化为股份。建立健全包括中小学教师人力资本产权及其知识产权在内的教育产权交易市场，依法保证教育个人资产所有人和校长，教职工个体及学生、家长的教育选择权及知情权、参与权等合法权益。

总之，构建规范有效的现代教育产权制度的核心是有效界定教育产权主体（教育者、受教育者以及教育管理者之间）的权责利关系，完善教育产权交易规则，以公正有效的教育产权制度激励和规范学校产权主体的行为，尤其促进学校各教育产权主体形成合理的教育交易预期，提高教育资源配置的效率与公平。只有明晰各教育产权主体之间的教育产权，在客观上才会使财产的责权有机地统一起来，内生出一种基于自身利益需要的财产营运的约束功能。在产权明晰的情况下，竞争意识提高，能够充分调动社会各界包括企业、个人、团体等制度创新主体的积极性,提高学校内部的办学质量,给家长和学生更多选择优质教育资源的权利,加大学校自身的办学自主权,形成学校办学和质量提升的多样化趋势,届时中小学生"减负"政策失灵问题也会从根本上迎刃而解。

第七章

"教育委托管理"的产权创新分析：
以浦东教改试验为例

中国改革开放二十多年后，人们的目光开始转向政府的公共管理改革。"管办不分"以及对绩效管理的不力，是中国改革公共管理的关键环节。教育事业管理体制上依旧存在着典型的政府大包大揽、管办合一现象，导致职责不清、运行效率不高、行业管理薄弱、公共职能弱化等弊端，教育行政主管部门多年来一直习惯于直接管学校，大量的时间和精力被具体事务消耗。

一、"教育委托管理"试验的背景分析

浦东新区基础教育正处于由数量增加型的外延发展向质量提高型的内涵发展转变的重要时期，当务之急是要扩大优质教育资源，提升基础教育整体水平。因此，探索和构建扩大优质教育资源的新机制，实现新区优质资源的迅速集聚和辐射，实现办学的规模效应和品牌效应，是摆在新区教育工作者面前的一项重要任务。浦东教育的现状大致可以概括为"规模与效益的不对称"。与上海市中心城区相比，浦东教育处于后发地位，与中心城区精品教育差距明显，效益和品质有待提高。就新区自身而言，优质教育资源短缺且大多集中在城区，城郊教育的不均衡性十分显著，如：4所市实验性、示范性高中和4所市示范性幼儿园几乎都在城区，91所初中和107所小学的发展也不够均衡，义务教育阶段老百姓心中的"好"学校大多集中在城区。因此，要实现城郊教育一体化的目标仍然任重而道远。浦东教育行政主管部门是社会发展局，其管理范围包括教育、卫生、体育、人口和计划生育等四大领域，管理对象数量众多。但机关公务员数量较少。行政管理团队之小巧，管理范围之广阔，管理数量之庞大，对政府的公共管理提出了新挑战。

2005 年 4 月,浦东新区社会发展局开始酝酿东沟中学接受委托管理事宜,并将其作为 2005 年社发局的重点工作之一。社发局首先提出合作意向,并与上海市成功教育管理咨询中心进行了充分协商,6 月份正式签定协议。协议重点明确了四项内容。一是学校性质和隶属关系的两个"不变"。在委托管理期间,东沟中学的"国有公办初级中学"的性质保持不变,与社发局的隶属关系保持不变。二是委托管理期限。委托管理期限为初中的一个教学循环,共 4 年,即从 2005 年 7 月 1 日至 2009 年 6 月 30 日。三是评估方式。由社发局委托具有专业资质的社会评估机构对委托管理的总体方案、年度办学绩效进行评估。四是领导任命。委托管理期间东沟中学的书记、校长由成功教育管理咨询中心推荐,并分别报社发局和社工委核准后聘用。

2005 年 6 月,浦东新区政府与民办教育管理机构(上海成功教育管理咨询中心)签订协议,委托其管理公办东沟中学。上海市浦东区教育领域"委托管理"转变政府职能的改革就此拉开序幕。该管理咨询中心入主东沟中学后,从委派校长、输入教育理念、创新管理模式到培训教师、组织教学等全部实行自主管理。最终学校办得好不好,不是由政府和管理中心说了算,而是由专业的中介评估机构评估。为此,浦东于 2005 年底成立了"上海浦发教育评估中心"。

二、浦东"教育委托管理"的产生与发展动因

(一) 优质教育资源短缺需要政府通过合理配置来均衡学校发展

随着中国新修订的义务教育法颁布,促进教育资源均衡、提高教育优质化程度成为各级政府日益关注的焦点。但从现实教育发展情况来看,历史和经济发展的原因,浦东新区教育布局不尽合理,优质学校稀缺,大多数学校无法满足民众对优质教育的需求。为此,如何快速有效地提高现有薄弱学校的办学质量成为政府努力解决的问题。浦东新区政府首先想到了尝试通过政府牵手,委托优质学校成立管理机构管理薄弱学校的办法来加速薄弱学校发展。从试验情况来看,通过优质学校内部孕育教育管理机构接受政府委托管理薄弱学校的尝试已经初见成效。

(二) 教育需求多样化需要专业的教育管理机构为其提供专业服务

随着上海经济的发展和人民生活水平的不断提高,民众对教育消费日趋个性化、多样化,但传统政府控制下品种单一的学校教育无法满足人民日

益增长的教育需求。在这种情况下，政府如何实现教育资源的合理配置和最优化呢？经济学家道格纳斯·诺斯提出，"从不发达、不规范的市场经济向发达、规范的市场经济过渡、转轨中，必须找到一种 path dependence（路径依赖），即归根结底要找到一种使市场与政府之间相互补充、相得益彰、相互促进的通道"①。但诺斯也同时指出，制度提供交换的结构，决定了交易的成本和转换的成本，制度变迁的大方向是为了不断减少交易费用，使各种资源的所有者在交易过程中实现自己的行为最大化。所以，探索通过教育服务外包为各种主体提供最优化的服务是目前各国的发展方向之一。

（三）学校自主办学后政府需要专业管理机构来快速提升办学质量

随着地方政府职能改革，教育行政管理权限下放，传统中央集权的"大一统管理"被打破，政府既是各级各类学校的举办者、办学者又是管理者的集权身份发生变化，取而代之的是政府放权、学校自主办学和社会参与管理这样"三位一体"的教育管理体制。但学校自主管理之后，教育质量如何保障，尤其是薄弱学校如何通过内部管理提升办出令人民满意的教育成为人们关注的问题。政府和教育界都在积极寻求一种更为有效的管理模式——中介专业管理，即政府通过购买服务的方式引进专业管理机构进行直接管理，承担起原来由政府承担的微观管理职能，提高管理效率和政府服务质量。

三、浦东"教育委托管理"实践现状及产权审视

（一）教育委托管理实践现状

首先，教育委托的主体主要是政府委托。从目前教育委托管理实践来看，主要是政府主动委托。其原因主要是，一方面，学校的管理权传统一直归属政府。随着政府管理体制改革，学校在教育教学、人事、资产管理等方面拥有了一定的自主权。但学校拥有自主权之后，一些学校并没有用好权、办出特色、办出效益，相反，学校之间的差距在不断拉大。尤其是在城市化发展过程中，一部分没有特色的学校生源不断流失，更加剧了学校间的差距。在这种情况下，政府为了加快基础教育阶段学校发展，促进地区教育均衡，提出了委托管理的发展思路。另一方面，由于委托管理需要委托方支付

---

① 诺斯.经济史中的结构与变迁[M].陈郁,罗华平,译.上海：上海人民出版社,1994.

给管理机构管理费，且数额相对较大，一般学校很难承担起，故一般都由政府出资买单，通过购买专业服务提升学校办学质量。但这也容易导致托管机构的发展惰性。

其次，管理对象主要是中小幼学校。由于目前的教育委托管理基本是在政府主导下进行的学校教育教学管理，故管理对象也全部是中小幼学校。

再次，管理内容主要是学校教育教学和对某类学校的管理。从委托管理进展情况看，目前已经开展的学校委托管理主要是两方面：一是对学校教育教学工作的委托管理；一是对某类学校的管理，如浦东新区政府在"管办评"分离过程中尝试将对农民工学校的管理委托给社会中介机构进行，以减轻政府管理负担，提高管理效率。管理主体是高校和部分优质学校内部孕育产生的管理机构。从目前实施的委托管理实践而言，主要是两种主体孕育的管理机构。一种是高校，如浦东新区目前紧密依托华东师范大学、上海师范大学、同济大学、复旦大学、上海交通大学等具有附属中小学的高校进行的委托管理；一种是基础教育中的优质学校，如上海市闸北八中、竹园中学、福山外国语学校、冰厂田幼儿园、东方幼儿园等。这里存在的问题可能是这些机构都非专业的管理机构，对流程化管理缺少认识，如果仅仅是原有办学经验的复制，容易导致水土不服。

从次，机构性质主要是非政府的民营机构。教育委托管理是基于"政府宏观管理、学校自主办学、中介优质服务"这样的管理理念之下产生的，其作用是通过非政府的专业机构的专业管理提高学校的管理效率，进而促进学校办学质量提高，最终推动地区教育质量的整体提升，故教育委托管理机构全部是非政府的民营机构。

最后，托管制度主要通过委托管理协议约束托管方行为。浦东新区在委托管理过程中，主要通过政府和管理方面签订委托管理协议、政府委托中介机构定期年检等方式约束管理方的管理行为。但从协议内容看，缺少对办学绩效提升的标准的约定，使托管的效益和质量监控缺乏可行的参照标准。

（二）教育委托管理中的产权创新

在上海浦东实行的教育委托管理中，政府通过购买服务的方式引进专业管理机构进行直接管理，将学校管理权委托给具有独立法人资质的社会中介机构运作，由其承担起由原来政府承担的微观管理职能，对被委托管理学校组织实施教育、教学等各项管理工作，具有办学自主权，被委托管理学校所在县区的教育行政部门对委托管理单位具有民事责任关系，对其具有管理职责并提供必要的人、财、物等方面的支持。评估方接受委托双方教育行政部门的委托对接受委托管理的学校改革效果做绩效评估。

在上述教育委托管理形式中，一方面，政府仍是教育资本的投资主体，拥有对投入到被委托管理学校的资金、实物等教育资产的终极所有权及各项权能。另一方面，委托管理单位需对被委托管理学校进行人力资本、学校品牌等方面的投入，与传统的管理形式不同，政府不再行使具体经营管理权限，委托管理单位接受政府的委托，成为教育资本经营主体，代替政府对被委托管理学校进行经营管理。在教育行政主管部门和委托管理单位签订的委托管理协议中，对包括被委托管理学校在内的各方的责权利进行了明确界定。被委托管理学校的职责主要是配合委托管理单位的工作，并对其管理工作进行监督和工作评估。比如2006年，上海市教育委员会"以委托管理推动郊区农村义务教育均衡发展"的项目，为教育委托管理的实行提供了政策保障；接受委托管理的学校所在区县教育局与所委托的专业管理机构签订委托管理协议，通过协议明确双方职责，双方形成一种平等的民事法律关系，该协议具有法律效力。这是在教育委托管理实施过程中对各方权限所做的政策文本方面的保障。因此，与传统的教育管理形式相比，上海浦东教育委托管理在产权结构安排上具有明显的创新之处。

首先，产权主体多元化。政府不再是教育资本的唯一占有者和经营者，委托管理单位在接受政府管理权委托，成为教育资本经营主体的同时，也是教育资本的投资主体之一，对被委托管理学校进行人力资本等方面的投资。

其次，产权关系较为明晰。在确立多元产权主体的同时，教育委托管理各方的产权关系也较为明晰，相关文献及委托管理实践中，政府明确将学校管理权委托给具有独立法人资质的社会中介机构运作，且有专门的委托管理协议对各方责权利进行了明确。这些产权特点有利于教育委托管理目的的实现，其作用主要集中在以下几方面。①产权主体的多元化，使得政府逐步向服务型迈进。在教育委托管理中，地方政府通过签署具有法律效力的委托管理协议把教育资产的使用权和管理权委托给专业管理机构，使专业管理机构能独立行使对接管学校的管理权，政府不再直接管理学校，不再力不从心的规定和限制学校的办学行为，不再参与学校一切具体事务的管理，也赋予了被委托管理学校一定的办学自主权。②优化了教育资源配置,提高了教育资源使用效率。产权由两部分基本内容构成:权能和利益。权能是产权主体对财产的权力或职能,利益是产权对产权主体的效用或带来的好处。权能和利益是相互依存、内在统一的,利益是权能的目的,是产权主体的行为动机:权力则是获得利益的手段或充分条件,是权力行使的结果效果。在教育委托管理中,政府是教育资本的投资主体,委托管理单位是教育资本的投资主体,也是经营主体,两者既有各自的利益也有共同的利益,通过委托管理协议形成平等的契约关系,政府积极推动委托管理单位的发展,委托管理单位代替政府部门履行管理职责、提供专业服务,解放了政府部门,提高了学校的管理效率。③缓解被委托管理学校教育资源的供需矛盾,促进教育均衡。上海实行教育委托管理的目的之一是解决城乡之间地区之间的教育发展不均衡,促进教育薄弱地区的教育发展。教育发展不均衡的原因之一是教育资源尤其是优质教育资源的不均衡,教育发展薄弱地区的优质教育资源短缺,不能满足广大人民群众的需要。扩大教育供给规模、提高供给质量、优化供给结构是解决这一矛盾的主要途径。教育产权明晰通过对教育管理体制的影响决定着教育供求,尤其是教育供给的状况。

教育产权明晰就是要明确教育举办者、办学者和行政管理者的主体、权利和义务。传统的教育管理体制是教育产权各项权能都集中于政府一身,政府成为教育领域唯一、当然的管理者,具体的管理职能由各级政府和各个办学的部委来担当。在这种管理体制下,在教育供给目标的制定上,学校只需听从政府,无需了解社会需求,学校只须对政府及教育主管部门的计划负责,从而削弱了学校与社会的联系。学校本应是政府、教育主管部门与社会之间的中介,在失去学校的中介作用后,政府获得的信息往往很难准确,做出的计划也很难符合需要。同时,这种管理体制也极易造成教育资源利用率低和浪费严重,使教育供求难以平衡。由于管理教育的各级政府和部门之间条块分割严重,同一学校内部也往往缺乏交流与合作,造成了资源匮乏与资源闲置并存。总之,导致教育供给与需求失衡的主要原因是政府、学校和社会的关系不合理。而政府职能的转变和学校法人地位的确立,只有实现教育产权的分解和重组才具有现实可操作性,才有助于教育供求矛盾的解决。

在教育委托管理中,教育产权较为明晰,教育资本的投资者、经营者、管理者虽未完全分开但政府不再是唯一的主体，开始有了其他主体的介入。这对于教育供求有着多方面的有利影响：首先，多个主体的参与本身就是一种有效的制衡力量，有利于管理和决策的民主化，能有效地减少盲目投资。其次，这多个主体又都是自身最大利益的追求者，其利益都与社会和市场的需求直接相关，只有在其提供的教育产品和服务与市场需求相适应时才能使其供给成为有效供给，才能使其自身利益得以实现。这就使委托管理单位能够自觉地调整教育供给结构，并提高教育质量。

四、浦东"教育委托管理"的经验与反思

上述教育委托管理在产权方面创新所起的作用主要是从理论上进行的分析，在教育委托管理的实施过程中，从其存在的问题来看，主要包括两个方面。

首先，在委托管理的实践操作过程中，虽然从理论上说，委托方、托管双方是一种平等的民事法律关系，都是教育资本的产权主体，但在实践过程中，教育行政部门往往处于强势的一方，且委托管理单位在发展过程中对政府部门具有很大的依赖性。同时，由于委托管理的法律法规、操作制度等还不健全，政府在处理与委托管理单位的关系时很难把握一个适当的度，往往对其施加了太多的行政命令，既阻碍了其管理工作的独立开展，也阻碍了其独立发展，委托管理单位作为产权主体之一应有的权利很难得到保障。

其次，教育委托管理涉及教育行政部门、委托管理单位、被委托管理学校三方，但在签订委托管理协议时，是由前两方签订的，受援学校作为被管理的一方，其权利直接被所在区县的教育行政部门代理，管理权直接被委托给第三方委托管理单位，被委托管理学校还是没有自己的独立管理权，这给委托管理实践中支援方和受援方的磨合带来了一定的障碍，且带来一个后遗问题，即委托管理结束后或被委托管理学校校不再接受委托管理时，学校的管理权如何归属，是直接返回政府还是交由被委托管理学校，如交由后者，那在委托管理过程中，专业管理机构所做的就不仅仅是对被委托学校的管理问题，还要教会被委托管理学校如何自主管理，即"授之以渔"。

最后，需要指出的是，教育托管管理单位及其组成人员往往与政府部门有着千丝万缕的联系，导致教育委托管理的合同具有不规范性和运行不具彻底性。

上述三个问题实际上都是基础教育产权交易过程中的多方教育利益及责任的界定与保障问题。关于产权主体及关系问题，在教育委托管理中，教育传统的教育管理形式，理论上有了一定的进步，但在实际运行中缺乏充分的保障。从目前的情况看，我们可以从两个方面进行完善，减少委托管理单位对政府的依赖性，促进其独立发展。一方面，要规范委托管理单位的准入机制，明确其成立的硬件和软件设施，提高其专业性。同时政府应处理好和委托管理单位的关系，不对其进行过多干涉。另一方面，处理好委托管理单位和被委托管理学校的关系，对被委托管理学校的权责进行进一步明确，为委托管理结束后被委托学校的发展做准备。质言之，我们认为，需要政府和教育管理中介机构共同努力，为其健康发展创造条件、注入活力、推动发展。

第一，教育托管机构要脱离母体独立运作、走市场化经营之路。从上文分析可知，目前的教育委托管理主要是政府主动的行为，托管机构基本在依靠政府的扶持生存。但从发展的角度看，随着政府职能改革，通过购买专业服务提高管理绩效日益成为政府管理的主要手段。因此，只有那些能依靠自身的专业化高水平服务推动社会发展的专业机构才是真正有生存机会的机构。观察国外教育委托管理机构的发展，尽管它们也越来越注重加强与政府的合作，与政府的关系日益密切，但无一例外，它们都是依靠其专业服务和规范高效的市场化运作赢得政府的信任的。因此，在走过早期的孕育、扶持之后，逐渐减少教育委托管理机构对政府的过度依赖，加强竞争，提高内部人员管理服务的专业化程度，通过制度的设计走市场化道路，进而引领教育委托管理机构走上专业化发展、市场化经营之路是发展的方向。

第二，政府要强化建立招投标制度，公开信息、平等竞争、优质优先。为了提高教育委托管理机构的市场化运作能力，推动其主动发展、自主发展，有必要通过建立平等竞争机制来激发其发展动力，进而推动其健康发展。如政府对拟委托管理的学校，应首先公开发布，并通过公开招投标的方式决定委托给哪家管理机构，也可以将部分项目通过招标、邀标的形式逐渐转交给专业机构操作等，以此保证各管理机构都有平等竞争的机会，同时也可借此推动教育管理中介机构的服务质量的提高。

第三，教育托管机构还要健全沟通机制，建立反馈、协调制度，跟踪学生、教师发展。作为服务性行业，每一个委托单位都是客户。要将这些客户由短期转变成为长期客户，必须加强对委托方和被委托方的双向了解，与政府和学校建立良好的关系和沟通渠道，提高服务质量，在服务中不断拓展业务，成长、壮大。为此，建立工作信息反馈机制，使各方能在有效沟通的基础上，改进管理行为，提高服务水平。一方面，管理机构在接受委托后应全面了解学生、教师、学校管理层、家长和社区对学校的态度、看法，摸清情况，对症下药；另一方面，在管理期间也应经常反馈情况、听取各方面意见，以便及时调整管理措施，提高管理的实效性。使沟通反馈成为提高管理效率的一种有效方式。

第四，教育管理中介机构要建立规范的管理培训、调研制度和管理实施方案。服务专业化是教育管理中介机构质量保障的前提。任何一个机构的发展都应建立在自身健康规范发展的基础上，只有机构自身队伍素质高、服务水平高，才能产生良好的外部评价，建立起社会公信。但从目前教育委托管理机构看，管理基本上是依靠优质学校校长管理经验的复制，往往并不适用于被托管的薄弱学校，可能水土不服。这不但对管理中介机构的服务质量提升是不利的，而且也不利于被托管学校的长期发展。为此，建议政府在学校托管前，应从两方面把关来提高服务质量：一是要求管理机构制定管理方案，准确把握托管学校脉搏，找准管理重点，提高管理效益；一是能有一些短期可见效的发展项目寻求重点突破，以目标的实现鼓舞士气，以点带面推动发展，快速提高管理成效。

第五，建立教育委托管理风险保障机制，加强外部监控，建立年检和质量公报制度。加强对教育委托管理机构的外部监控是促进其健康发展的保障。为了使政府、社会及时了解教育委托管理机构的专业水平、服务质量，政府应建立质量检查标准、定期评价制度和质量公报制度，定期向社会公开。这一方面可以提高工作透明度，另一方面可以提高中介机构的社会公信度，从而促进教育委托管理机构专业化水平和服务质量不断提高，进而实现健康发展。服务质量的提高建立在服务能力的基础上，也更依赖于工作环境的创设，因此，在推动教育管理中介机构健康发展过程中，有必要首先通过有效的内部能力建设和可行的管理方案的推行，提高管理服务的专业性和效率性，同时积极营造教育委托管理机构健康发展的外部环境，在机制的引领下，实现管理效益的最大化。

第八章

"公民同招"教育治理的价值审视与平衡路径

2020 年一年的时间里,包括北京、上海、江苏、浙江等在内的 20 多个省份先后正式出台了中小学招生入学的"公民同招"政策,其中的内容大同小异,主要包括公办民办学校同步招生、同步登记报名、同步录取;若报名人数超过招生计划,则一律实行电脑随机录取;并且不得通过笔试、面试(谈)、评测等形式进行招生。该政策的出台,极大触动了包括民办学校办学者和管理者在内的众多人的敏感神经。一部分人认为此举是促进教育公平的重要手段,能够有效遏制民办学校跨区掐尖招生的局面;另一部分人则认为电脑"摇号"招生使学生进入"好学校"不凭实力全凭运气,实际上造成了另一种更大的教育不公平;还有人认为如此一刀切之后,水平相差太大的学生放在一起,教学的进度和深度难以掌握,或许对任何一方都不利。种种争论背后,"公民同招"政策的用意和价值何在? 政策实施后教育真的公平了吗? 各利益相关者又应该如何应对? 笔者在对"公民同招"政策发展及相关研究进行历史溯源的基础上,在教育公平与效率价值兼顾的理论视角下,试图阐释"公民同招"的政策价值内涵、利弊得失和实施困境,并提出相应的改进建议。

一、"公民同招"新政的背景分析

义务教育阶段招生问题在我国由来已久,主要体现在公办与民办学校间对优质生源的抢夺以及学生间为教育资源愈演愈烈的"择校大战"。这种恶性竞争严重影响了我国的基础教育公平性,加大了地区、校际的差距,挫伤了普通学校办学的积极性,带来了教育入口的不平等。

首先，是义务教育"拉丁美洲化"现象。为了提供多样化的教育服务，以竞争机制为义务教育增添活力，国家引入了市场机制，形成了民办学校与公办学校竞争的格局。由于招生制度设计存在政策差异，民办学校比公办学校拥有更灵活的招生自由。民办学校通过对生源的严格筛选，长期保证学校教育呈现出优质现象，"公退民进"的状况愈发显著，呈现出了义务教育的"拉丁美洲化"，即"在人口收入差距显著的社会中，大量中高等收入的家长可能逃离公共教育体系而在私立部门中寻求更高水准的服务，公立学校特别是基础教育阶段的公立学校逐渐成为低劣质量机构的'代名词'"①。这种现象如果不加以遏制，会使择校问题变成家庭经济实力的比拼，从起点处损害义务教育的公平性。仅强化"就近入学"原则，会使经济实力雄厚的家长，绕过学区设定，直接选择高价质优的民办中小学，或者购置"学区房"，抬高优质学校周边的房价，而政策约束的最终只是普通且资质一般的家庭和儿童。民办学校通过提前招生"掐尖"引发的生源不正常流动会造就教育过程的不公平，而教育是社会各阶层流动的主要渠道，教育资源的分配不均加剧了社会各阶层间的矛盾，长此以往，教育离公平的目标越来越远，分层固化的速度加快，进一步助长招生乱象，引发社会性焦虑。

其次，是选拔标准日益"功利化"倾向。对民办学校"可以自主确定招生范围、标准和方式"的片面理解，将"招生自主权"无限放大，导致义务教育阶段的孩子就已经背负升学压力，甚至幼升小阶段的儿童也要面试文化课能力，倒逼学前教育机构和家长提前给幼儿灌输学科知识，违背了教育部关于幼儿园禁止"小学化"的规定，破坏了儿童的本真样态。小升初的考核形式更为繁琐。公立学校招生前，各民办院校已经开始了对儿童的"密考"或者"面谈"，考察面涉及特长、学科、竞赛等各领域，学校和家长间展开双向选择。对于民办中小学，提前选拔是为了"择优掐尖"，保证教育成效；对于家长和学生，参加选拔考试是想多一张优质教育的"通行证"，双方均带有功利化目的，由此引发的是教育超前问题和学习过度投入，最终与义务教育的初衷渐行渐远。义务教育是国家制度予以保证的公益性事业，而现在正异化为追逐利益的手段，催生出过度教育需求，架空"全面发展"的育人目标，使教育指向功利化倾向下孵化的"单向的人"。

---

① 王蓉.中国教育新业态发展报告:基础教育[M].北京:社会科学文献出版社,2018.

义务教育选拔标准的"功利化"会形成生源的分化,引发后续教育资源的不均衡配置,直到培养周期结束后,差距进一步加大,至此形成从起点到终点不公平的闭环。只有少数学生能跳出这个恶性循环,其他具有发展潜能但在初期未显露的儿童未来发展的机会就在功利化的道路上被逐渐剥夺了。

最后,"就近入学"政策失灵,让民办学校更得益。公办学校"就近入学"政策初衷是为了把孩子从过早的竞争中解放出来,提供一个健康的素质教育环境,但"在优质公立教育资源分布严重不均的现实国情下实施'免试就近入学'不利于保护教育产权主体,尤其是'弱势群体'的'起点机会均等'"①。换言之,处于优势学区的家庭可以享受到"就近入学"政策的福利,而劣势资源区的家庭为了不让孩子落后于"起跑线",便会转向资源优厚的民办学校,最终催生"民办热"。而"公民同招"政策在制度设计上的关键就在于对义务教育阶段的学校间教育要素配置的均衡化,尤其是生源配置上的均衡化。"公民同招"政策绝对不是要牺牲民办学校的发展前景来"扶贫"公办学校,也不是要降低教育发展质量以追求简单化的"平均",而是要成为促进义务教育均衡化、高质量发展的制度保障。经过两年的试点酝酿,部分省份开展的"义务教育阶段免试就近入学"开始同样运用于民办学校,公办与民办学校在招生时间、招生方式、录取时间上达成统一,"公民同招"政策在全国逐步落地。从试点省市的效果看,"公民同招"政策犹如给火热的"掐尖"民办学校浇了一盆冷水。数据显示,2017年上海市民办小学报名录取比一度达到3∶1,而2020年反差巨大,上海市中小学中,11.9%的民办小学,22.7%的民办中学正好招满或没有招满②。"公民同招"之后,对于普通公办学校而言,有利于利用优质生源机遇,创造有品质的教育;而于民办学校而言,则需要通过自身的特色与内涵建设再次走上快速发展之路。在平衡公办与民办学校办学资源与发展质量的进程中,地方政府和教育部门同样要付出努力。总体而言,义务教育阶段招生政策的变革初衷是为了每个适龄儿童都能拥有平等的受教育权利和均衡的教育资源。

---

① 宁本涛."就近入学"政策实施的产权困境及改进策略[J].基础教育,2017,14(6):39-44.
② 教育部."公民同招"给"掐尖"热浇上冷水[EB/OL].[2020-06-22]. www. moe. gov. cn/jyb_xwfb/s5147/202006/t20200622_467473. html.

二、"公民同招"政策的价值审视

改革开放后，我国民办中小学经历从助力公办教育到与公办教育共同发展之路，扩大了教育供给，形成了教育多元发展局面[①]。但民办教育自主权的扩大与民众对优质教育资源的抢夺促成了义务教育的高度筛选机制，侵犯了儿童对教育公平的诉求。"公民同招"将学校与学生置于同一起跑线上，保障义务教育阶段学校的非营利性与非功利化，帮助公办与民办学校从"生源竞争"转向"质量竞争"。

其一，维护教育的起点公平。实现义务教育的关键是确保机会均等。平等的受教育机会是前提，也就是教育的起点公平。在"民办义务教育学校招生纳入审批地统一管理，与公办学校同步招生"的"公民同招"政策明确提出后，每一个儿童都有了选择和"被随机"选择的机会，是促进教育起点公平的正义举措。在"公民同招"政策落地前，政府和教育部门已经试点了"就近入学"和"多校划片"的招生原则，此次"公民同招"是在原则框架内，对指向义务教育均衡发展的招生政策的进一步补充。文件还明确了"对报名人数超过招生计划的，采用电脑随机录取""民办学校不得跨市招生"等限制优质生源过度集中的政策[②]。此政策在于维护义务教育的普适性与均衡化，结束"冲民办、保公办"的抢占资源行为。坚持在公平导向下，不耽误优秀的孩子，也不忽视大多数普通孩子。在我国这样人口基数庞大的国家，面向全体儿童的义务教育是国民教育的根本，如何端好义务教育这"一碗水"是千万个普通家庭关注的热点。从起点上维护教育公平，淡化家长对"名校"的狂热追求，才能扭转"择校热"带来的升学焦虑，修复义务教育阶段失衡的教育生态。

其二，回归义务教育的公益本性。义务教育政策与其他教育政策都具有"公共产品"属性，能针对利益主体需求，提供不同类型的教育产品[③]。一方面，义务教育政策与其他教育政策的共通属性，导致义务教育会追求利益

---

① 董圣足，等.从有益补充到共同发展：民办教育改革发展之路[M].上海：华东师范大学出版社，2018.

② 孙军，程晋宽.义务教育学校"公民同招"制度的设计与推进[J].中国教育学刊，2020(7)：44－49.

③ 张侃.效率与公平的博弈：我国义务教育政策变迁70年[J].教育与教学研究，2020，34(6)：25－38.

的最大化,汲取最优质资源以提高效率。另一方面,义务教育还具有自身的独特性,即具有基础性和追求公平的外在规定性。其核心价值诉求中体现的供给每一位儿童无差别、全覆盖的义务教育内容决定了义务教育的公益本性。对学校来说,通过招收优质生源和提高教学水平,来获得良好口碑以吸引更多资源,最终扩大教育收益,是教育主体对经济效益的追求,符合教育政策追求效益的产品属性。但义务教育法对义务教育强制性、免费性的规定使义务教育的公益属性高于经济效益。两者并非无法兼容,适当追求效益有助于公益性学校的活力。然而,民办学校过分强调选拔、培优的资源优化机制使得义务教育公益性逐渐被经济效益掩盖,把教育办成了企业。而现在,"民办教育要回归到教育的公益属性,回归到保障每个孩子入学机会公平的轨道上"①。对于公办学校而言,更强调教育公益性下,对效益的追求。遏制民办学校抢夺资源的同时,也要帮助公办学校提高自身的生源吸引力,增强学校的良性竞争力,与民办学校站在同一起跑线上。因此,义务教育回归公益本性并非完全放弃效益,而是将两者分置于不同功能区,共同提升义务教育质量。

其三,推动公办与民办学校的良性竞争。"公民同招"政策迫使家长与适龄儿童在公办与民办学校之间二选一,稳妥起见,很多家长放弃冲刺民办学校,最终选择了家门口的公办学校。因为一旦不被民办录取,就面临区域间的统一"调剂",且结果不得更改。在政策冲击下,家长不再面临过多选择,民办学校的资源吸引力与在教育风险的较量中,失去优势。对民办学校来说,在无法提前"掐尖"、无权自主选拔、不得跨区招生的三大限制条件下,只能与公办学校同时起跑。要想保住之前依靠生源优势带来的口碑,需要更加注重内涵发展。这种转变给民办学校带来不小压力的同时,也是扫除沉疴的好机会。相比之下,政策对公办学校的冲击很小,相反,公办学校拥有了更好的发展机遇,若能抓住生源均衡的时机,提高教育过程的加工能力,便能在新一轮的竞争中占得先机。总体而言,"公民同招"政策旨在抑制义务教育招生阶段的乱象,将学校的关注点从生源转移到自身建设上,将竞争压力由孩子身上转移到学校之间。由此,留给孩子更多的时间发展特长,

---

① 教育部."公民同招"实现中小学同时"起跑":聚焦二〇二〇年各地义务教育学校招生入学改革新进展[EB/OL].[2020 - 05 - 14].http://www.moe.gov.cn/jyb_xwfb/s5147/202005/t20200514_454037.html.

响应新时代全面发展的号召，还儿童一个轻松的童年。在新的竞争格局下，学校将投入更多精力提升质量，最终由"生源竞争"转化为"质量竞争"，既维护了义务教育阶段学校的多元发展局面，又推动了公办与民办学校的良性竞争。

三、"公民同招"政策推进的现实隐忧

在优质义务教育资源供需不对等的矛盾下，"公民同招"政策缩小了适龄儿童的选择面，切断了依靠儿童自身实力与家庭经济实力进入优质民办学校的道路，更多倚仗监护人对报考形势的判断和运气。这种判断的风险性和录取的不确定性无疑会给家长带来焦虑。"公民同招"以平衡入学机会为出发点，最终能否实现教育均衡发展，需要时间来检验。

第一，公平起步与均衡发展的鸿沟。"公民同招"政策通过同一时间招生分散生源、通过"多校划片"平均教育资源，以维护教育起点公平，最终设计是让全体适龄儿童都能享受高质量的义务教育。但公平分为起点公平、过程公平、结果公平三个阶段，公平的教育机会是公平教育的第一步，最终能否实现均衡发展需要教育过程中的资源配置均衡和评价体系公正。

公平是对资源分配结果与过程是否合理的价值判断，而均衡是资源配置的具体原则，两者之间可以类比价值观与方法论的关系。"公民同招"是义务教育公平的起步，但无法以入学机会的公平衡量整个教育阶段。而均衡是公平的一种评价指标，是在教育过程中实现的，相对比"公平"这样的静态目标，是一个变化、调整、适应的过程。教育结果的公平需要依靠教育过程中对资源的均衡来实现，换言之，从教育均衡走向教育公平是一个从量变到质变的过程。

因此，公平起步不代表均衡发展，两者之间存在鸿沟。"公民同招"政策需要以均衡的资源配置来体现公正的价值内核。若仅在入学前均衡生源，不调整业已失衡的资源倾斜现象，那等同于入学前将资源随机分配给儿童，取得的资源优劣全凭运气。此过程曲解了公平的内核，将"随机"等同于"公平"，如此，教育的结果仍是失衡的，更耽误了一批有天资的儿童。"公民同招"要实现公平到均衡的平稳过渡，关键是学校教育资源的配置，最核心的是师资配置。过去的民办学校利用市场机制吸引资金，再利用高额工资聘用名师，形成了强大的竞争力。如今民办学校的生源优势降低，公办学校需

要看到自身体制的优势,以此吸引优秀师资。特别需要关注的是弱势民办学校和弱势公办学校,他们既无强大的资金吸引力,更无优质的师资队伍,这种情况下需要政府和教育行政部门倾斜政策与资源,在一个片区内,鼓励校际间资源流动,建立教育共同体,促进均衡发展。在校际间的差距不显著的形势下,"公民同招"政策才是真正维护了教育公平。

第二,自主择校与政策调剂的分歧。首先,择校问题在我国由来已久,虽然义务教育法颁布已有 30 多年,但其中提到的"就近入学"一直被视为倡导性规定而非强制性规定。在优质教育资源的吸引下,家长将片区内的学校视为保底,倾向于为子女选择重点中小学。"教育要从娃娃抓起"的理念深入到每一个有适龄儿童的家庭,优质资源的稀缺带来的是父母的忧患意识。其次,民办学校的兴起扩大了家长自主择校的范围。改革开放后,为了引导义务教育形成多元发展格局并缓解财政压力,政府引入社会力量办学。民办学校缓解了公办学校资源匮乏的问题,但也扰乱了义务教育的公益性。家长对择校的高需求进一步加重了义务教育中资源快速向资本流动的乱象,直至发展严重失衡。自主择校是市场交易驱动下适龄儿童家庭与学校间的资源对换,但在稀缺的教育资源与家长过度追逐名校的矛盾下,造就了学校与家庭间地位的高度悬殊,入学代价逐年攀升,引起了众多普通家庭的不满。最后,"公民同招"给适龄儿童家庭的自主择校权限定了区域范围,使他们不得不在"公办"与"民办"中二选一,但这种选择未必是双向的。若学校的报名人数大于招生名额,会采取随机抽选模式,若未被抽中,便要接受政府的统一调剂,极有可能录入计划外的学校。在这个阶段,家长完全失去了选择的机会,最终的结果凭借运气。总而言之,每个家庭间的选择权有限且有风险,稳妥起见,有经济实力的家庭会选择有公立名校的学区居住,生源质量仍然会出现倾斜,同时会加重优质公立学校的办学压力。这种做法也是为了规避政策调剂的风险,但平均和随机不能代表公平,调剂的方案需要再细化。同样,"多校划片""就近入学"的原则限制了生源的跨区域流动,长此以往,是否会导致区域教育的同质化,值得深思。

第三,民办学校与公办名校的分化。义务教育阶段,民办学校在丰富教育资源、缓解教育压力、分担财政负担等方面贡献突出。长期以来,国家在鼓励民间办学的同时,也出台了一系列政策法规保障民办学校的合法经营。

《民办教育促进法》是国家为促进民办教育持续健康发展而出台的扶持性政策。但不少民办学校在发展中沦为利益驱动，形成"以生养校"的恶性竞争机制①。最终政府不得不出台政策遏制"民办热"。"公民同招""录取摇号"等政策的出台使许多民办学校的生源吸引力大幅下降。上海作为试点城市之一，2018 年小升初登记总人数为 18.04 万人，民办学校登记人数仅为 1.99 万人，下降了 47%，下降幅度已接近一半②。对民办学校招生形成压力。"公民同招"前，民办学校提前招生是家长与学校间的互相选择。但新政策出台后，多数家长不敢再以冒险的心态为孩子报考民办学校，以免孩子失去优质民办院校的名额后，第二批补录时被统筹进未招满的普通民办学校。在此顾虑下，民办学校失去了自主筛选能力后又流失大量生源，加之没有公办学校同等的财政支持力度，未来发展形势严峻。尤其对一些教育质量较弱的民办学校，无疑会形成较大冲击。相反，公立学校在本轮招生改革中占据优势，特别是原本的公立名校会替代优质民办学校成为众多家长心中的首选，但随之而来的是资源的新一轮集中。若家长在政策空隙下，把个别重点公立学校当成新的争抢目标，民办与公办会形成反向分化，打击民办学校的办学热情。民办学校在义务教育阶段曾做出不可或缺的贡献，"公民同招"政策的初衷并非是阻断民办学校的招生之路，相反要继续扶持它迈入特色发展道路。"公民同招"在为公办学校引流后，政府和教育部门也要关注民办学校的转型，仅靠市场调节短时间内可能会压垮一批弱势民办学校，最终难以避免两类学校间的分化。

四、"公民同招"的平衡路径

笔者认为，生源差异和优质教育资源的稀缺，使得公办与民办学校竞争中求生存。"公民同招"在有效应对义务教育失衡的局面同时，也面临诸多困境，从招生中统一标准与灵活尺度的把握、到录取后资源分配与校际治理的矛盾，都提醒着政策制定者招生只是教育公平的开端，公办与民办学校并驾齐驱的局面仍倚仗多方力量的协同治理与融合平衡。

---

① 肖军虎，王一涛，李丽君.民办中小学"非常规扩张"现象透视及对策建议：以山西省 Y 县为例[J].教育发展研究，2015(6)：26 - 31.
② 陈安妮，付卫东.教育均衡发展视域下义务教育阶段"公民同招"的难题及破解对策[J].教师教育论坛，2019，32(12)：12 - 16.

（一）资源优化

充分利用市场交易与政府统筹的双杠杆。首先,民办教育在我国教育事业发展中扮演着重要的角色,改革开放以来,尤其是进入新时代以后,随着经济体制改革的深化,教育体制也在不断完善,从政府颁布的各项文件政策中可以看出,民办教育的"出镜率"很高,这说明民办教育得到了越来越多的重视。地方层面积极配合中央,出台民办教育的政策,逐步形成了从中央到地方的民办教育改革发展新制度体系。教育是一项育人事业,民办教育也要坚持育人为本、德育为先,这是改革的重点也是改革的难点。目前的民办义务教育招生政策坚持公益导向,把营利性和非营利性民办学校作了区分。民办教育在市场交易框架中,责任下移,学校自主管理,有责任有权利,相比公立学校更有活力,这是市场教育的优势。其次,民办教育要办好离不开政府统筹。若民办学校过度挤压公办学校的发展空间,会阻碍义务教育的普及化,因为目前国家义务教育的承担者主要还是以公办学校为主,优质资源却大量流入民办学校。少数人握有大多数高质量资源,就是不公平,但要实现资源均衡,直接从民办学校手中掠夺也同样不合理。政府在分配生源的过程中,需要的不是"堵住"流向民办学校的通道,而是"疏通"资源在校际的均衡流转。政府统筹使公办学校迎来了发展机遇,但公办学校在治理过程中缺乏权力,过度强调政府统筹会加大教育的交易成本,将压力转移到教育财政资金。最后,市场和政府手中都握有部分教育资源,要实现资源优化,需要充分利用市场交易与政府统筹的双杠杆。"公民同招"政策要落地需要地方政府从解决实际问题出发,按照国家新政的总体部署,配套细化的条例,瞄准招生改革的核心靶向,明确任务分工方案、部门责任、系统梳理本级政府层面应该出台的配套政策,为义务教育营造分类管理、分类支持的政策环境。

（二）程序公正

严格把握三个"同一",灵活处理特殊个例。"公民同招"政策要求公办民办学校同时招生、同时录取、同时注册学籍。从招生前的政策制定到最终的招生数据统计,关键在于基层部门的组织管理。政策设计的初衷是维护义务教育的公平性,最终的成效需要招生流程中的各环节对程序的严格执行,防止利益相关主体利用政策空隙和程序漏洞为自身牟利。一旦程序把控不严,便会引起群体效仿,造成失衡的局面。一是在招生前明确"公民同招"政策要求。教育行政部门为各校详细解读政策内涵，明确学校划片，将过程细化到可操作层面。再由各校为家长讲解招生政策，提供择校咨询，安抚家长的焦虑情绪。二是确保各校同时招生。招生前由各校合理预估人数，再由教育部门根据各校资源公正分配。严禁各地提前摸底学生，变相宣传。对于报考人数超过录取计划的，采取电脑随机分配的方式，禁止人为操作。三是以上所有程序都需严格的监督，并在入学后进行复核。"上有政策、下有对策"，利益驱使，总有人试图越过政策红线，政策执行之初的严格性至关重要，要向社会传递出国家保障义务教育的决心，让适龄儿童的家长放心。然而，程序公正严格不等同于"一刀切"的懒政。2019 年，我国义务教育阶段共招生 3 507.9 万人，比上年增加 38.0 万人，增长 1.1%[①]。如此大的义务教育入学规模，难免在政策规定外出现特殊个例。其中，小学阶段特殊教育在校生总数为 55.6 万人，比上年增加 7.7 万人，增长 16.0%；初中阶段特殊教育在校生总数为 22.3 万人，比上年增加 4.6 万人，增长 26.4%。针对特殊儿童，学区划定要灵活。合理规划稀缺的特殊教育资源，将送教上门落到实处。但特殊案例的处理也要经过简单的流程，处在监督之下，避免成为有心人为自身谋利的工具。

（三）校际治理

推进学校提质，规范公民竞争。从根本上看，民办学校"择校热"，一是义务教育资源不均，二是招生方式驱使。鉴于此，招生方式的变革是开端，义务教育资源分布不均衡的问题亟待解决。针对如何将教育资源均衡地分配到每个学生，美国经济学家费里德曼曾提出"教育券"理论，主张将投放到学校的教育经费分配到每个儿童手中，政府从"花钱办教育"向"花钱买服务"转型。这个理论确立了教育资源属于全体儿童的价值前提，但中美政策间的差异决定了每个学生被赋予的教育资金在中国并不能成为义务教育学校招生的原因，因为从根本上看，学校不具备选择的权力。"教育券"政策可借鉴的点在于学校教育资源非因校际差异不同，教育经费是每个儿童带来的，并根据儿童数量与特殊性配备后续资源。"教育券"制度只是经费均衡的一个举措，要实现教育资源的均衡，关键在于各校如何将经费转化为教育

---

① 教育部.中国教育概况：2019 年全国教育事业发展情况［EB/OL］.［2020 - 08 - 31］. http://www.moe.gov.cn/jyb_sjzl/s5990/202008/t20200831_483697.html.

支持力量,提升学校整体质量。"公民同招"政策正是教育实力的又一次洗牌。对于扎实办教育的学校而言,在全部学校都失去了生源优势,教学实力很快便能展现;而对于过去依靠"掐尖"打开口碑的学校,也要学会为每一个资质普通的孩子提供针对性的教学服务。

推进教学质量的提升过程实质是学校"去功利化"过程,校际间若失去了生源竞争,质量在对学校的评价中会格外突出。学校教学质量的竞争若能成为努力培养学生的动力,那公办与民办院校间的竞争会向良性迈进。学校办学特色、学生满意度、课程内容、师资条件都是良性竞争指标。注重学校间"异质性"发展方向、发挥民办学校特有的价值使命、在保证教育质量均衡化基础上,鼓励学校品牌发展,是未来学校走出自我特色发展路径的关键。一定程度的竞争有助于提升学校活力,形成激励机制。因此,教育部门和社会各界需要引导公办与民办学校为提升教育质量的良性竞争,最终齐头并进。

总之,"公民同招"政策是规范义务教育普惠性、保证公办与民办学校均衡发展的"强制度性教育安排"。在此过程中,学校势必面临发展方式的转型,家庭面对随机性录取的风险。因此,政策的落地和普及一定要实事求是,综合考虑地区间差异和教育发展的实际,选择不同的推进方式。因"公民同招"本质上是一项即有"损"又有"益"的政策,被触动利益的任何一方都难免站在自己的利益持方上进行争议,又因为复杂的现实环境在政策实行初期必然会面临更多难以预料的问题,都需要相关部门发挥智慧予以解决。要想使"公民同招"政策真正达到理想效果,应基于各地区实际现实采取不同的具体措施进行推行,而公办学校与民办学校共同提升教育质量,促进区域义务教育整体办学活力和优质均衡发展,才是问题的根本。

第九章

基于信任关系重建的政府教育督导效能提升

长期以来,我国教育督导工作的重点一直是督政,即督导政府教育工作及学校落实法律法规的情况,而忽视对学校教育教学工作的督导,或者在督导实践中把督政的理念和方法运用于督学过程中,导致督导工作中出现了许多问题。其中,最突出的问题是,政府教育督导机构在学校督导中职能的重点是对学校的监督检查,教育督导机构在督导中"高高在上"或缺乏对学校的专业化督导,处于弱势地位的基层学校对教育督导持畏惧或消极应付的态度,学校没有主动参与教育督导的意识和机会,这阻碍了学校教育督导的正常实施,影响了学校教育督导效能的发挥。

华东师范大学基础教育课题组以我国中部湖北省的学校教育督导实践(简称督学)为研究对象,综合运用问卷调查、深度访谈及文本分析,调查该地区学校教育督导校长认可度及满意度的现状,分析论证教育督导校长满意度普遍不高的主要产权制度根源,在此基础上,提出满足学校督导需求、提升校长满意度及学校督导效能的学校教育督导对策建议。

一、教育督导的中小学校长满意度调查:以湖北为例

本次问卷调查的对象是 2013 年 7 月在华东师范大学基础教育改革与发展研究所参加培训学习的 120 名中小学正、副校长,来自湖北武汉、十堰、宜昌、恩施等 13 个城市及自治州,在地域上具有广泛性和代表性。在参加此次问卷调查的校长中,60%的校长全面负责学校的各项工作,18%的校长负责学校教育教学和科研方面的工作,剩余 20%左右的校长负责学校的后勤或德育方面的工作。本次一共发放问卷 120 份,回收 120 份,以其问题回答的

完整性作为判定问卷是否有效的标准,则有效问卷为 110 份,有效率为 90%,问卷发放的方式为集中发放,当场回收。问卷分为封闭式问题和开放性问题两个部分,对于封闭式问题,笔者用数据分析软件 SPSS 对问卷进行了数据统计和简单分析,对于开放性问题,则进行质性分析,在此基础上,对本文所研究的问题进行研究和探讨,调查情况结果如下。

(一) 一线校长对教育督导内涵的认识

调查显示,2013 年内,80%以上的校长所在的学校接受了综合性教育督导,在接受教育督导的过程中,校长们对教育督导的认识和了解逐渐深入。在统计对教育督导的了解情况时,了解教育督导的校长占了调查人数的 90%以上,对教育督导应有功能主要定位在诊断、指导、导向、监督方面,认为教育督导应该具备检查、鉴定功能的人数很少(见表 9-1)。这表明,校长们对教育督导已经有一定程度的认识,对教育督导对学校所起作用的期望很高,不再拘泥于教育督导的鉴定、检查方面。

表 9-1　校长对教育督导的认识程度

	选项	非常了解		了解		不了解	
是否了解教育督导	人次	20		81		9	
	百分比	18%		74%		8%	
	选项	诊断	服务	指导	监督	检查	鉴定	导向	其他
督导应具备功能	人次	89	73	94	81	44	28	76	8
	百分比	81%	66%	86%	74%	40%	25%	69%	7%

(二) 校长对教育督导自评实施过程的认识

首先,图 9-1 显示,92%的校长所在的学校会在教育督导过程中实施自我评估,这表明自我评估作为教育督导实施过程的一个必要步骤已在督导实践中得到基本落实。

其次,学校自我评估的实质是学校主动参与教育督导过程,通过自我评估使教育督导根据学校的实际情况实施和进行。因此,在制定学校自评标准时,学校应当参与进来,根据自身发展的实际情况,按照"一把尺"和"多把尺"相结合的要求设计自评标准。但是,表 9-2 显示的调查发现,在实施自

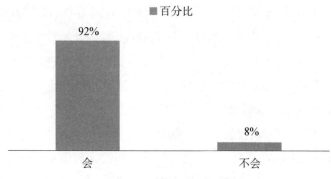

图 9-1　学校是否进行自评

评的学校中,79%的学校自评标准是教育督导室统一制定的,仅有 9%的学校自评标准是教育督导室根据学校实际情况制定的,也有少数学校在进行自评时采用了学校自己制订的学校发展规划,有的学校自评标准是两种标准相结合,不过这些都占极少的部分。这表明现在学校自评标准的主流是教育督导室统一制定,学校自评有些形式化。同时,调查还发现,在学校自评过程中,学校全体成员都能有机会或积极参与的程度也不是很高,这也会影响学校自评的实际效果,影响教育督导实施效能。

表 9-2　学校自评实施状况

自评标准是什么	选项	教育督导室制定的统一标准	教育督导室制定的个性化标准	学校制订的发展规划	其他
	人次	87	10	13	0
	百分比	79%	9%	12%	0
是否全员参与	选项	非常积极	比较积极	不太积极	很不积极
	人次	5	50	53	2
	百分比	5%	45%	48%	2%

(三) 校长眼中的教育督导问题

　　校长对教育督导实施过程中存在的问题的认识,既反映教育督导实施的实际情况,又影响学校在教育督导过程中作用的发挥。调查显示,在学校方面看来,现在教育督导存在的最大问题是其理念和实施的方法有待改进,现在的督导还是偏重于定量评估(见图 9-2),与前面调查中校长们对教育督导应有功能的认识形成了明显的对比,表明教育督导在实施效能方面并未得到学校的认可,在各个环节上都需要改进和提高。例如,教育督导机构在采集信息时,很少会与学校教师进行座谈,图9-3显示督学经常与教师进行座谈的比例仅占接受调查人数的38%,图9-4显示在座谈中能采集到学校真实情况的比例也不是很高,接受调查的校长表示督导机构采集信息的主要方式是查阅学校资料。

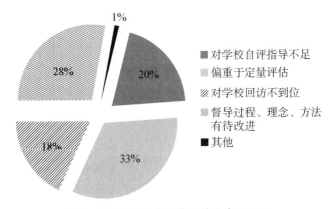

图9-2 目前教育督导工作存在的问题

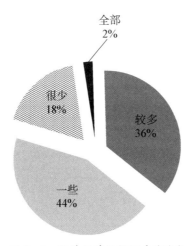

图9-3 督学与学校教师座谈次数

(四) 校长对教育督导结果的满意度

校长对督导结果的满意度主要表现在两个方面,一是校长对教育督导结果的认可程度,二是校长对学校教育督导的配合程度。调查显示,校长认

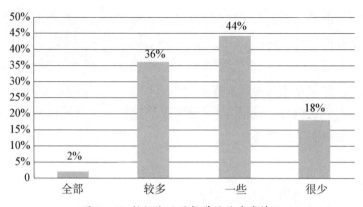

图 9 - 4　教师能否跟督学反映真实情况

为教育督导对学校发展有效果和教育督导对学校发展效果很小或基本无效的各占调查人数的55%和45%(见表9-3),比率基本持平。接受调查的校长表示,教育督导对学校发展所起的作用主要是学校的硬件建设方面,对于学校教育教学工作的帮助及学生发展的帮助很小,这表明学校对教育督导结果的认可程度并不高,教育督导的效能还有待进一步挖掘和提高。另外,调查还显示,只有40%的校长表示学校对待教育督导的态度是"积极欢迎配合",60%的校长所在的学校则是"例行公事接待",甚至是"被动配合"和"消极应付",这也表明了学校对督导结果认可程度不高。

表 9 - 3　校长对教育督导结果的认可程度及配合程度

	选项	非常有效	比较有效	效果很小	基本无效
教育督导对学校发展的效果如何	人次	4	57	45	4
	百分比	4%	51%	41%	4%
	选项	积极欢迎配合	例行公事接待	被动配合	消极应付
学校对教育督导的态度如何	人次	44	58	7	1
	百分比	40%	53%	6%	1%

此外,校长是否认可还体现在学校对教育督导评估意见的落实情况上。调查显示,对于教育督导机构给出的督导评估意见,75%的校长表示学校是选择部分落实,选择全部落实的仅为16%(见图9-5)。这表明,多数学校对督导结果并未全部认可,对于督导结果,学校有自己的思考和意见。

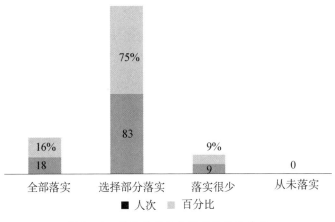

图 9-5　学校落实督导评估意见的情况

二、学校教育督导校长满意度不高的产权分析

通过调查研究发现,校长对现有学校教育督导的实施过程、结果的认可程度普遍不高,接受调查的对象中,41%认为学校教育督导对学校发展作用不大,造成这一结果的影响因素复杂多样,但从分析数据看,主要原因是学校教育督导过程中学校主体性严重缺失引发的"制度失调"。在这种失调的教育制度安排下,学校教育督导机构与学校之间是一种"督"与"被督"的关系,学校处于完全被动的地位。在学校教育督导过程中,无论是督导方案和体系的制定,还是具体的督导环节,完全由教育督导机构决定,学校只需按照督导机构的要求准备即可,没有发表意见的机会。即使是学校自评,其自评指标也完全由督导机构制定,失去了学校自评的意义,成为一种不得不走的形式。另外,学校教育督导机构的工作方式以"督"为主,指导性不够。督导机构把教育督导看作是对学校的诊断和评价,而不是指导和促进学校发展,缺乏与学校的沟通和交流,督导工作方式以查阅资料为主,与学校教师、学生等成员的沟通交流几乎没有。学校缺乏发挥主体性的意识和能力,也缺少教育督导机构的指导。

那么,究竟又是什么导致了学校教育督导中的严重"制度失调"呢? 我们认为是教育督导机构与学校之间信任关系的缺失造成的。信任是人与人之间沟通和交往的纽带,可以降低双方交往中对彼此行为的不确定性,可以增进双方之间的了解和信息的沟通,可以促进双方的合作和相互作用,学校教育督导中的信任关系，可以从以下三个方面进行理解。

（一）教育督导机构与学校在情感上的相互信任

教育督导机构与学校在教育督导过程中的活动伴随着双方情感上的体验和感受，教育督导过程是双方在认知基础上的情感互动活动，相互信任在情感上表现为双方在督导过程中的情感联系和积极的情感体验，教育督导机构意识到学校在督导过程中的重要地位，学校则对教育督导及督导机构持重视、欢迎的态度。

（二）教育督导机构与学校在能力认知上的相互信任

能力认知上的信任是指双方通过相互的认识和了解，对彼此的品质、负责性、能力等有一个相对准确和理性的良性判断，从教育督导的发展趋势及学校发展对教育督导的需求来看，教育督导是教育督导机构与学校相互合作，共同诊断、发现学校发展过程中存在的问题，确定学校发展方向的过程，在这一过程中，对彼此承担责任的能力的信任非常重要，是双方教育督导过程中责任合理正确分配的前提。

（三）教育督导机构与学校在互动过程中的相互信任

教育督导机构与学校在情感和能力认知上的相互信任最终体现在教育督导过程中双方的互动上面，教育督导过程是为实现督导目的而进行的教育督导机构与学校之间的交往活动，在交往中双方的行为体现了彼此间在情感和责任上的相互期待，信任度越高，期待度就越高，对自己的行为和主动性积极性也会产生影响，交往过程中的互动交流就会更加的频繁，而不是一方对另一方的单向的命令或控制。

信任关系的缺失是关系双方对彼此的不信任，在学校教育督导中，信任关系缺失表现为教育督导机构对学校的不信任及学校对教育督导机构的不信任，两者之间不信任关系的存在，导致了教育督导机构的督导过度和学校在教育督导中的不作为，最终导致教育督导中学校主体性的缺失。

长期以来，在我国计划经济体制的影响下，权力集中于政府，政府习惯性地把控一切，教育督导作为教育管理的一部分，其理念和行为机制必然受到影响，加上一段时期内我国教育发展的特殊情况导致了教育督导以"督政"为主，使得教育督导机构在督导中处于绝对的主导地位，并且把"督政"的理念和方式应用于学校教育督导，想当然的，在情感上对学校产生不了积极的情感联系和体验，在能力认知上认为学校是管理和督导中的弱势一方，认为学校缺乏管理和参与督导的能力,导致督导机构在学校教育督导中管得过多、过死,影响了学校主体性的发挥。Z督学在接受访谈时说,一些督学在对学校进行督导时会进行课堂观察,课堂观察后进行反馈时,采取的方式是对教师的说教,而不是与教师的真心交流,把自己的观念强加于教师,其结果可能导致的是教师的反感而不是对课堂教学的改进。

学校对教育督导机构的不信任在情感上表现尤为强烈,在"鉴定性"教育督导过程中,许多学校的情感体验并不愉快,认为教育督导只是对学校水平高低的一个判断,教育督导机构与学校在督导中是处于"对立面"的,目的是寻找学校存在的问题。而在能力认知上,学校认为教育督导机构并不能发现学校存在的真正问题,教育督导机构的督导理念、方式和督导人员的水平都有待改进和加强,如有的校长在接受调查时表示,学校现在对教育督导的迫切需求就是希望有真正专业化的督学对学校发展进行指导和帮助,但是现在督学的专业水平都不高。在前面的问卷调查中也发现,学校对教育督导的不满意主要表现在对教育督导机构理念、工作方式方面。学校在情感和能力上对教育督导机构的不信任,导致了学校要么"小心翼翼"的对督导机构隐瞒问题,要么消极应付督导,都没有真正积极主动地参与到督导过程中,更不用说学校主动与督导机构进行沟通交流,对督导机构提出学校发展中存在的问题,或者主动要求督导机构对学校进行督导。

三、基于信任关系重建的教育督导制度创新建议

综上所述,教育督导中信任关系的缺失导致了教育督导过程中学校主体性缺失及学校督导制度的严重失调,而学校督导制度的失调又对校长满意度及教育督导效能产生了不良的影响,因此,如何重建教育督导中的信任关系对学校教育督导治理体系及治理能力的提升来说意义重大。

(一) 转变职能重心,重新定位政府教育督导机构与学校的关系

现代教育发展的趋势和政府对教育由"管理"走向"治理"的趋势都要求教育督导机构转变工作观念和工作重心,树立为学校发展服务的观念,工作职能重心由"督"转向"导",这种转变有利于改变学校对教育督导机构的认识,有利于教育督导机构与学校之间和谐平等关系的构建,为教育督导中学校主体性的发挥创造条件。

要实现这种转变,可以从以下几个方面入手。首先,教育督导机构工作

人员要充分理解什么是"服务学校发展"，理解"教育治理"与"教育管理"之间的区别，并将理解内化，做到对这一观念的真正认同。明白现在教育督导机构工作环境与以往工作环境的不同，知道如何顺应这些不同而去改变自己的工作方式和方法，明晰在这种环境下学校教育督导的主要职能是指导、服务学校发展。其次，将观念落实为行动，改变工作方式，帮助和指导学校发展。在教育督导实践中，教育督导机构要实现督导工作重心的真正转变，除了对学校贯彻落实法律法规的情况进行监督外，其职能重心要放在通过督导指导和促进学校发展方面，放在为学校的发展服务方面。具体来说，教育督导方案和指标体系是教育督导机构实施督导的指南，教育督导机构在制订督导方案和指标体系时就要秉着服务、指导学校发展的理念，注重方案和指标体系是否有利于学校的发展、是否能使学校真正参与进来，注重学校的发展规划和学校自评，并保证学校在发展规划和自评中的主导性，防止发展规划和自评的"有名无实"。

（二）做好对学校的宣传，引导学校认识和理解教育督导观念和工作方式的转变

学校长期处在"鉴定性"教育督导评估的思想和实施方式的影响下，对其的认识和理解具有惯性，短期内很难改变，这使得教育督导机构的改变很难取得效果，影响了教育督导工作的效能，更直接影响到学校主体性的发挥，因此，教育督导机构在自身得到改变之后，要做的就是引导学校的转变。

首先，配合其他教育管理部门做好对学校的宣传工作，使学校对现在自身发展的环境有一个清晰的认识，知道自身在发展和教育督导过程中都需要相应的转变。其次，尊重学校在发展中的主体性，肯定其对自身发展的愿景和目标，使学校能切身体会到自身地位的转变，这样，学校在需要发挥其主体性的地方才能积极主动，如制订学校发展规划，进行学校自评，教育督导机构在对学校发展规划和自评进行督导评估时，也要保证学校的发言权和主动权，构建双方相互交流、共同协商的平台。最后，教育督导机构在工作过程中也要审视和反思自身的工作方式，是否在服务和指导方面做到了灵活和持久。

（三）着力提升自身专业化程度，重视和引导学校督导需求

教育督导工作具有极强的专业性，要实现教育督导观念和工作方式的转变，改变学校对教育督导机构的认识，发挥学校在教育督导中的主体性，必须有专业化作保障,如指导学校制订实施发展规划时,光有热情和耐心而无专业化水平是不行的。在现在的教育督导机构中,由于督学的编制等现实问题,督学岗位缺乏吸引力,成为督学的人员在专业知识和能力上离条例的要求还比较远,远远无法满足教育督导实际发展的需要。针对这一现实,政府及教育督导机构还需要采取更多的措施解决督学任用中的实际问题,以增强督学岗位的吸引力,吸纳更多专业化水平高的人员担任督学。

学校的"督导需求",是指学校在自身发展过程中和自我评估的环节发现、诊断出了阻碍学校发展的困难和瓶颈问题,并且在督导中向督导机构和督导人员提出,希望督导机构及人员能够给与学校指导和帮助,提出破解难题、突破瓶颈的有效对策,促进学校发展①,学校提出督导需求,是学校信任督导机构、主动参与督导的重要体现,也是督导机构开展督导工作的重要入手点之一,督导机构要重视并有效回应学校的督导需求,这样,有利于增强学校在情感和能力认知上对督导机构的信任,鼓励学校主动参与教育督导,提高督导效能。

在教育督导实践中,大部分情况下,由于学校自身水平限制等种种原因,学校并不能明确地发现或提出自己的督导需求,这时,督导机构及其人员如果能帮助学校发现或引导学校提出督导需求,对于学校主动参与督导、提高督导效能来说也有非常重要的作用。

(四) 中小学校自身要树立发展自信、提高自身水平

第一,学校要树立自主发展的意识,认识到自身的主体性地位和作用。教育督导中学校主体性的缺失原因从学校方面来说,根源是学校自身没有主体性意识,再进一步说,因为学校在学校管理中就缺乏主体性的意识,认为学校不过是被管理的对象。在新的教育发展环境下,学校一方要对国家的政策做更多的思考和研究,树立主动发展的意识,主动积极的开展管理工作。在教育督导过程中,学校可以主动与教育督导机构进行沟通交流,提出自己在发展中的问题和困惑,把握主动地位。

第二,学校要重视学校发展规划和自评,提高在这两方面的能力。学校在教育督导过程中的主体性主要体现在学校发展规划的制定实施和学校自评两个方面。对于学校发展规划,学校首先要意识到其制定是为了推动学

---

① 袁继刚.发展性教育督导与学校的督导需求[J].浦东教育,2012(4):25-27.

校的发展,而不只是应付督导机构和方案的要求。其次,学校要在指定发展规划方面下功夫。学校规划的编制主体必须包括学校各个方面的人员,具有广泛性,编制主体可以形成团队,包括学校管理者、教师代表、学生代表、家长代表、负责指导的督学,必要时可以外请规划编制方面的专家,这样就既保证了广泛性,使学校各个方面的情况都能有所反应,又保证了专业性。规划制定过程中要有民主的环境,保证每个代表都能畅所欲言,而不是有所保留,或者是有话不敢说,有意见不能提。发展规划的制定要实事求是,立足于学校发展的特色,扬长避短,使学校的优势能得到最大的发挥。规划的实施要一步一步进行,保证责任落实到人。

对于学校自评,学校要意识到自评是学校自我诊断、发现问题、改进问题以及寻求督学指导和帮助的良好契机。学校要建立自评工作方案和指标体系,按照方案和指标规范自评。其指标体系的编制要依据学校发展规划和国家法律法规政策的要求制定。首先成立学校自评小组,小组成员最好包括制订发展规划的成员类型,保证自评主体的广泛性。要对自评小组的成员进行相应的培训,使自评规范专业。其次,依据自评指标实施自评,自评过程最好与学校的日常管理相结合,使自评结果更有针对性。最后,对于自评结果,学校要做到实事求是,不隐瞒问题,根据自评结果寻求帮助或对学校工作进行改进。学校在自评过程中也要保持与教育督导机构的沟通交流,提高自评工作的效能。

第十章

教育治理中教师人力资本产权保护与激励机制研究

一、基层教师缘何工作"忙、盲、茫"

或许在很多人眼中,中小学教师是一份清闲的"旱涝保收"的工作。其实,真正走进他们的日常生活和内心感受时,就会发现,一线中小学教师大多会陷入"忙、盲、茫"之工作境地。2018年上半年,杭州市拱墅区进行了一次"校长教师专业外负担在线问卷调查",从回收的问卷来看,家校联系、论文课题、会议活动、考核评比都给教师们带来不少专业外的负担。

基层教师们工作"忙"的背后,是职业生存处境和劳动样态的"盲"和"茫"。"盲"是指教师时常处在教育改革过程中各种教师工作相关者的"指挥"夹缝中,政府的督查、家长的抱怨或者学者的教导,各种权力话语竞相登场,搞得教师有时会不知道东西南北。"茫"指教师对自身的专业发展和教育的未来感到不够清晰,没有时间加大教学研究和自身发展,缺乏专业自信,对自己教育工作的价值感到焦虑。

笔者近期进行的河南、江西、山东、安徽四省504位在岗乡村中小学教师的抽样调查和职业认同感测评显示,样本中乡村教师职业认同感总水平中等略低,在不同方面呈现较大差异。例如,职业价值认同水平处于高水平,工作满意度认同水平中等略高,学校支持满意度认同中等偏低,职业回报和职业生存状况这两方面的认同水平都较低,乡村教师职业认同感呈急速失衡状态。

质言之,当前教师职业认同感下降和幸福感缺失不断加剧,既有社会转型过程中短期功利主义盛行和社会不良风气导致的师道衰落，也有教师个体职业能力差异导致的教师心理焦虑等原因。但根本原因在于教师工作边界的模糊。

（一）教师工作边界模糊的表现

第一，是教师工作时间边界的模糊。教师劳动不是一般的体力劳动，而是一种复杂的创新性劳动。教师当前面临的教学工作以外的事情太多，各种各样的"表哥""表叔"占据了教师大量的时间，各式各样的评比、会议花样繁多，使教师根本没有时间打磨出精品课程，更没有时间提升自己的专业能力。

第二，是教师工作内容边界的模糊。教师的核心工作是教书育人，搞好教学是其根本，课堂教学是其主阵地，教师的工作重心也应围绕搞好学科教学和专业发展来做。事实上，基层教师的日常工作终日为诸多非教学工作围绕，有学校规定班主任教师要照顾孩子睡觉的，有行政部门强行规定教师在工作时间去搞乡村精准扶贫的。这些来自非教育教学工作的"打扰"，让教师成为忙前忙后、任人指使的转盘珠子，既分散了本应集中在教育教学上的精力，更无暇关注自身的专业化发展。

第三，是教师责任边界的模糊。前面所述"被困在厕所里的教师"和"都是蚊子惹的祸"这两则故事一语道破当前教育治理的无序和尴尬。两则故事旨在表明，在"教育万能"和"教师无敌"不良教育观念的左右下，学校成了名不符实的无限责任公司，任课教师更是无限责任人。在学校教育过程中教师究竟该负哪些责任，不该负哪些责任，现在搞得越来越模糊，但凡学生在学习和活动中出现的任何差错和闪失都要由学校和教师负责，既不合法，更不合理。如同我们给学校和教师套上太多的枷锁，让他们戴着镣铐舞蹈，何其难也。

第四，是教师权利边界的模糊。长期以来，我们做制度设计与建构时，对教师的人性假设不是用常人或有限理性人的标准去设定，而是用一种圣人、超人的标准和价值去要求、约束。久而久之，教师便成为只有责任、义务和奉献而没有权利索取的"空心人"。在国家现有的教育法律规定的教师诸多权利中，对犯错学生进行批评教导的权利应是教师职业活动赖以进行的最日常的权利，而这一权利的落实却不断遭到"护子心切"的家长们的肆意挑战。

第五，是教师职业道德边界的模糊。教师劳动是一项复杂的创造性、服务性劳动，相比欧美发达国家对教师的职业伦理要求，我国教师职业道德要求过高，并将教师职业道德与个人道德混为一谈，相互捆绑，进而成为教师身上一个"枷锁"，给教师工作带来很大的精神负担和压力。笔者认为，教师职业既是度人的过程，也是度己的过程，教师本身也是受教育者，因此，教师职业道德不是"喊"出来的，也不是"罚"出来的，而是"炼"出来和"悟"出来的。尽力把书教好并享受教书育人之乐是教师最大的职业道德。

（二）教师工作边界模糊的产权透析

究竟是什么造成当前教师工作时间、内容、责任、权利和道德边界的模糊呢？究其根源是教师的教育产权安排得不清晰。何谓产权？简而言之，就是社会运行过程中受到法律保护的人与物和人与人之间交往的基本规则。教育产权，系指教育产权主体或教育利益相关者围绕着教育财产与教育行为选择的财产权利关系和行为权利关系。其中，教育财产主要由教育资产产权和教育资本产权两个方面构成，前者一方面包括用于教育教学的房屋、土地、设施和物品等"硬产权"；另一方面包括教育经费、政策、制度、知识、品牌、服务、师资、生源等"软产权"；后者的教育行为权利关系指教育利益主体诸如政党、政府、校长、教师、学生、家长、社会团体的教育行为及活动的自主选择的权责利。具体包括政党和政府及其代理者的教育领导督导的权利与责任；校长教育决策、领导与执行的权利与责任；教师教学、研究、管理的权利与责任；学生学习行为选择的权利与责任；家长的择校权、参与权、知情权和监督评价权及相关责任等。

纵观我国四十多年改革开放进程中，经济社会变化在前，人们的观念、制度的变革却相对滞后。从计划经济体制到市场经济体制的客观环境变化和国家政策的不断调整，使教育领域经历了前所未有的巨大变革。市场经济体制改革带来的最大变化是人和组织都成为独立的主体，在充满竞争的市场环境中追求独立、自主和发展。这种独立主体存在的基础是主体间产权关系的清晰界定、有效运行和法律保护。产权是社会主义市场成熟的先决条件，由产权界定清晰和流转通畅而理顺政府、学校、社会和教师、学生的责、权、利关系，为独立的教育主体的发展创造基础条件，活化激励和竞争机制，让市场机制在需要和适宜发挥作用的领域淋漓尽致地发挥作用，如此建立起明晰和合理的学校及教师教育产权制度，才能真正建立现代化的教育治理体系和教育治理能力。

综上所述，教师工作边界的模糊，其实质是学校和教师的教育产权边界的不清晰、不作为造成的。所谓教师教育产权的不明晰，是指教师与学生、教师与学校的教育产权关系没有厘清。比如，教师有没有正当的休息权和健康体检权？教师有没有批评教育学生的权利以及参与学校管理的权利？学生究竟是为谁而学？而教师教育产权规则的不作为是指教师与学校及学生之间的基本产权规则没有建立起来，比如，教师对非教学活动和加班活动是否可以说不？当教师权利受到不公对待和伤害时，如何寻求救济等。两者突出表现为学校和教师自主权的缺失以及学校、教师教育责任巨大带来的权责不对称和不合理。与此相对应的是教育行政权的僭越和家长自主权的滥用。学校和教师教育产权的明晰和有效运行需要法律和学校章程等制度安排的不断改革与完善，而这将是一个漫长而艰难的过程。

（三）理清教师工作边界，还原学校和教师教育工作本质

关于厘清教师工作边界，促进教师专业队伍的可持续发展，各级政府也一直在努力。但最大的问题就是教师减负政策往往是说得多，做得少。一个好的政策文本一方面要具有良好的政策目标、政策意图；另一方面还要给人们带来具有现实意义的方法技术。换句话说，具体的操作性指示越多，政策就越容易执行。若政策的描述模糊不清，无疑会使减负行动的方向越来越模糊，政策的执行者也会采取各种各样的"变通"，使得政策本身失去意义。

首先，要下气力给学校减负，尽全力给教师支持。基层学校上级各单位、各部门布置的工作任务，由相应职能科室、直属单位先行甄别，根据工作任务性质、类别进行筛选过滤后再下发到学校，减轻学校工作负担。一方面要精简会议，限制数量和时间；另一方面要为教师减轻科研压力，分层分类，指向聚焦。科研任务要求分层布置，鼓励不同年龄段、不同层次教师量力而行、自愿选择，科研工作主要指向学校龙头课题，减少考核，侧重奖励。再者，开展作业研究，精选精批，形式多样。在坚持"一本作业本"的前提下，教师要探索多种形式的作业研究，以"作业布置精选，精选作业精批"为基本要求，完善必做、选做的作业分层布置，可以探索学生多元化作业评价体系。提倡重心前移，合理减少批改时间，增加备课时间，提倡前瞻性研究，减少弥补性辅导。

此外,减少过度、过滥的家校微信群沟通,提倡电话交流或约谈。要求每个班级只能建立一个由班主任管理的家长微信群,反对各任课教师建立各学科家长群。群内以转发重要通知、布置重点事项为主要功能,减少回复,减少群内的个别学生评价和小范围长时间交流,提倡在工作时间电话交流、家长到校约谈或家访。

其次,要做好教师工作边界顶层制度设计。进一步完善《中华人民共和国教育法》、出台"学校法"以及制定和完善学校章程,对教师的工作时间和工作量做出具体规定。比如,《中华人民共和国教师法》中对于教师权利救济的规定不够明晰,这影响了学校章程中关于教师权利救济问题的规定。其一,《中华人民共和国教师法》规定:"教师权利受到侵犯时,可寻求的救济途径有行政申诉、行政复议、人事争议仲裁、信访及诉讼五种。"只是规定了教师在权利受到侵犯时有申诉的权利,没有提及其他的救济途径。其二,申诉的部门不明确。教师法规定了教师申诉的机关为"有关部门",这种规定具有不明确性。虽然,普遍认为"有关部门"为教育行政部门,但是,教育行政部门并没有具体的机构和人员来接受教师的申诉。其三,申诉的程序、申诉的范围的规定存在缺失。教育法中对教师进行申诉的程序及范围均没有做出规定。其四,建立教师过度劳动问责机制,有助于培育提升广大教师的专业能力与专业自觉。"问责"应该面向两个方面,一是指向对教师的保护,二是指向对教师的监督。我们要明确教师责任,同样也要维护教师权益,首先,要加大对侵害教师基本权利的公共事件的问责力度,对伤害和妨碍教师正常工作的行为必须零容忍,关心、理解、体贴教师的辛劳并切实帮助教师解决生活与工作中的合理诉求和实际困难,形成尊师重教的良好社会风气,保护老师的正当权益,使老师安心执教。

二、绩效工资如何设计才能有效激励老师

研究中小学教师工资保障与激励问题不得不反思教师这种职业劳动的特点。中小学教师的劳动与其他行业相比,具有其自身特点。一方面,教师的劳动是以个体为主的专业劳动。另一方面,教师劳动是复杂的创造性劳动。教师劳动是见效缓慢而效用长久的劳动。因此,教师工资的制定必须考虑教师复杂脑力劳动的特点,必须贯彻按劳分配原则。

中华人民共和国成立初期,我国奉行脑力劳动和体力劳动者收入持平

的"超公平"分配政策，各地区制定的工资标准，教师工资与工人工资大体相当，这种工资标准的设计失去调节脑、体力劳动差距的作用。之后，各大行政区对单位工资制度进行初步改革，学校教师开始实行职务等级工资，教师工资与体力劳动者的差距有所扩大。比如1956年，以六类地区为例，大学助教的最低工资为62元，教授最高工资为345元，中学教师最低工资为42.5元，最高为149.5元。而机械工人的最低工资为33元，最高工资为104元。[①]

值得注意的是，1977年以后，中国开始出现了教师与体力劳动者收入"脑体倒挂"的严重怪象。虽然教师的基本工资与体力劳动者不相上下，但后者的奖金、津贴等收入远远高于教师。据国家统计局统计，1978年全国全民所有制12行业工资排名，教育部门倒数第一。此后，政府采取了一些措施努力来改善教师的工资待遇。1993年10月1日，党中央和国务院决定实施包括中小学在内的事业单位的工资制度改革。新的中小学工资制度总称为中小学职务（技术）等级工资制，即在教师的工资总量构成中，职务工资占70%，津贴部分占30%。由于新工资制度在整体实质性教师工资水平上没有大幅提高以及具体津贴发放上的随意倾向，这种工资制度仍然没有解决教师"吃大锅饭"的现象，教师尤其是骨干教师和青年教师的工作积极性还是受到制度的抑制。总之，中小学教师工资偏低，内部分配不公的问题依然没有解决。

（一）教师工资与其他行业的差别

毫无疑问，工资待遇低是我国教师社会地位的重要标志，这也是很多年轻人不愿意从事教师职业的一个现实动因。据国家统计局资料，1978年教师平均工资545元，在所有15个行业中列13位，比第1位的电力业少305元，比各行业平均数少70元。1995年教师平均工资5435元，在16个行业中仍列第13位，比第1位的电力业少2408元，比各行业平均数少65元。[②]

显而易见，我国教师属于低收入阶层。改革开放以来，党和政府不断提高教师的社会地位，用法律形式确认教师工资的比较价位。那么我们来看看近年来教师工资与其他工作工资的相对情况。据《中华人民共和国1999

---

① 王玉昆.教育经济学[M].北京：华文出版社，1998：277.
② 贝清华.简析我国教师队伍的现状与原因[J].教书育人，2001(8)：36-37.

年国民经济和社会发展统计公报》的信息计算,1999 年全国教职工年均工资是全国城镇人口人均可支配收入的 1.448 倍;1999 年全国小学教师年均工资是全国城镇人口人均可支配收入的 1.288 倍;中学教师年均工资是全国城镇人口人均可支配收入的 1.433 倍;全国高校教师年均工资是全国城镇人口人均可支配收入的 1.996 倍。据《1999 年度劳动和社会保障事业发展统计公报》的信息计算,1999 年全国教职工年均工资 8 474 元,比 1999 年全国城镇在岗职工平均工资为 8 346 元高 128 元,高 1.53%。小学教师年均工资 7 540 元,比全国城镇在岗职工平均工资 8 346 元低 9.66%;全国中学教师年均工资 8 390 元,比全国城镇在岗职工平均工资 8 346 元高 0.53%;全国高校教师年均工资 11 683 元,比全国城镇在岗职工平均工资 8 346 元高 39.98%。

2001 年,全国高校教职工年平均工资为 18 054 元,比 2000 年增长 3 856 元,增幅达 27.16%。全国中小学教职工年平均工资 2001 年为 10 194 元,是改革开放初期的近两倍。而《中华人民共和国 2001 年国民经济和社会发展统计公报》显示,2001 年全年全国城镇居民人均可支配收入 6 860 元,比上年实际增长 8.5%。全国农村居民人均纯收入 2 366 元,实际增长 4.2%。根据以上信息计算,2001 年,全国高校教职工年平均工资为 18 054 元,是 2001 年全年全国城镇居民人均可支配收入 6 860 元的 2.63 倍;全国中小学教职工年平均工资为 10 194 元,是全年全国城镇居民人均可支配收入 6 860 元的 1.49 倍。根据《2001 年度劳动和社会保障事业发展统计公报》的信息计算,2001 年,全国高校教职工年平均工资为 18 054 元,比 2001 年全国城镇在岗职工平均工资 10 870 元高 66.09%,全国中小学教职工年平均工资 2001 年为 10 194 元,比全国城镇在岗职工平均工资 10 870 元低 6.22%。

可见,虽然国家政策致力于提高教师的工资,从普遍收入上来看,中小学教师的工资涨幅没有其他行业快,导致 1999 年比平均工资高的中学教师工资在 2001 年的时候反而低于平均工资。

2003 年,全国高校和中小学教职工年平均工资分别达到 23 307 元和 13 293 元,分别是当年全国城镇居民人均可支配收入 8 472 元的 2.75 倍和 1.57 倍。

2003 年全年全国公务员的平均工资为 15 487 元,在全国 10 多个行业的职工平均工资中,公务员的平均工资排名处于中下位次。而 2003 年,全国高校教职工年平均工资 23 307 元,比全国公务员的平均工资为 15 487 元高

50.49%；全国中小学教职工年平均工资 13 293 元比全国公务员的平均工资为 15 487 元低 14.17%。全国高校教职工年平均工资 23 307 元比全国城镇单位在岗职工平均工资 14 040 元高 66%，比 2003 年全年全国国有单位在岗职工平均工资 14 577 元高 59.9%。全国中小学教职工年平均工资 13 293 元，比 2003 年全年全国城镇单位在岗职工平均工资 14 040 元低 5.32%，比 2003 年全年全国国有单位在岗职工平均工资 14 577 元低 8.8%。显而易见，中小学教职工工资还是比其他职工工资低，当时教师工资低的问题一直没有得到改善。

2006 年，教育部、财政部、人事部以及中央编办等四部委联合下发《关于实施农村义务教育阶段学校教师特设岗位计划的通知》，确定从 2006 年起，用 5 年的时间实施农村义务教育阶段学校教师特设岗位计划，以逐步解决农村学校师资总量不足和结构不合理等问题，特设岗位教师聘期为 3 年。中央财政设立专项资金，用于特设岗位教师的工资性支出，并按人均年 1.5 万元的标准，与地方财政据实结算。国家确定，特设岗位教师在聘任期间，执行国家统一的工资制度和标准；其他津贴补贴由各地根据当地同等条件公办教师年收入水平和中央补助水平综合确定。凡特设岗位教师工资性年收入水平高于 1.5 万元的，高出部分由地方政府承担。

我们可以把全国农村中小学教师 2005 年年工资水平理解为 1.5 万元左右。因为《中华人民共和国 2005 年国民经济和社会发展统计公报》显示，农村义务教育阶段学校特设岗位教师的工资性支出人均年 1.5 万元，是 2005 年全国城镇居民人均可支配收入 10 493 元的 1.43 倍。

从 1999 年到 2005 年，高校教师工资一直高于平均工资，而中小学教师工资一直到 2005 年才开始高于平均工资。可见中小学教师工资低的问题是一直存在的，而政府也在重视此问题的同时做了政策上的相应调整，就近两年的情况来看，教师工资已开始逐步向公务员工资靠拢和看齐，有了很大的改善，但未来的改革之路仍然任重道远。

（二）建立和完善中小学教师绩效工资制度

针对上述这些问题，中国中小学教师工资制度必须要进行效率与公平兼顾的机制改革。其中，进行绩效工资制度改革是一个重要选择。所谓"绩效工资制度"是指依据个人或组织的工作绩效，在对个人或组织工作绩效评估的基础上而发放工资的一种工资制度。它建立在员工的绩效和工作行为、态度进行有效绩效评估基础上,关注的重点是工作的"产出量"及实际工作效果等。

笔者认为,为公平和有效建立和完善我国义务教育教师绩效工资制度,第一,要论证与确定义务教育的公共产品属性性质。尽管关于义务教育的产品属性学术界还有不同的意见,比如有的人认为是纯公共产品,有的人认为是非公共产品或准公共产品。但是,从中国发展战略与教育发展的大背景来讲,义务教育在中国应当成为一种纯公共产品。既然义务教育属于一种关涉国计民生的纯公共产品,必然存在着政府教育成本负担的刚性问题,而这一问题的解决又取决于我国政府现有的财政能力。

第二,即使义务教育是公共产品,也要推行政府供给方式的改革。基于新公共管理理论,建立既体现政府的必要干预,又体现学校合理自主权的绩效工资管理体制。落实全员聘任制和岗位管理制度,为岗位工资的顺利推行奠定基础。表现在教师工资方面,就是确定教师工资必须尊重市场经济规律,加强特定薪酬激励方式的探索,明晰对贫困地区、优秀人才和关键岗位的工资倾斜政策。比如教师工资构成中,基础性工资占70%,而绩效工资至少占30%的比例。

第三,在工资制度改革上实行分类管理和分类付酬方式,同时构建义务教育教师绩效工资的经费保障、法律保障及舆论支持机制。

第四,最为关键的是建立科学合理的教师工作绩效评价体系。义务教育中小学校为了有效实施绩效工资制度,必须对教师的工作职责的完成程度与效果,以及义务教育阶段中小学老师的综合水平(德、能、勤、绩方面)加大量化标准的制定与考核,确定教师评价标准时,应当尽量确保评价标准的可操作性。保障标准可操作性的方法之一就是标准的阐述不要过于模糊。例如中国骨干教师评价标准中,认为骨干教师应当忠诚人民的事业、有较强的语言表达能力、教学效果良好、具有较强的创新开拓精神和科研意识等等,在这些评价标准中,如何界定"忠诚""较强""良好"等词语呢? 很难有一个相对客观的标准,因此在实际操作中,往往会增加评价者的工作难度。同样的,根据这些标准进行的教师评价,也很难得到被评价者的认同。评价的作用、评价的效果将大打折扣。

需要注意的是,要确保评价标准的可操作性,在制定具体的评价目标时需要遵循以下原则。①具体:根据学科内容和学生状况制定具体的目标;

②可测量的：根据教学选择适当的评价目标模式；③可实现的：教师能控制目标的实现；④现实的：目标对于教师来说是适当的；⑤可按时完成的：目标要在一个学年内完成。下面是一位教师的目标具体描述：在本学年，100%的学生在数学上取得可测量的进步。80%的学生达到或超过年终的数学考试分数段。（四年级）参加几何Ⅱ学习的10名同学中，有8人能在期中考试中获得"C"或更高的分数，并形成一定的批判思维能力。

但是，虽然上面的评价标准有着可以测量的数字，数字背后的内容却是很难测量。例如形成一定的批判思维能力，这种能力该如何测量呢？我们同样应当避免的是评价标准的描述过细、过分量化。过细的评价标准容易使评价失去弹性，同时也抹杀了评价的真实目的。例如，某重点中学关于教师的教学常规有这样的一条要求：教师要在上课前2分钟，左手（或右手）平托教案教材在教室门口面向室内立正候课。铃声一响，步入教室，面向学生，侧身登上讲台……讲课姿势要稳健协调，动作幅度要大小适中。又如，"每学期要去图书馆16次，撰写读书日记5万字以上。""每周要听课两节，参加评课一节。"这种过细的评价标准，很容易让教师厌倦，也使评价流于形式，而失去本真。过细的量化评价标准并不能体现教师教育、教学、科研工作的实际水平，而且操作性很差。我们应当明确，并不是所有的因素都可以量化的。在教师的实际工作中，存在大量不能量化或不易量化的因素。指标的绝对化并不意味着评价活动的科学性。要知道，离开对事物质的把握而单纯追求可操作性的量，恰恰违背了科学的基本精神。

当前教师业绩考评已经成为现代国内外教育管理体制改革过程中教师奖惩、晋级等工作的主要依据，并一定程度上鼓励了先进，调动了积极性。西方的实践经验也表明，在学校教师管理制度中引入竞争性的考评机制是必要的。但是，随着该制度在中国的逐步推行，从当前众多学校实施的总体效果和个案调查情况看，这种基于"经济理性主义"的教师考评制度却在考核的评价标准、评价导向、评价过程、评价方法方面暴露出许多"失策"问题，严重影响了广大教师尤其是青年教师的工作积极性，教师工作绩效考核制度的有效性和公平性面临严峻考验。

（1）在教师评价标准方面，现行教师绩效考评制度在评价标准存在上"一刀切"，偏重量化结果的"高标化"解释，忽视不同教师的客观条件和努力基础的倾向。一般学校都有一整套学生评估教师的办法，每个学期教务处都要花大量的精力组织学生评估教师。科研处也有科研究成果的登记、奖励等管理制度。评先评优大多采用无记名投票的运作机制。这样按人事处的年度考核和按教务处的学生评估方法、科研处的研究成果进行考核以及无记名投票的运作方式,经常发生冲突。因为有些教师的教学很好,但科研能力较差,而有些教师的研究成果累累,但教学效果却一般,还有一些教师的教学和科研能力都很强,但不善于处理各种人际关系,甚至有些教师的教学及科研能力都很差,但善于左右逢源,按人事处的年度考核还能评上"优秀"等次。用多种考核体系来评价同一个人,必然会产生一个问题:到底以哪一种考核体系为准? 多种考核体系同时并存客观上促使"文人相轻",导致人们为了某种荣誉或经济利益而各执一词,相互不服气,从而引发程度不同的"内耗"。

(2) 教师绩效考评在价值导向上鼓励性不足,而逼迫性有余,存在"为评价而评价"的短期行为。在教师年度评价的量化指标中,科研成果、科研经费在教师评价中权重很大,教师的奖励、升职、待遇、地位却与此息息相关。这样,个别教师难免会在经济利益驱动下,设法发表了一些论文,甚至抄袭剽窃他人学术成果,以提高自己的科研得分,最终滑向了学术腐败。学校年度考核的目的到底是为了区分优劣,还是为了不断改进工作,这是两种完全不同的指导思想,也必然会产生截然不同的考核效果。

(3) 教师绩效考评制度在具体执行中机械分配名额,评价过程的"失真"现象较为突出。目前许多学校对各独立的考核单位的优秀名额实行"一刀切",统一按编制实有人员的 15% 机械分配。85% 为合格、不合格。而操作中确因某人违法乱纪,学校实在不得不定其不合格,否则 85% 全为合格,久而久之,便形成了合格平台。近年来,这种评价现象主要表现为以下倾向:平均主义。有的学校为了"缓和矛盾",评选优秀每年"轮流"安排,形成"你优我优他也优"的现象,优秀不优。有的高校评选优秀时不管三七二十一,采用无记名投票,简单地按照票数的高低确定"优秀"。结果能说会道、人际关系好、工作并不出色的教师常常被评为优秀,而工作出色却因为讲原则等因素"人缘不佳"者往往与优秀无缘。由于考核结果日益成为评聘职称、晋升职务的一个重要条件,部分部门每年便为当年急需"优秀"的人开绿灯,"急人所急",形成"评以致用"。上述这些年度考核存在的失真问题,影响了教师年度考核的公平理论,损害了考核的权威性、严肃性,使考核缺失了应有的作用。

（4）在教师评价方法方面，现行的教师绩效考评制度对考评者的选择不够规范，考核周期短、考核信息反馈滞后。高校教师年度考核的效果不仅取决于考核体系的设计，还依赖考核方法的选择和实施过程的具体操作。考核内容的设计再好，如果操作不当也难以达到预定的效果。要搞好年度考核，至少应该做好两件事情：其一，对全体考核人员进行实际操作前的动员，说明年度考核的目的、内容、方法、要求以及考评结果的运用方式，从而消除抵制情绪和抗拒心理；其二，每个被考核对象应该实事求是地介绍本人一年来的工作成绩和缺点，以便其他考核者进行正确评估。然而，一些学校实际执行的情况并非如此，往往是草率行事。尽管一些学校人事部门也要求规范操作，但由于缺乏一个有效的监督机制，实际的操作则大打折扣。学生评教师、给教师打分则是教师评价的常用方式。但在实施过程中也存在一些"变了味"的因素，比如：有些学校考评工作安排不当，在教师面前随堂考评，这样一些学生就会抱着"你好我好大家好"的态度去打分；有的学生尽管对教师有意见，但怕教师给自己"穿小鞋"，只好违心地打高分。教学科研工作具有周期性和长期性特点，与年度考核的短期性有矛盾，教学科研工作质量标准难以确定，学术价值难以量化计算。在教师年度考核中如何将短期评价和长期评价结合起来是个难点。教师评价最终的目的是为了提高教师的教育教学能力和学术水平，因此，反馈评价信息是关键环节。评价结果的使用价值是评价的生命力所在，否则就失去了评价的实际意义。目前一年一度的教师考评活动轰轰烈烈开展以后，各院系及时上交了评价结果，但反馈信息却不能及时传达。有的反馈太迟，使教师错过了改过的机会；有的反馈信息不明确，使教师无从改进；有的甚至杳无音信，使得教师不知道自己到底处于什么位置。

综上所述，从社会现实主义的分析视角来看，我国目前实施的学校教师年度考核实践，存在着一种重评价管理价值而轻教师个体发展价值、重教师绩效"量"的考核而轻教师工作"质"的评价的工具主义的和唯实证主义教育评价模式。这种绩效考评制度之所以会出现以上低效问题，究其根源是教师考核制度设计的价值偏执和制度缺失造成的。

第一，对教师考评制度的本质认识不到位。一方面是一些基层学校领导缺乏对考核工作重要性的充分认识，把教师年度考核作为一项任务来完成,停留在布置工作、完成任务上。年终考核时发发文件,开开会,填填表格,投投票,导致以投票代替评议、考核。另一方面,是许多学校教师自身也认识不到位。目前的教师年度考核,许多教师认为是搞形式、走过场,抱着考核就是评"优秀"反正与我无关的心态。更为严重的是许多教师应付年度考核。目前许多教师把所写的考核总结存在电脑里,每年年终考核时改改总结的时间,而内容格式日久天长几乎形成"八股文"式的固定格式。因此,学校各级领导要进一步提高对教师年度考核工作重要性的认识,充分认识到教师年度考核对其工作的激励作用,对提高教学、管理、科研水平的促进作用。同时,学校领导要把教师年度考核工作作为一项重要工作来抓,提到议事日程上来,不断分析、总结年度考核新情况、新问题。一线教师更要认识到教师年度考核在学校发展中的重要作用。对教师个体来说,年度考核不仅仅是一种反馈机制,是奖金、薪酬分配的决定因素,其目的是促进教师的专业发展与教学效能的提高。

第二,是教师绩效考核的基础性制度缺失。在公办学校教师年度考核方面,目前全国还没有专门针对不同学校特点的年度考核方面的文件出台,更没有根据普通学校与职业学校的特点按教学、科研和管理人员进行分类来制定的相关文件。据调查,全国学校目前普遍采用《事业单位工作人员考核暂行规定》实施考核,不考虑学校教师专业特点,生搬硬套国家公务员的考核内容和办法,其结果往往是张冠李戴,弄巧成拙。学校是培养人的地方,和国家行政机关在工作性质上有着本质区别。另外,学校教师年度考核中最主要的指标"工作数量"和"工作质量"也缺乏可操作性的具体标准。很少的内部单位具有比较完备的工作规范,大多数内部单位只有一些残缺不全的条文,甚至有些内部单位长期处于"真空"状态。很显然,在教职员工并不明确各自职责的情况下,进行相互考核,只能是跟着感觉走。

第三,忽视教师评价本身的多元化和复杂性。学校教师年度考核依据的《事业单位工作人员考核暂行规定》的考核指标体系虽然规定从德、能、勤、绩四个方面来考核,同时也提出了考核的重点,但面对日益发展的教育生态,其考核内容比较宽泛,考核标准模糊,考核分类不科学,考核指标的具体量化缺乏科学性,具体操作起来极为困难。因此,要建立完善的科学的考核指标体系,一方面要科学地划分考核类别,按照学校教师工作的特点,将教学、科研岗位与管理岗位分类严格划分,从而有效地减少单位、部门内的

"人情优"，扼制单位、部门内部拉帮结派等不正之风。同时，对于不同类型的学校，也要有所区分。为了全面提升教育教学质量、鼓励教师上讲台，考评体系应当区别对待、分类指导。教师可以制订教学、科研或教学兼科研的不同考评指标，由教师自愿选择。另一方面，要合理地划分考核层次。考核应按照管理权限分级进行，将同级人员放在一起既增加了考核的可比性，又避免了不同级别人员放到一起而产生的不公平现象。在具体的教师考核方法方面，为了使考核工作做到既科学又易于操作，要将易于定性的采用定性的方法，易于定量的采用定量的方法，并将两者结合起来，做到定性考核以定量考核为基础，定量考核以定性考核为目的。同时，加大日常考核力度，实行平时考核与年度考核相结合。此外，还要实行领导考核与群众考核相结合。教师考评制度的成败往往取决于教师在评价过程中的坦诚程度和参与程度。如果把教师的评价制度落实到提高教师专业水准和完善教学状况上，教师的评价过程必须建立在评价者和被评价者双方相互信任的基础之上。

质言之，我国义务教育阶段绩效工资政策实施十多年以来，包括非义务教育阶段各地学校陆续效仿纷纷实施绩效工资，在提高教师工资、激发教师工作积极性上起到了一定作用。同时应认识到，绩效工资分配考核是一个系统工程，涉及教职工切身利益，工作量大，政策性强，牵涉面广，具有高度复杂性和专业性，在实施过程中同样显露出各种各样的执行问题，需要在实践中不断改进。建议各省、直辖市、自治区和学校进一步建立完善绩效工资制度体系；充分认识中小学绩效工资分配的核心要义，明确绩效工资增资不是简单的加工资，务必将增资与业务工作紧密结合，确保重点任务推进，推动教育改革发展重点热点难点问题取得突破；准确把握和更新教师收入分配的理念，加大宣传和正面引导，形成绩效工资分配考核的良好氛围。

第一，政策认识上要注重"三个相适应"、实现"三个转变"和推进"两个统筹"。一是注重"三个相适应"，即教师绩效工资分配要与教师的实绩贡献相适应、与学校教育教学特点和规律相适应、与有效约束和激励教师相适应。通过绩效工资分配，营造"薪随事转、多劳多得、优绩优酬"的氛围，让激励贯穿收入分配的全过程。二是实现"三个转变"，即变"人均均摊"为"总量统筹"，坚持总量增资，明确绩效工资不是人均增加，而是在核定的总量内按劳分配，按业绩分配，强化以投入的总量进行绩效管理的理念，做好总量的文章;变"增量简单叠加"为"增量撬动存量",以增加总量为契机进一步加大考核和激励的力度,学校要根据工资总额和任务变化情况,动态调整绩效工资分配方案;变"增资部分普加"为"向承担重点难点任务倾斜",把教师实绩和考核结果纳入考量,不以职务职称简单划分等次,切实体现优绩优酬并向重点人群倾斜。三是推进"两个统筹",明确各县区级统筹总量为本县区学校绩效工资总量的10%,区县教育行政部门根据学校年度发展进步情况,加大对学校绩效奖励力度。通过加强对学校年度绩效考核奖励合理拉开学校差距,营造校校争先、改革进取的氛围。学校层面,搞活分配的总量不低于本校绩效工资总量的50%,对承担重点改革任务的教师予以重点奖励。

第二,鼓励开展学校年度考核,破解校际大锅饭,设立学校年度工作考核奖,构建全方位考核评价体系。在上级教育行政部门对学校间绩效考核分配时,鼓励教育行政部门激发学校活力,要求对区域内学校实施绩效工资的情况进行系统设计、分类分层与捆绑考核相结合,构建全方位考核评价体系。按照分类、量化、综合、发展性及共性目标与个性目标、日常教育教学管理与党建责任落实等相结合的原则,地方教育行政部门每年可以从三个层面细化各级各类学校单位及教职工、领导干部年度考核办法,并跟进学校规范化办学及重点工作落实、教师工作量管理、教师职称制度改革和岗位聘任等要求,考核结果分类设置又紧密联系。其中,学校办学业绩、发展水平、年度工作考核结果与学校绩效奖励经费分配额度、领导干部个人年度工作考核奖励、教职工年度考核评优比例分配等相捆绑,有奖有扣。考核优秀、考核合格的学校,其实际可支配使用的绩效奖励分配总量分别达到财政核拨数的120%、110%左右。考核未达到合格等级的学校,其实际可支配使用的绩效奖励分配总量少于财政核拨数,其中的10%~15%被统筹纳入改革配套奖励经费管理。地方教育行政部门统筹掌握的奖励经费,打破校际、教职工之间绩效分配的大锅饭,向教学任务重或建设成效明显的学校倾斜,设立学校年度工作考核奖。

第三,以人为本,充分发挥绩效工资激励特殊贡献者作用,针对性设立各类绩效考核奖。建议各省市县绩效工资实施方案时,梳理完善区级层面统筹项目,在统筹经费中列出"基本类激励项目""综改类激励项目""机动激励项目"的激励和补贴,进一步发挥绩效工资的激励导向作用。其中,"基本激励类项目"包括:校长职级制绩效工资、校长书记年考核奖、义务教育阶段按随班就读学生人数给予工作补贴、对特殊教育学校和承担特殊教育工作的专职教师给予补贴、对于承担民族教育工作给予补贴、对承担援疆、本市郊区支教工作的教师给予补贴、对学生寄宿的学校进行补贴、特级教师、特级校长奖励、见习期教师规范化培训带教津贴、对于缺编单位进行大班额工作量补贴等。"综改类激励项目"包括：学科带头人津贴、区域教学类评比奖励、对集团化办学学校进行补贴等。区学科带头人是从获得中学高级职称教师中按比例和条件，由专家评选产生的，原则上3年一个任期，任期结束后重新评选。"机动激励项目"主要用于在文明校园创建活动中获奖单位给予奖励、激励在勇于承担义务教育优质均衡发展的重大项目和重大领域任务、教师团队专业发展中发挥辐射引领作用、勇于承担对口交流和支教任务、勇于承担旨在提高学生综合素养的素质教育任务等项目中作出突出业绩的单位和个人等。

第四，绩效工资总量统筹使用，奖励优秀骨干教师，坚持保障、聚焦改革和重点任务。建议各省市县教育行政部门在统筹经费中设立了区学科带头人津贴，每月发放。建立区学科带头人的管理考核机制，每年对学科带头人的履职情况进行考评，形成优胜劣汰的竞争机制，保持人才队伍的活力。为构建打造教育人才高地、加速形成各学科领军人才发挥绩效工资的激励、引领和导向作用。坚持聚焦改革和重点任务，充分考虑教师承担的改革任务重、工作内容多、责任大，以及"二孩"政策下人口增长带来工作量的刚性增加等因素，加大区、校对绩效工资总量的统筹使用，从总量中拿出一定比例，通过奖励的方式，保障重点改革任务的推进，特别是推动高考综合改革、规范义务教育秩序、小学"零起点"教学、晚托班、"等第制"评价、"快乐30分钟"活动及学生补缺补差等工作。

第五，改革教师职务聘任和工作量要求，组织好岗位竞聘以及做好定岗工作。为做好学校绩效分配考核工作，鼓励基层学校要求在校教师每学期末填写岗位课务意向表，学校根据其意向以及学校实际情况确定其岗位，校领导班子以及办公室人员开学初召开专题会议，讨论特殊岗位的工作量计算，把握好客观尺度并调动好教师的积极性。学会借势发力，以"人岗匹配、绩效导向"和"竞争上岗、能上能下"为聘任原则，启动新一轮教师专业技术职务聘任改革。除对患有重大疾病或距退休不足一年的教师实行保护外，所有教师专业技术职务岗位聘任一律按满教学工作量优先、教学实绩突出优先、年度工作考核结果优秀优先的原则实行量化排序,按计分多少聘任相应专技岗位。对各学段不同学科教师作出基本教学工作量量化规定,并将教学工作量达到基准要求作为教师申报职称评审、参与"县管校聘"和绩效考核奖励的必备条件,提升教师配置效益和队伍发展活力。岗位竞聘中,优秀中青年教师专业职务得到晋升,教职工因不在教学一线岗位、教学工作量不满或教学实绩不突出被低聘,在本校教学工作量不足的教师自愿交流到其他学校任教。

第六,应对新形式下涌现的新问题,及时调整政策,不断完善学校各级各类教师考核指标体系。学校考核指标的制订设计要讲究三个"结合",并在考核指标的制订中努力体现。其一,设计考核指标科学性、全面性与人性化结合。在制订绩效方案的过程中,要充分考虑教师各个方面工作的价值,考核内容尽量细致、具体、全面,考核标准量化指标进行科学的分析,确定其比例,除了按照工作量制订的岗位津贴与奖励,还有集体荣誉创建奖、优秀团队奖、优秀个人奖、全勤奖、师德修养奖等,每个大类下的子项目经过各部门的论证,如课时津贴,参照市职称文件的各学科课时系数,又结合校有关学科师资紧缺或者特定实力薄弱的实际情况来制订学校的各学科的课时系数。人性化体现在方案中对于年长的教师的尊重与照顾。比如"在职教职工男满 57 周岁,女满 52 周岁的享受每月 50 元的老年补贴"。此外,"女满50 周岁以上,男 55 周岁以上,当月病假一天及以内的,不作绩效工资扣除"。其二,考核体系可操作性与导向性结合。在方案的制订与修改上,力求考核指标细致、定性、量化,以保证最大限度的公平公正。每个奖项都有相关的细则标准,各部门具体执行细则考核,如出勤,除了个人提出请假相关人员审批外,由各年级组长以及部门负责人每天统计出勤,并每周上传至网上,作为出勤统计的重要依据,再按照方案上规定天数扣除计算以完成考勤奖的统计发放。学期安全奖、期中期末教学质量奖等将平时考核与学期考核结合,对照具体的量化指标来实施发放。其三,考核突出个体发展与团结协作结合。绩效方案以促进优秀人才尤其是优秀青年教师的成长的原则,鼓励教师在教育教学岗位上争先奉献,注重专业发展。一个学校的发展,不能光靠教师的单打独斗,教师的实力再强,没有团队的协作以及学校风气氛围的带动,各方面工作也不会有长足的进步。鼓励学校探索每学期印发《教师工作手册》,涵盖教师的工作量、专业化发展、教育教学成果研究、会议记录、学习记录、教学反思、学期工作汇总等内容，对老师进行定量考核和定性评价相结合，形成性评价和阶段性评价相结合，通过简便易行的方式把教职工的工作数量和质量体现出来，为教师考核和学期绩效奖励提供第一手资料。

三、教师教育惩戒的尺度、温度与效度

2021年3月1日《中小学教育惩戒规则（试行）》（以下简称《规则》）隆重发布和实施，标志着我国中小学教师惩戒权已步入规范化与制度化的轨道，使广大中小学老师实施教育惩戒有法可依。但是，教育惩戒对教师和学校来说是一把"双刃剑"，如何把握好立德树人大背景下教育惩戒的尺度和温度，是一个值得关注和深入探讨的话题。

曾几何时，教师和学校的惩戒权几乎是一个敏感话题，许多家长一听到"惩戒权"便如谈虎色变般神经紧张——他们以为惩戒即是体罚，尤其是自20世纪八九十年代以后，随着西方一些教育理念的引入以及国人权利意识的增强，人们对教育惩戒产生质疑。在赏识教育大行其道之后，教育惩戒甚至被认为是非人道、反教育、落后教育方式的代名词。许多人反对教育惩戒，和他们把教育惩戒等同于惩罚，甚至等同于体罚有着密切的关系。

与此同时，教师在惩戒学生时引发了一些纠纷，有的家长动辄校闹，有的直接把教师告上法庭，让教师对惩戒学生心有余悸，导致许多老师不敢管也不愿管学生。教师惩戒权的失落，使学生疏于管教，为所欲为，缺乏规则意思，这不利于中小学生道德的建构，更不利于现代社会的建构。因此，把惩戒权还给教师成为一个亟须解决的问题，《规则》的出台可以说是适时之举。

从国内现实情况来看，近些年来，我国出现许多教师体罚学生、侮辱学生甚至虐待学生的恶性事件，也出现了许多教师正常管教学生却反被学生或学生家长诬告的事件，鉴于这些现实问题，只有明确教育惩戒的规则和边界，才能维护好师生双方的正当利益，《规则》的颁布和实施，不仅适时，而且必要。

那么教育惩戒到底是什么？如何把握教育惩戒的尺度？如何有效实施教育惩戒？教师和学校实施教育惩戒究竟为了什么？笔者拟从试行《规则》的文本和育人价值分析入手，对教师如何把握好教育惩戒的尺度和温度谈几点自己的看法与思考，旨在抛砖引玉，引发教育同仁们对此问题作更多关

注和更深层次的思考。

（一）教育惩戒到底是什么

厘清教育惩戒的深刻含义，首先，要厘定惩戒与体罚的本质区别。根据《现代汉语词典》，"惩戒"意为"通过惩罚进行警戒"，即"惩治过错，警戒将来，旨在制止和预防行政人员和管理人员违法乱纪行为的发生"；而"体罚"是指"对未成年人身体的责罚，特别是造成疼痛，来进行惩罚或教育的行为，可以表现为打屁股、打手心、罚站、罚跪等"。无规矩不成方圆，教育惩戒的存在，其实更多是起着一种警示、威慑作用。它像一柄达摩克利斯之剑，也许高悬头顶、永不出鞘，但只要看到它，人就会产生本能的敬畏之心。而放弃教育惩戒，把一切希望寄托在教师提高教学艺术、管理艺术上，就如同取消交通法规和相关处罚条例，把希望寄托在交警有序管理或人的自觉遵守上一样，是荒唐和可笑的。由此，我们可以明晰的是，惩戒重视的是结果，体罚则是规训的过程和在规训过程中使用的手段，两者之间有着本质的区别，惩戒没错，体罚不该。因此，谈惩戒即色变大可不必，我们支持的是赋予教师惩戒权，而非支持教师对学生进行体罚。

其次，要明晰教育惩戒和教育体罚的区别。从《规则》条文来看，"教育惩戒是指学校、教师基于教育目的，对违规违纪学生进行管理、训导或者以规定方式予以矫治，促使学生引以为戒、认识和改正错误的教育行为"，由此可以看出教育惩戒与体罚的区别。其一，在目的上，教育惩戒有教育目的，是为了让学生改正错误转而向善的教育行为；而体罚则没有教育目的。其二，在实施方式上，教育惩戒是以符合规定的、不损害学生身心健康的方式来进行的，同时还规定了学生申请救济的途径，教育惩戒是有尺度有温度的，本质上是关爱学生、保护学生、利于学生发展的；而体罚或变相体罚则没有尺度也没有温度，会给学生带来身体或心理上的痛苦，不利于学生的健康发展。其三，在教育对象上，教育惩戒是针对违规违纪的学生进行的，是客观的而非主观的；而体罚则不一定只针对这些学生，有可能掺杂了教师的主观性，依据教师本人的喜恶而惩罚学生。其四，在效果上，教育惩戒能纠正学生的错误行为，使学生认识到自己的错误，达到教育目的；而体罚或变相体罚非但不一定能纠正学生的错误行为，还有可能对学生的身心健康造成巨大损害，在生理方面，可能使学生致伤致残甚至死亡，在心理方面，可能使学生产生恐惧、缺乏安全感、损伤学生的人格尊严甚至扭曲学生的人格。

再者，从多元视角理解教育惩戒的历史和育人价值。从教育发展的历史来看，教育与惩戒密不可分，适度惩戒具有一定的教育规训意义。比如，古希腊斯巴达城邦为培养优秀战士，对犯错误的学生进行鞭笞；我国古代同样有教育惩罚的手段，《学记》有云："夏、楚二物，收其威也。"意思就是教师用教鞭惩罚学生，以达到警惕鞭策、整肃威仪的效果。从国际教育惩戒的实施情况来看，许多国家都赋予了教师惩戒学生的权利，例如，2014年，美国教育部颁布《学校纪律指南》，规定学校和教师以公平和可救济的方式实施教育惩戒；2006年，英国教育部颁布《学校行为与纪律：给校长和教师的建议》，赋予校长和教师惩戒权，校长和教师提供执行学校纪律的建议，强调教职人员有权对学生进行惩戒；日本《学校教育法实施细则》第11条规定：校长和教师，维护学校秩序和教育教学的需要，按照文部科学省相关规定，对学生进行惩戒，但不允许体罚。

（二）如何把握教育惩戒的尺度和效度

毫无疑问，我国教师和学校实施教育惩戒要依据教育部发布的《规则》文本的规定。试行《规则》的制定征求了社会广泛群体的意见，既有专家的理论指导，也有一线教学人员的实际经验，还有家长以及学生的不同心声。《规则》维护了师生双方的利益。既放给教师大胆惩戒的权力，为教师的合理行为提供保障，同时给予学生和家长上诉和申请救济的权利以及途径。《规则》明确了育人的原则，明确了实施的范围，细化了惩戒的边界（一般情况、较重情况、严重情况等），还给教师惩戒行为划定底线，保障惩戒适度。《规则》允许各地各校各班依据实际情况对惩戒方式进行进一步细化并上报相关部门，既保障了全国教育惩戒方针一致，又给予了各地规则制定和实施的灵活性。

实事求是地讲，试行《规则》也存在着一些不足和有待商榷之处。一是，有些规定较为模糊，可操作性不强。如《规则》第十五条"教师因实施教育惩戒与学生及其家长发生纠纷，学校应当及时进行处理，教师无过错的，不得因教师实施教育惩戒而给予其处分或者其他不利处理"，该条中，教师在实施教育惩戒过程中的哪些情形可以被判定为"无过错"？教师是否具有过错的举证责任由谁承担？不是很清楚。二是，某些表述语焉不详，对规则的理解依靠教师的主观判断。如《规则》第七条"故意不完成教学任务要求或者不服从教育、管理的"，如何判定"故意"？"故意"是一个主观性判断，教师以主观性来推定学生的主观性,再加之教育活动中学生未完成教学任务要求的情形太多了,教师难以辨明事实真相。又如第七条"教师应当予以制止并进行批评教育,确有必要的,可以实施教育惩戒","确有必要"指向何种情形? 这仍旧需要教师主观判断,易致使教师产生畏难情绪。三是,自相矛盾,有值得商榷之处。《规则》第七条"教师应当予以制止并进行批评教育,确有必要,可以实施教育惩戒",也就是说教育惩戒不包含批评教育,然而在《规则》的第八条又明确教师可以实施"点名批评"的惩戒措施,两者相互矛盾。再如第八条,教师在课堂教学、日常管理中,对违规违纪情节较为轻微的学生,可以"适当增加额外的教学或者班级公益服务任务"以及第九条,学生违反校规校纪,情节较重或者经当场教育惩戒拒不改正的,学校要求学生"承担校内公益服务任务"。这两条都涉嫌把公益性服务或劳动作为一种惩罚性手段,与党中央、国务院提倡的加强新时代中小学劳动教育的意见和精神不相符。四是,缺乏必要的规范和解释。如第七条"扰乱课堂秩序",何种情形属于扰乱性质? 第八条"点名批评"是否属公开行为? 第十二条"教师不得有下列行为……超过正常限度的罚站、反复抄写……"正常限度是多少? "适当增加额外的教学或者班级公益服务任务"中"适当"的界限怎样? 多长时间的任务才是适当的? 同样的,"承担校内公益服务任务"也未明确尺度。五是,部分惩戒措施不适用。如"课后留校教导",由于安全管理要求,很少有教师敢用这一惩戒措施,一般会倾向避免纠纷发生。六是,适用情形粗略。这主要是由于教育教学中的具体情形太复杂了,很难把所有情形统统列举出来并加以归类,但这也侧面说明了规则的制定难以被大多教师接受。

（三）教育惩戒到底为了什么

教育惩戒本身不是目的,目的是让学生知错改过,从而促进学生的进步和发展。以育人为目的教育惩戒,不仅需要尺度,更需要温度。教育惩戒的尺度无论是在规则制定,还是具体实践中都难以把握,主要原因在于教育惩戒的当事人——中小学学生和教师都是有个性和思想的复杂生命个体。面对犯错误的学生,教师如何才能既惩戒犯错的学生,又不损害其身心健康,达到教育的目的,这是需要教师迅速反应的教学机智。教育惩戒有时候不是事后教师翻看《规则》才进行的,更多情况是面对突发情况教师立即反应的,从这个角度来看,教育惩戒在实施时常常需要教学机智,质言之,教育惩戒不仅是一种教育行为,更是一种含有教育温度的教育艺术,对教师有着较高的要求。

心中有爱,方有温度。面对犯错误的学生,教师应该满怀爱心,既看到错误,又心中装着学生,用包容之心对待学生,用忍耐之心关心学生,用友善之心指导学生。对犯错误的学生当然应该惩戒,但更应该关心爱护,惩戒本身不是目的,惩戒的目的是让学生知错改过,去除恶行,养成善性,育人才是惩戒的目的。《孟子·公孙丑上》:"以力服人者,非心服也,力不赡也。以德服人者,中心悦诚服也。"教师崇高的师德,满怀爱意的教导,善意的惩戒,才能感化学生,教育学生。爱是恒久不变的教育力量,带着爱意的惩戒释放出善意和崇高,这种教育行为本身对儿童就有教育价值。著名作家魏巍在他的散文《我的老师》中有一处很生动的细节描写:"她的教鞭好像要落下来,我用石板一迎,教鞭轻轻地敲在石板边上,大伙笑了,她也笑了……"在这里,老师显然在实施教育惩戒,但是学生从惩罚中体会到了老师的爱。这种以爱为基调的惩戒教育,无声胜有声,不仅让学生在老师亲和的举止中领会到了教育的内涵,更让学生感受到了老师深深的温情与浓浓的善意。而反观我们的教育,一些教师对学生实施惩戒后,学生心里却埋下了"我恨这个老师""我不想去学校""我讨厌读书"的种子。苏霍姆林斯基曾说,"一个好老师,就是在他责备学生、表现对学生的不满、发泄自己的愤怒时,也要时刻记住:不能让儿童'成为好人'的愿望的火花熄灭"。

"教不严,师之过"。把惩戒权还给老师,是对教师职责的认可,也是对教师权利的尊重,更是对国家的负责。如果对学生放任自流,在该规劝的时候不规劝、该教导的时候不教导,任其野蛮生长,失去了教育的时机,其后果不堪设想。在孩子成长过程中,完整的教育需要适度惩戒,这既是令孩子更深刻地认知是非对错,亦是培养其规则与责任意识的必要手段和重要途径。鲁迅曾这样描述他的老师寿镜吾老先生"他有一条戒尺,但是不常用;也有罚跪的规则,但也不常用"。其中所反映的深层内涵,便是教育惩戒权使用的最高境界——不用之用。这种高境界的教育惩戒,会让学生对规则心存敬畏,自我约束;教师也可按照相关规约,理直气壮地管教学生;家长也因教育惩戒的存在,孩子们主动遵守校规而更加放心。

总之,惩戒要以规则为基础,以爱为基调,以法律为底线,以尊重为前提,既要有尺度,更要有温度。

第十一章

教育学区化治理能有效缩小义务教育城乡差距吗——以C市R区为例

自 2013 年《中共中央关于全面深化改革若干重大问题的决定》中提出义务教育"试行学区制";2017 年中共中央办公厅、国务院办公厅印发《关于深化教育休制机制改革的意见》中提出"试行学区化管理";2019 年《中共中央、国务院关于深化教育教学改革全面提高义务教育质量的意见》中提出"建立学区(乡镇)内教师走教制度"以盘活学区化治理制度;2020 年教育部等八部门《关于进一步激发中小学办学活力的若干意见》中提出"强化优质学校带动作用""积极推进学区化治理"以及 2021 年中共中央办公厅、国务院办公厅印发《关于进一步减轻义务教育阶段学生作业负担和校外培训负担的意见》以来,各地在国家政策的引导下,积极探索学区化办学的中国路径、实践和理论。

实事求是讲,在当前我国大力推进城乡教育一体化发展的背景下,多种因素影响着城乡教育一体化的发展,如城乡之间的校园建设、师资配置以及课程建设等。学区化治理只是推进区域城乡义务教育一体化发展的一种制度性创新,既是发挥优质学校辐射带动作用的具体举措,也是激活学校办学活力的重要内容[①]。那么,学区化治理在现实实践中的阶段性成效如何? 哪些因素影响着学区化治理的成效? 学区化治理进程中存在哪些问题瓶颈? 进一步完善的方向在哪儿? 目前国内关于学区化治理的研究侧重于对学区化概念的分析和机制理论的探讨,较少以实证量化的角度检验学区化治理的阶段性成效,以及哪些因素影响着学区化办治理成效。基于此,本章立足

[①] 费蔚.激发集团化办学活力推进基础教育高质量发展[J].教育发展研究,2021,41(2):3.

西部地区 C 市 R 区城乡教育一体化发展项目,实证量化检验学区化治理的阶段性成效及学区化办学的影响因素,并对学区化办学中存在的问题进行分析,给出针对性建议,以期对我国西部乃至其他地区的学区化治理提供理论和实践上的参考。

一、研究背景

学区化治理是指依据地理位置相对就近的原则,将某一区域内的成员学校作为教育共同体进行统筹,紧密合作,促进校际协作和资源共享,从而推动学区内各学校办学水平整体提升和协同发展的管理模式[①]。学区化治理的最大特色在于将学区作为介于教育行政部门和学校之间的中间机构,统筹学区工作,对资源进行有效重组与分配[②],实现抱团发展、组团式发展,进一步扩大优质教育资源覆盖面,提升每所成员学校的办学质量。

关于学区化治理的成效及影响因素的研究,国外多集中于关注学区化办学中的学生学业成绩,学区化治理成效影响因素研究方面着重强调学区内部的参与和监督因素在学区化办学中发挥的重要作用。如有学者研究得出结论,学区内学生成绩的高低受竞争和监督两个因素的影响,学区内合理的竞争和有效的监督有益于改善学区资源配置效率不高的状况。国内关于学区化治理的研究可分为理论层面研究和实践层面研究两个方面。理论层面的研究,学者大多探讨学区化办学的内涵、学区化办学中存在的问题,如学区化制度困境[③],以及学区化办学中的推进路径等理论层面的问题,也有学者提出学区化办学的影响机制因素,如共享发展机制因素、家校社共育机制因素、骨干教师柔性流动机制因素等,但都是从理论层面进行探讨,并未进行实证性量化检验。实践层面的研究方面,有学者以制度分析框架为视角,构建起学区外部治理结构的层次性分析框架,并以 S 市为例进行了实证调查;有学者基于上海市教育的统计数据,研究了义务教育资源配置水平和空间分布特征;有学者从条件保障、内涵建设和优质均衡等角度,对学区化

---

① 郭丹丹,郑金洲.学区化办学:预期、挑战与对策[J].教育研究,2015,36(9):72-77.

② 房才桐,田爱丽.学区化办学过程中骨干教师柔性流动机制探析[J].教师教育研究,2019(2):95-99.

③ 陈婧.学区外部治理结构的创新实践与问题透析:以 S 市为例[J].教育发展研究,2021(10):50-56.

办学政策进行评估分析。

纵观国内外已有学区化治理学术研究成果,可以发现我国学区化办学成效的研究较不充分。一方面,缺少对学区化治理成效及影响因素的实证研究。国内学者大多从理论层面展开学区化概念性探讨、理论层面的影响机制因素研究,以及已有实证研究并未从学区化办学实践的阶段性成效这一视角进行实证检验;另一方面,当前已有研究中多关注东部发达地区的学区化实践,缺少基于西部地区的学区治理丰富实践经验的研究,尤其缺少城乡教育一体化视域下的学区化办学成效及影响因素研究。

鉴于此,本研究立足西部 C 市 R 区城乡一体化项目,对学区化治理实现义务教育优质均衡所产生的成效予以实证模型检验,实证量化检验 R 区学区化办学的阶段性成效及影响因素,在此基础上对 R 区学区化行动中存在的问题瓶颈进行分析,进而对 R 区学区化办学提出针对性建议,以期对我国西部乃至其他地区的学区化治理提供理论和实践上的参考。

二、数据来源与研究假设

(一)研究对象与数据来源

R 区位于 C 市西部,依据镇街分布划分为 8 个学区,2018 年 R 区与 H 大学合作共同制订和实施 R 区教育发展行动计划,致力于解决 R 区城乡之间的教育差距过大等问题,着力推动 R 区学区化办学进程。选取 R 区教师这一群体作为学区化治理的相关利益者代表,即本文的主要研究对象。因学区化治理的主要相关利益方包括政府、学校、教师、学生、家长以及社区等社会力量,而学区化治理的最终落实是在学校层面和教师层面展开,且教师是学区化主要的参与主体,相关资源共享以及教师柔性流动等机制的具体实施,都离不开教师的参与,教师对学区化办学成效有最直接的感触和体会,因此选取教师作为学区化办学成效评价的主要调研对象。

本研究的抽样框为 C 市 R 区的 8 个学区,125 所学校。采用分层抽样的方法,从 8 个学区 125 所学校的抽样框中,每个学区随机抽取 4 所学校,从被抽取的学校中随机抽取 12 名教师作为调研对象,匿名填写课题组自主编制的《城乡教育一体化发展行动调查问卷》。最终参加调研的学校共计 32 所,教师共计 371 名,涵盖语文、数学、英语、音乐、体育等学科,共回收有效问卷 371 份。在此基础上,同时对其他相关利益主体,如区领导、学区长、校长、学区内学生、家长和指导专家等进行对话访谈，深度了解学区化办学的整体规划、组织架构、工作推进过程中存在的问题等。

（二）理论机制与研究假设

影响学区化办学成效的因素众多，有学者提出共享机制是学区化办学的关键[1]，有学者提出教师流动机制是学区化办学的重要因素[2]。根据C市R区区域特点和教育发展自身情况，专家团队以促进城乡学校深度融合协同发展为目标，提出影响学区化办学的五大发展机制因素，分别为区校多级多维联动机制因素、优质资源共享机制因素、区内教师柔性流动机制因素、特色学校示范辐射机制因素和协商式发展性督导评价机制因素。

1. 三级多维联动机制因素

多级多维联动机制是指各相关利益主体在各场域内各维度层面形成联动网络，实现资源共享、优势互补分工合作的联动关系。建立学区内组织联动机制，是提升学区化办学实效的有效方法。R区探索学区制管理与建设模式，构建了高位统整的"行政维"、中位引领的"教育教学维"、低位落实的"督导维"，形成"学区、督导责任区、学校"的三位一体管理体制，推动"城区基地校、学区基地校、学区内其他学校"之间的三级联动。

2. 教师柔性流动机制因素

教师流动机制是影响学区化办学成效的一个重要因素，且与硬件资源和课程资源相比，优质师资的流动困难较大。教师流动分为刚性流动和柔性流动，刚性流动弹性较差，而通过学区内的跨校教研等作为合理配置教师资源的柔性手段，建立学区一体化师资柔性流动机制，能够提高教师参与的积极性。C市R区实施城乡一体化项目以来，在专家团队的指导下，初步形成了不转关系并有时限的"区内柔性流动"模式，初步构建起强校支持弱校、城市流向农村、城乡双向流动的教师柔性流动机制。

3. 优质资源共享机制因素

有学者研究提出，学区化本质上是一个教育命运共同体，应构建基于资

---

[1] 李彦荣.共建教育命运共同体：跨学段学区建设的愿景规划与路径设计[J].教育发展研究，2021，41(2)：14 - 19，25.

[2] 房才桐，田爱丽.学区化办学过程中骨干教师柔性流动机制探析[J].教师教育研究，2019，31(2)：95 - 99.

源共享的组织间合作,这是共同体存在的前提①。且优质资源共享机制的构建,在一定程度上可实现经济学意义上的集聚效应、规模效应以及外溢效应,能够实现优质教育资源的深度融合,对促进学区化办学成效具有积极的影响。C 市 R 区搭建了各结对学校组成的城乡资源共建共享交流平台、城乡信息资源共享平台等,着力构建优质教育教学信息资源共享机制。

4. 特色学校示范辐射机制因素

学区文化能够让各学校紧密连接成一团,积极主动创建并营造学区文化,可以形成学区内的文化认同和文化归属,具体可以由特色示范学校进行辐射和引领,打造特色化学区。R 区在专家团队的指导下,搭建了由"基地校—基地校学校群—市区校—市外平台联盟校"构成的同心圆式的"四环"学区化交流与辐射基本框架,以特色学校示范辐射机制助力学区化、一体化办学进程。

5. 协商式发展性督导评估机制因素

协商式督导评估机制的建立,可以推动学区化办学更高程度的深化发展。学区化各相关利益主体,如学区教师、学区外家长、社区等以互动式协商式参与学区化办学,可实现更高层级、更高融合的学区化办学。R 区将学校三年发展规划纳入督导评估内容,通过专家论证、公开答辩、广泛听取学区化各相关利益主体意见建议,再次协商调整,开展终结式评估及其反思重建,推动学区化持续完善发展。

基于以上理论机制分析,提出如下研究假设。

假设 H1:多级多维联动机制构建的越好,学区化办学的成效越好。

假设 H2:教师柔性流动机制越完善,学区化办学的成效越好。

假设 H3:优质资源共享机制越强,学区化办学的成效越好。

假设 H4:特色学校示范辐射机制越完善,学区化办学的成效越好。

假设 H5:协商式发展性督导评估机制越完善,学区化办学的成效越好。

三、模型构建与实证检验

(一) 模型构建及变量定义

在学区化理论影响因素分析基础上,根据上述五个研究假设,本文构建

---

① 李彦荣.共建教育命运共同体:跨学段学区建设的愿景规划与路径设计[J].教育发展研究,2021,41(2):14-19+25.

回归模型对研究假设进行实证检验，探究 C 市 R 区学区化五大机制因素是否对城乡教育一体化有显著的影响。因变量 Y 城乡教育一体化变量是有序离散变量，取值分别为"完全不符合""不太符合""一般符合""比较符合""非常符合"，为避免 OLS 回归的估计偏误，应选用较为科学的有序 Logit 模型，回归模型如下：

$$\text{Logit}(P_j) = \ln\left[\frac{P(y \leq j)}{P(y \geq j+1)}\right]$$
$$= \beta_j + \beta_1 X1 + \beta_2 X2 + \beta_3 X3 + \beta_4 X4 + \beta_5 X5 + \beta_6 C + \varepsilon_j$$

其中，$P_j = P(y = j)$，$j = 1,2,3,4,5$；被解释变量 Y，指学区化办学成效，用城乡教育一体化变量来衡量，取值为 1～5 的正整数；解释变量 $X1$ 指多级多维联动因素；解释变量 $X2$ 指教师柔性流动因素；$X3$ 指优质资源共享因素；$X4$ 指特色学校示范辐射因素；$X5$ 指协商式发展性督导评估因素；C 为模型中的控制变量集合，其中 $c1$ 为学校因素，$c2$ 为教师学历因素，$c3$ 为教师职称因素，$c4$ 为教师对学区化办学理解的因素；ε_j 为随机误差项。

模型中各测量变量名称及赋值规则情况如表 11-1 所示。

表 11-1 变量选取及赋值

变量类型	变量名称	赋值规则
因变量（Y）	城乡教育一体化（Y）	完全不符合 = 1；比较不符合 = 2；一般符合 = 3；比较符合 = 4；完全符合 = 5
自变量（X）	多级多维联动因素（$X1$）	完全不符合 = 1；比较不符合 = 2；一般符合 = 3；比较符合 = 4；完全符合 = 5
	教师柔性流动因素（$X2$）	完全不符合 = 1；比较不符合 = 2；一般符合 = 3；比较符合 = 4；完全符合 = 5
	优质资源共享因素（$X3$）	非常少 = 1；比较少 = 2；一般 = 3；比较多 = 4；非常多 = 5
	特色学校示范辐射因素（$X4$）	完全不符合 = 1；比较不符合 = 2；一般符合 = 3；比较符合 = 4；完全符合 = 5
	协商式发展性督导评估因素（$X5$）	是 = 1；否 = 2

（续表）

变量类型	变量名称	赋值规则
控制变量（C）	学校（c1）	中心校＝1；街镇学校＝2；完小＝3；村小＝4
	学历（c2）	大专及以下＝1；本科＝2；硕士研究生及以上＝3
	职称（c3）	暂未评职称＝1；初级＝2；中级＝3；副高＝4；正高＝5
	对学区化办学的理解（c4）	完全不理解＝1；不太理解＝2；一般理解＝3；比较理解＝4；完全理解＝5

（二）信度和效度检验

信度检验在于检测问卷测量结果的可靠性、一致性和稳定性。最常用的信度测量方法为 Cronbach's Alpha 系数，对问卷进行信度检验，其整体测度项的 Cronbach's Alpha 系数值为 0.63，说明量表信度较好，变量内部具有较高的一致信度。

使用探索性因子分析法，对调研问卷进行效度分析，包括 KMO 检验和 Bartlett 球形检验。整体 KMO 检验值为 0.73，通过了 Bartlett 球形检验（显著性概率 $P<0.01$）。可见，本研究调研问卷的变量设置及观察指标的选择均具有较好的信度和效度。

（三）样本数据的描述性分析

样本数据的变量描述性分析如表 11 - 2 所示，城乡教育一体化变量均值为 3.54，说明学区化以来 C 市 R 区学区化办学成效较好；多级多维联动因素均值为 3.50，说明学区化以来 C 市 R 区多级多维联动机制较好；教师柔性流动因素均值为 3.44，说明教师柔性流动机制设计较好；优质资源共享因素均值为 2.33，说明优质资源共享方面相对较弱，还需进一步加强；特色学校示范辐射因素均值为 3.64，处于较高的水平；协商式发展性督导评估因素均值为 1.88，表明协商发展评估方面较弱，还需进一步完善。

表 11 - 2　样本数据的变量描述性统计分析

变量类型	变量名称	均值	标准差	最大值	最小值
因变量（Y）	城乡教育一体化（Y）	3.54	0.93	5	1

（续表）

变量类型	变量名称	均值	标准差	最大值	最小值
自变量(X)	多级多维联动因素($X1$)	3.50	0.90	5	1
	教师柔性流动因素($X2$)	3.44	0.97	5	1
	优质资源共享因素($X3$)	2.33	1.06	5	1
	特色学校示范辐射因素($X4$)	3.64	0.85	5	1
	协商式发展性督导评估因素($X5$)	1.88	0.33	2	1
控制变量(C)	学校($c1$)	2.15	1.33	5	1
	学历($c2$)	1.60	0.50	3	1
	职称($c3$)	2.51	0.75	4	1
	对学区化办学的理解($c4$)	3.02	0.90	5	1

（四）模型回归结果

运用数据分析软件 stata17 进行有序 Logit 回归分析，模型结果如表 11-3 所示。模型 1 至模型 5 为逐层引入各自变量因素的学区化办学影响因素估计结果。模型 1 至模型 5 的 P 值均小于 0.00，均通过了显著性检验。阶层回归模型表明，多级多维联动因素($X1$)，教师柔性流动因素($X2$)，优质资源资源共享因素($X3$)，特色学校师范辐射因素($X4$)，协商式督导评估因素($X5$)均通过了显著性检验，均在统计学意义上对学区化办学成效产生显著影响。从模型 5 中可以发现，特色学校示范辐射因素($X4$)和教师柔性流动因素($X2$)对学区化办学成效的正向促进作用最大，两影响因素的系数分别为 1.55 和 1.41；其次为多级多维联动因素($X1$)和协商式发展性督导评估因素($X5$)，两影响因素的系数分别为 0.71 和 0.72；最后为优质资源共享因素($X3$)，其系数为 0.32。

表 11-3 学区化办学影响因素的有序 Logit 实证结果

变量类型	变量名称	模型 1	模型 2	模型 3	模型 4	模型 5
自变量（X）	多级多维联动因素($X1$)	2.47***	1.16***	1.18***	0.71***	0.71***
	教师柔性流动因素($X2$)		1.99***	1.96***	1.38***	1.41***
	优质资源共享因素($X3$)			0.21*	0.29**	0.32**
	特色学校示范辐射因素($X4$)				1.56***	1.55***

（续表）

变量类型	变量名称	模型 1	模型 2	模型 3	模型 4	模型 5
	协商式发展性督导评估因素（$X5$）					0.72*
控制变量（C）	学校（$c1$）	0.11	0.08	0.07	0.01	−0.002
	学历（$c2$）	−0.26	−0.26	−0.27	−0.23	−0.27
	职称（$c3$）	−0.07	0.003	−0.01	−0.26	−0.02
	对学区化办学的理解（$c4$）	0.25	0.25	0.18	−0.21	0.03
因变量（Y）	$Cut1$	3.37	4.82	4.94	6.27	7.78
	$Cut2$	5.40	7.08	7.23	8.47	10.03
	$Cut3$	9.11	11.43	11.60	13.05	14.68
	$Cut4$	11.89	14.82	15.01	16.73	18.36
	LR	296.49	394.36	393.42	430.64	434.06
	P 值	0.00	0.00	0.00	0.00	0.00
	虚拟 R^2	0.31	0.41	0.41	0.45	0.45
	样本数	371	371	371	371	371

注：*、**、*** 分别表示在 10%、5% 和 1% 的水平下显著。

控制变量层面的学校因素（$c1$），学历因素（$c2$），职称因素（$c3$）以及对学区化办学的理解因素（$c4$），在模型 1～模型 5 中均没有通过显著性检验，表明在统计学意义上对学区化办学的成效无显著性影响。

四、结论与建议

第一，研究发现和初步研究结论。具体有以下几方面。①以城乡教育一体化程度衡量的 C 市 R 区学区化办学实施成效均值为 3.54，处于中等以上的满意度水平，说明 C 市 R 区学区化办学实施效果较好。②C 市 R 区在多级多维联动机制方面、教师柔性流动机制方面和特色学校示范辐射机制方面均值均在 3.5 左右，处于中等以上的满意度水平，说明学区化的这三方面机制因素较好；而优质资源共享机制均值为 2.33，以及协商式督导评估机制均值为 1.88，这两因素处于中等偏下的满意度水平，说明优质资源共享机制方面和协商式督导评估机制因素方面还需进一步加强。③有序 Logit 模型结果表明，学区化办学的多级多维联动机制因素、教师柔性流动机制因素、特色学校示范辐射机制因素、优质资源共享机制因素和协商式督导评估机制因素均对学区化办学产生明显的正向促进作用，且特色学校示范辐射机制因素和教师柔性流动机制因素对学区化办学成效的正向促进作用最大，其次为多级多维联动机制因素和协商式发展性督导评估机制因素，最后为优质资源共享机制因素。

第二，学区化办学存在的深层次问题。C市R区与H大学通过城乡教育一体化项目合作三年来，通过学区化五大运行机制推进城乡教育一体化发展，城乡教育一体化程度逐步提高，学区化办学卓有成效，但在学区化实践过程中也产生了诸多问题与瓶颈，制约着R区实现更高程度的城乡教育一体化。一方面，优质资源共享机制有待进一步提升。对调研样本的描述性统计分析发现，优质资源共享机制满意度的均值为2.33，处于中等偏下的满意度水平；以及有序Logit模型估计结果显示，相较于模型中的其他因素，优质资源共享机制因素的贝塔系数最小，说明R区学区化中的优质资源共享机制有待进一步提升，当前的资源共享机制流于形式，没有形成真正意义上的基于内生驱动的高质量优质资源共享。究其原因，在于学区化资源共享机制设计不够精细。不同类型的资源其共享性的程度不一样。比如实验室、田径场等具体的硬件设施的共享具有非常明确的共享制度，共享效果较好，而关于教师共研、课程共建、教师流动等的软性优质师资资源共享方面存在一定的制度缺陷，比如未充分考虑学校教学需求及教师的本人意愿，为了共享而共享，使得教师共研、课程共建、优质教师流动等软性优质资源共享方面流于形式。另一方面，对话协商式督导评估机制有待进一步完善。调研问卷结果显示，协商式督导评估机制的均值为1.88，表明R区学区化的协商式督导评估机制处于初级阶段，并有待进一步完善。当前教育评价评估体系中，针对学校层面展开的评价较多，一是缺少对学区层面展开相应的评价和监督，存在诸如学区内教师柔性流动保障机制不健全以及实施力度欠缺的现象，参与柔性流动的教师在绩效工资考核、职称评聘以及评优评先方面处于弱势地位。二是缺少国家或区县层面对学区化办学成效的考核评估制度，导致无法从更高的层面对全国或县域的学区规划、结构、校际协作绩效、均衡发展等方面进行诊断评估，以对学区化办学进行优化改进指导。三是家校社共育评价制度不完善，学区化治理办学的主体单一，学区化办学进行中与社区的互动较少,校外力量参与学区化治理缺位。

第三,学区分权赋能改革有待进一步厘清和推进。我国当前的学区化还处在初级阶段,主要在资源共享、课程共建等方面展开,距离真正的自主化管理还存在较大差距。学区化治理重要的是要使上级教育行政权力下放,学区层面能够分权赋能。从当前学区层面来看,学区并非教育行政机构,学区不具有真正意义上的行政管理权责。经调研访谈发现,学区层面的分权赋能不够,且存在权限和职责界定不清晰的现象,学区在统筹评价制度等方面存在较大难度,学区事权和财权有待进一步释放。当前 R 区划分为八大学区,学区划分方面不够精细,每个学区管辖的学校较多,且地理空间距离较大,这进一步加剧了学区方面的统筹规划管理的负担。再者,R 区在组建时,仅按照地理位置依据街镇划分为八大学区,而没有考虑校际资源的互补性等因素,使得资源共享难以形成协同效应、规模效应和溢出效应,使得资源共享机制也处于较低层次。

第四,城乡教育一体化发展生态有待进一步融合。城乡教育一体化作为教育发展的重要组成部分,对城乡教育均衡发展,促进城乡协调发展起着至关重要的作用。城乡义务教育一体化发展既是乡村振兴战略的前提机制,又是乡村振兴的题中之义。当前的学区化办学进程中存在着农村学校一直处于被动外援的现象,以及资源共享、教师交流都是一种单向的流动的状态,农村学校缺少积极主动与城市学校互动交流的主动性,特色学区的发展主要依托优质校特色文化的带动引领,乡村学校的文化等特色未被充分挖掘。再者学区内的学校普遍缺少学区共同体意识,缺少教育的大融合观念,这在一定程度上阻碍了城乡教育一体化的进程。

第五,制度改进建议。学区化治理是一个目标愿景构建,是基于诸多教育资源共享的共同体之间的合作化办学形式。学区的发展除了政府、高校的引领,学区自身必须推陈出新,战略性筹划,创出自己的管理思路和方法,促进内生驱动,盘整学区资源,提升学区对内凝聚力和对外的吸引力。

建议一,进一步优化学区优质资源共享制度,盘活学区资源新局面。实现优质资源的利用以及创生,需以内生驱动为着力点,盘活学区资源,实现优质教育资源高效共享。具体来说,一是关于优质师资等资源共享方面,教师流动应充分尊重教师的意愿及特长的基础上,注重流入学校的现实需求,实现学校和教师之间的双向选择,不能为了流动而流动,使得教师流动、共教共研、课程共建等软性优质资源的共享流于形式。同时在流动方面，应打破优质校向薄弱校的单向流动的限制，因各校均具有相对优势，也可增加一般学校和一般学校之间的流动等。二是完善教师柔性流动保障制度，对参与流动的骨干教师，给予职称评聘、绩效工资考核、评先评优等方面倾斜，保障其福利待遇，并对作出突出成绩的教师事例加大宣传，引导骨干教师自愿流动起来，以片带面，发挥其带动积极辐射作用，实现优质师资资源的高效共享，拉动整个学区的教育教学质量。三是构建学区间资源联动机制。定期组织跨区域学区交流会，应邀请专家学者进行指导，探索学区化进程中的经验和教训，供学区间互相学习。

建议二，构建多元多主体柔性评价体系，打造适应本地文化特色的学区治理新模式。着力打造学区治理新模式，一方面学区应对其所管理学校的质量负责，建立相应的学区问责机制，定期向上级主管行政部门汇报，并接受学校、家长以及社区等的监督；另一方面应建立多层级多主体的柔性教育评价体系，及时掌握运行状况。具体来说，一是国家层面或区县层面应组织学区质量评价工作，对学区的规划、结构、校际协作绩效、均衡发展等方面进行评估。对于缩小校际差距贡献相对较小的学区，应进行针对性的专业指导，以促进学区整体教育办学水平的提高。二是学区层面建立相应的评价制度，对学区内各学校学区化的贡献、成效等予以评估，并对表现出色的学校进行奖励，给予学校层面上的更大的管理自主权等。或尝试探索以学区为单位，创新型教师绩效考核的新模式。优质学校能够辐射带动学区内相对薄弱的学校共同发展，优秀教师的榜样和示范作用，同样能够带动教师团队共同成长。三是完善家校社共育评价制度。借鉴美国学区注重社区互动的特点，学区相关利益方如家长、社区等都应有学校管理的监督建议权。打破学校间的围墙，积极吸纳社会各界人士参与评价治理，协商式建立起互动、高效的评价管理体系。

建议三，深度推进学区赋能分权制度安排，优化学区发展新生态。学区最初的定位是介于教育行政机构和学校之间、教育行政机构和社区之间的协商机构，要充分发挥其"议事"和"决事"的功能，实现自主化治理，必须深度推进学区层面赋能分权制度安排。美国学区与其他政府部门最大的不同点在于，它有独立的财政和行政管理权，在教育行政管理上的权力不轻易受到干涉，学区是教育管理的最直接执行者。借鉴美国学区自治，区教委应给予学区更多的自主权,并配以相应的事权和财权,优化学区内部组织的权力关系和发展环境生态,让学区在学区化办学中发挥真正和应有的作用,真正发挥其教育治理的功能,以更好地促进区域城乡教育一体化的发展,提升学区层面的办学的实效。再者,需进一步细化管理学区。学区在组建时,学区层面有必要对学区的范围进行前期规划,地理位置是重要的参考依据,但不能仅仅依靠地理位置来简单划定学区范围,还应考虑学校的资源,考虑各校之间资源的互补性,在尊重教育发展规律,以及更好促进学区优质资源共享目标的基础上确定学区的范围,做到精细化学区管理,这样才能更好地发挥其学区化资源共享的功能。

建议四,大力促进城乡共享融合化发展,共筑协同发展新格局。需强化学校间的学区意识,秉持大资源观、大教育观和大融合观。一个学区就如一个生态群,学区内学校之间的发展水平不一,学校资源特征具有互补性,不同类型不同特点的学校之间应相互滋养,共同发展共同成长,学区化办学才能产生协同效果、规模效应以及外溢效应。单靠一两所学校"单打独斗""独自美丽",不足以实现优质教育均衡发展的目标。学区内各校之间应通力协作,共同努力,相互促进,共同构建以城带乡和以乡融城的城乡教育一体化发展新模式,实现城乡教育共享融合化发展。再者,区域城乡教育一体化是城乡共同的理想愿景,农村不能一直处于被动外援、单向流动的状态。应挖掘城乡各校特色,尤其乡村学校要深度挖掘其自身乡土自然、文化和空间资源优势,并将其深度融合到城市教育课程教学育人模式的改革之中,实现教育资源双向多元流动,共同铸就"各美其美"、相互欣赏、协同发展育人、各具特色的中国基础教育现代化新格局。

需要指出的是,本研究以 C 市 R 区城乡一体化项目为例对学区化办学成效及影响因素分析研究存在两点不足。一是 C 市 R 区学区化项目已进行三年,当前对 R 区学区化办学的成效研究属于阶段性的成效,因政策真正完全发挥其效果往往需较长时间,但现阶段对其进行成效及影响因素研究有利于及时发现学区化办学中的问题并及时纠正,以使学区化办学往更深的层次发展;二是除本文研究的五大机制影响因素外,其他因素也对学区化办学的城乡教育一体化的发展具有促进作用,如教师"县管校聘"、校长"职级制"改革等因素。

第十二章

"双减"实施现状、成效及教育治理生态重建

作为巩固教学成效的手段,作业长期以来备受教师青睐。当作业逐渐显现出与学生学业成绩的正向关联后,极大牵动了家长、教师、学生三方关注,迫使作业日益繁重,成为负担。国家一直重视并出台了一系列政策推进中小学作业减负,但受制于内部教育利益矛盾和外部教育评价体系,减负陷入沉疴痼疾的尴尬境地。

一、中小学生"作业减负"政策实施成效及协同机制分析

2021年7月24日,中共中央、国务院办公厅印发《关于进一步减轻义务教育阶段学生作业负担和校外培训负担的意见》(简称《意见》),再次明确作业量、作业类型、作业评价的具体要求,并设立了后续督导机制,24.8万所学校接受"双减"督导,基本实现全覆盖。政策颁布两个月后,为了全面真实地了解"双减"下中小学生作业减负现状与困境,华东师范大学基教所五育融合研究中心课题组在全国范围内小学和初中发放23 746份问卷,涉及30个省市自治区直辖市,回收有效学生问卷9 851份、教师问卷1 188份、家长问卷10 578份,通过对这些样本的分析,初步了解当下学生、教师、家长对于作业减负政策的真实感受与处境,为未来作业负担的治理提供些许参考意见。

(一)作业负担的裁定与治理政策演进

"作业"是从劳动延伸至教育领域的词汇,通常是指课外或回家完成的学习任务。作业之所以演变为负担,一方面是因为客观上的作业量和作业难度与学生能力存在差异;另一方面也源于作业隐含的学业期待与评价特征为学生带来的焦虑、惭愧等消极情绪。从作业负担治理的漫长历程看,单

纯的减量无法从根本动摇作业的负面效应。当前为作业减负需要首先从作业结构入手,区分作业中的正常任务与过重负担。接着从源头入手,汲取历史经验,制定好新政策的协同策略。

1. 作业负担的形成与结构

作业负担的形成与对作业功能认识偏差密不可分。在作业最初形成的劳动领域中,最基础的功能是学徒巩固知识与技能的练习形式,也是将学习阵地迁移至家中的重要桥梁。陈桂生指出,学生"作业"是教与学的组织重心由教师转移到学生的突破口。在学校制度完善后,作业依据教育功能进一步成为培养学生良好思维习惯与心智的途径。接着,掌握教育资源分配的考试制度引起了教育筛选与竞争焦虑。作业为学业成绩带来的正向反馈使它成为提升成绩的直接又有效的手段。特别是现代社会中,"刷题"已经是学业竞争的必经之路。为达到强化学习效果的目的,作业的量与难度不断攀升,早已脱离培养健康心智的目的,演化为学生的负担。

作业负担,不仅仅是作业量大造成的时间消耗,也涵盖作业难度和作业设计造成的消极心理,包括作业设计带来的无趣感、作业难度引发的失败感、作业无法完成或质量不佳引起的焦虑、惭愧心理等。如图 12-1 所示,作业负担的表层结构为作业时间与作业难度,这也是当前作业减负首先触及的问题。它们是作业负担最明显的指证,但还未进入内层。再深入挖掘,作业负担也是一种心理负担和情绪,其形成与作业时间和难度相关。这种层级结构的瓦解若不触及核心,即使击碎了表层与里层,很快仍会生成同样的层级结

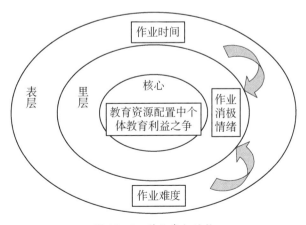

图 12-1　作业负担结构

构。因此,作业负担的核心原因,教育资源配置中,个体教育利益的争夺问题是在减负政策中需要考虑的难题。这个问题的治理可以划归为教育产权争端,需要政策执行者深入理解作业减负的权责分配与监管,制订协同策略。

2. 作业负担治理的政策演进

我国作业负担的治理往往伴随学业负担治理,并作为其中的一部分存在。从1955年教育部颁布的中华人民共和国成立后第一个减负文件《关于减轻中小学学生过重负担的指示》,到2021年最新的"双减"文件,其中发布20多次减负政策,平均三年一次,其间不断强调、强化。这既说明学业负担存在的时间悠久,问题顽固,也反映出治理成效不佳,甚至"越减越重"。这些文件中,对于作业减负问题不乏专门论述。比如,1981年教育部颁布的中学教学计划中对作业量和考试次数等做了明确的规定。1995年国家教委发布了《关于五省、市对减轻义务教育阶段学生过重课业负担情况进行督导检查的综合报告》,在对前三年学生课业负担摸排基础上,指出了"作业量超过规定、作业时间过长"等问题。2000年,国家发布了三道减负令,可见形势之严峻。在《关于在小学减轻学生过重负担的紧急通知》中指出,校内时间可以安排学生做家庭作业,作业形式除了书面,可适当安排活动类与实践类作业。2010年《国家中长期教育改革和发展规划纲要(2010—2020年)》中将减负列为长期目标,作业列为其中的观测指标。到2018年,教育部联合八部门联合发布《关于印发中小学生减负措施的通知》,引导多方参与,兼顾作业时间与内容,政策越发细化。60多年的作业减负历程见证了作业负担从一个学业问题发展为"现象级"教育难题的过程。作业负担治理的初衷由关照学生健康到推行素质教育再到如今的缓解教育内卷,其措施也从作业量、作业时间到作业形式不断细化,政策执行力度也随之变强。如果说作业负担产生之初只涉及学生个体身心问题,那么教育与社会的深度交融下,它也引发了家庭与社会矛盾,其治理是三方共同的责任。

3. "双减"下作业减负新样态

2021年7月24日,新华社全文发布"双减"《意见》,这一还未发布就引起争论的政策正式宣告实施。"双减"政策的矛头之一就是进一步减轻作业负担。相比历次减负政策,本次作业减负具有以下新特点。首先,本次减负政策的出台伴随着教育内卷、教育焦虑等热化引发的社会矛盾,教育问题延伸到了社会领域,因此政策甫一出台就引起社会极大的关注与讨论。这也是近些年教育问题社会化的体现,后续的治理也需要学校、家庭、社会的三边协同。其次,从本次作业减负的内容来看,文件对各个年龄段的作业时间都做了详细规定。除作业时间,还提出了"健全作业管理机制""提高作业设计质量""加强作业完成指导"等作业内部减负措施。依据上文对作业层级结构的划分,本次《意见》已经突破表层,开始了由里层向核心的挺进。最后,此次作业减负与校外培训机构治理并行发布,表明政策制定者规范教育资源分配、遏制过度竞争的决心,而作业负担的核心正是以教育资源为主的个体教育利益争端,体现了中央从根源治理作业负担的决心。此外,《意见》发布后,国家紧接着制定督导策略,各省市也相继发布极具针对性的文件,比如温州市鹿城区教育局出台《中小学作业管理办法暨"书包工程"实施方式》,将作业减负进一步细化。各个部门间相互联动,以实现全覆盖、全链条治理。

(二)"双减"背景下中小学生作业减负现状调查

"双减"政策颁布实施两个月后,社会中关于本轮作业减负的争论愈演愈烈。为了解当前中小学生作业减负现状,华东师范大学基础教育改革与发展研究所五育融合研究中心课题组面向全国 30 个省市自治区直辖市的教师、学生、家长共发放 23 746 份问卷。问卷内容和数据信息呈现出当前中小学生作业减负的初步成效与现实困境。

1. 调查内容设计及实施

1)工具与内容

本次调查采用五育融合研究中心课题组自行编制的问卷,包括:当前中小学生作业减负实施现状调查(教师版)、当前中小学生作业减负实施现状调查(学生版)和当前中小学生作业减负实施现状调查(家长版)。

教师问卷共 20 道题,其中 16 道单选题、3 道多选题、1 道开放式问题。问卷涉及教师基本信息,"双减"下教师作业量、作业设计、教学设计现状,以及教师对作业减负政策的认可度和建议。

学生问卷共 22 道题,其中 18 道单选题、4 道多选题。问卷涉及学生基本信息,"双减"下作业量、作业难度和作业情绪的变化,以及作业闲暇时间的自我管理。

家长问卷共 18 道题,其中 13 道单选题、4 道多选题、1 道开放式问题。问卷涉及家长基本信息,"双减"下学生作业量、作业类型、作业情绪的变化,学生回家后闲暇时间的管理,以及家长对作业减负政策的认可度和建议。

2) 抽样与统计

课题组通过问卷星，依据分层抽样原则向上海、四川、河南、江苏、河北、山东、西藏、浙江、北京、江西、重庆、内蒙古、宁夏、贵州、广西、福建、吉林、湖南、陕西、广东、安徽、甘肃、青海、新疆、海南、湖北、天津、山西、辽宁、云南30个省份137个市（区）小学和初中的教师、学生和家长发放问卷，在此过程中保证每个年级的问卷数尽量平均。问卷回收后，课题组从问卷星中导出excel原始数据，再用SPSS23.0对数据进行分析。对问卷反映的个别问题采取了访谈法以深入了解原因。

3) 样本描述

本次调查对象面向教师、家长、学生三个群体。从收集到的数据总体情况来看，各年级分布较为平均。城镇、乡村和城郊学校都有参与，样本涵盖了中小学各年级的学生、教师和家长（见表12-1）。

表 12-1　受调查教师/学生/家长基本信息($N = 23\,746$)

	年级	人数	比例	地域	人数	比例	性别	人数	比例
教师样本	一年级	135	11.4%	城镇	868	73.1%	男	201	16.9%
	二年级	141	11.9%						
	三年级	165	13.9%	乡村	163	13.7%			
	四年级	134	11.3%						
	五年级	131	11.0%	城郊	157	13.2%	女	987	83.1%
	六年级	120	10.1%						
	七年级	125	10.5%						
	八年级	124	10.4%						
	九年级	113	9.5%						
学生样本	二年级	1 292	13.1%	城镇	7 715	78.3%	男	4 875	49.5%
	三年级	1 538	15.6%						
	四年级	1 262	12.8%	乡村	843	8.6%			
	五年级	1 295	13.1%						
	六年级	1 291	13.1%	城郊	1 293	13.1%	女	4 976	50.5%
	七年级	1 332	13.5%						

（续表）

	年级	人数	比例	地域	人数	比例	性别	人数	比例
	八年级	1 125	11.4%						
	九年级	716	7.3%						
家长样本	二年级	1 656	15.7%	城镇	8 254	78.0%	男	1 819	17.2%
	三年级	1 622	15.3%						
	四年级	1 454	13.7%	乡村	857	8.1%			
	五年级	1 505	14.2%						
	六年级	1 336	12.6%						
	七年级	1 226	11.6%	城郊	1 467	13.9%	女	8 759	82.8%
	八年级	1 125	10.6%						
	九年级	654	6.2%						

本次收到的教师问卷为 1 188 份。其中 73.1% 来自城镇学校，13.7% 来自乡村学校，13.2% 来自城郊学校。其中一年级到九年级的教师比例分别为 11.4%、11.9%、13.9%、11.3%、11.0%、10.1%、10.5%、10.4%、9.5%。教师群体中女性占 83.1%，男性占 16.9%。学生样本和家长样本的结构与教师样本相似，各年级人数分布较为均衡，来自城镇学校的家庭比例远高于乡村和城郊，来自乡村学校的家庭比例最低。不同的是，学生样本中的男女比例相当。通过问卷星回收的学生样本为 10 687 份。考虑到一年级的学生刚进入小学，没有前后作业负担的对比，很多题目难以回答且不够准确，因此课题组剔除了一年级数据，最终学生有效问卷为 9 851 份。同理，在回收的 11 871 份家长问卷中，剔除一年级学生家长数据，最终有效家长问卷为 10 578 份，其中母亲样本比例为 82.8%，远高于父亲的 17.2%。

2. "双减"背景下中小学生作业减负初步成效

根据对作业负担结构的分析，课题组从作业量、作业难度、作业情绪和"双减"政策前后的作业变化分析当下中小学生作业减负的初步成效。

1）作业量明显减少，拓展了学生自主发展空间

调查数据显示，23.4% 的学生表示作业在学校完全可以完成，69.1% 的学生表示大部分时候作业可以在学校完成。但仍有 24.3% 的学生大部分时候或者完全不能在学校完成作业，进一步分析可知，这部分学生主要来自高

年级段。进一步对比教师、学生、家长对本学期学生作业时间的描述(见图 12 - 2)发现,67.8%的教师布置的作业预估在 30 分钟内可以完成,说明大部分教师都有控制作业量的意识。但实际上,42.3%的学生和 42.6%的家长表示作业一般在 30～60 分钟内完成,略高于教师预估时间,原因在于作业包含多种科目,累计时间超出教师预期。从图 12 - 2 中可以看出,学生和家长对作业时间的估计基本一致。深度分析各年级段的作业时间发现,各年级段的作业基本符合"双减"文件要求。

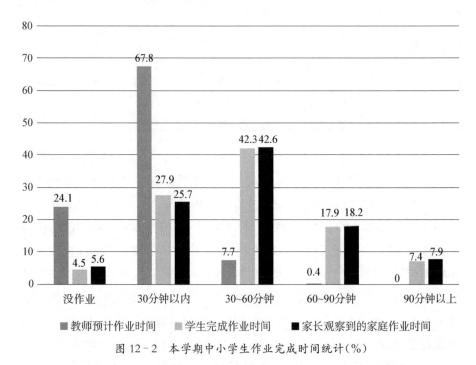

图 12 - 2　本学期中小学生作业完成时间统计(%)

与上学期作业量对比,教师、学生、家长均表示本学期作业量明显减少(见表 12 - 2),说明在作业减负政策中,作业量的控制是最直观也是最容易的。且经过了多年的作业减负政策,中小学教师对作业时间的掌控基本合理。在教师问卷的开放性答案中,12 位教师反映作业量已经没有可以减轻的余地了,作业减负应考虑从其他地方着手。从学生问卷反馈的信息来看,语文作业量远远高出其他科目,特别是低年级段的语文课,必须通过练习、抄写、阅读才能识记,难以删减。作业量减少后,学生产生了相对充裕的可支配时间,55.5%的家长和 67.2%的教师认为作业量的减轻有助于拓展学生的兴趣、培养学生爱好。

表 12-2 本学期作业量减少情况调查

本学期作业量减少情况	是	不是
相比上学期,本学期作业是否减少?(教师问卷)	95.1%	4.9%
比起上学期,本学期作业是否减少?(学生问卷)	76.8%	23.2%
相比上学期,本学期作业是否减少?(家长问卷)	81.9%	18.1%

2) 作业难度偏低,学生自主管理作业能力增强

学生问卷的调查结果显示,68.3%的学生表示作业难度一般;35.0%的学生认为自己完全能独立完成作业,49.6%的学生表示基本能独立完成作业。对比教师问卷数据,94.1%的老师认为作业中的问题用上课所学的知识便能够解答,86.9%的学生认同此回答。由此可知,作业难度整体偏低。从以往社会对作业负担的感受来看,作业负担不仅是对学生自身的,甚至蔓延到了家庭领域,成了家长负担。因此,本次家长问卷也涉及了家长的作业负担问题。统计结果显示,25.2%的家长认为孩子作业完全不需要自己辅导,47.6%的家长认为大多数时候孩子作业不需要自己辅导,仅有 8.3%和2.6%的家长表示大多数时候以及完全需要辅导孩子作业。作业难度的控制不只是为了减轻学生负担,同时也有助于遏制超前教育和稳固学生的作业主体性地位。培养学生成为作业任务的主体,才能卸下家长和老师的负担。作业减负政策实施两个多月来,58.2%的家长表示完全没有承担协助、检查、批改孩子的作业,18.5%的家长表示大部分时候没有。这表明政策在一定程度上遏制了作业负担向家长转移的倾向。总体来看,作业治理是长期的过程,培养学生自主管理作业能力是其中重要的一环。

3) 作业排斥度低、成就感高,初步缓解学习焦虑情绪

对学生的作业情绪调查结果显示,63.1%的学生在完成作业时是感到轻松或者比较轻松的。同样,42.3%的家长认为孩子对于作业完全没有抵触情绪;35.4%的家长认为孩子大部分时候对于作业没有抵触情绪。教师调查结果类似,45.7%的教师认为学生对作业没有抵触情绪,49.0%的教师表示大部分学生对于作业没有抵触情绪。此结果说明学生对于作业的排斥度较低,主观感受比较积极。这个结论与陈国明博士在 2017 年调查三省市

作业负担的结论一致，即家庭作业负担虽然存在，但中小学生主观上对作业的排斥感较低，能较为理性地看待作业。

如表 12－3 中，"你认为作业是有必要的，它能帮你更好地巩固知识"一题，超过半数的学生完全认同这一观点，基本认同的占 30.8%，说明学生总体认可作业功能。此外，68.1% 的学生基本认同或完全认同作业完成后产生的自豪感，以及大部分学生会在意自己是否按时完成作业及作业的完成质量。

表 12－3　本学期学生作业情绪

学生作业情绪	完全不认同	基本不认同	不确定	基本认同	完全认同
做完作业，你感觉到自豪	8.4%	6.8%	15.8%	38.0%	31.1%
你认为作业是有必要的，它能帮你更好地巩固知识	2.7%	1.9%	6.8%	30.8%	57.7%
你喜欢做作业，做作业时感到轻松愉快	6.2%	11.0%	19.7%	37.0%	26.1%
如果不能按时完成作业，你会感到紧张	7.8%	7.9%	13.3%	30.6%	40.4%

对比"双减"政策前后学生作业情绪变化可知，最近的作业减负政策实施后，学生明显更加轻松，并且学习的积极性有一定程度上升。学生问卷的数据显示，67.5% 的学生表示作业减少后，感到轻松，77.4% 的老师认同这一说法。57.3% 的老师认为，作业减少后，学生学习积极性上升，但 30.1% 的老师认为没变化，5.2% 和 2.4% 的老师认为学习积极性反而降低了。结果说明作业减少有助于初步缓解学生学习焦虑情绪，但深入分析发现作业量带来的作业负担不是学生焦虑情绪的根本原因。

3."双减"背景下作业减负提质的协同机制运行现状

本轮作业减负政策除了要求全面压减作业总量和时长，也对作业种类、作业设计、作业指导等方面提出要求。政策颁布后，各地教师在作业设计和实施等方面做出了一些尝试，本次调查对这些探索性举措做了初步摸排和分析。

1) 作业设计：尝试作业精选与难度分层

在作业总量削减的情况下，要保证作业原有效果，适当减少"重复性"

"惩罚性""机械性"作业十分必要。文件中明确鼓励布置分层、个性化作业。调查"双减"政策下老师的作业设计情况(见表 12 - 4),表中的两道多选题用 SPSS23.0 多重响应分析,百分比采用响应百分比,即所有选项的百分比总和为 100%,这样的结果分析起来更加直观。多重响应分析得出的频率结果表明,相比上学期,本学期减少的作业中,重复型作业所占的比例为 38.5%,惩罚性作业所占的比例为 20.2%,练习型作业所占的比例为 17.9%,主要是减少了这三种类型作业。剩下的准备型作业、探索型作业、创新型作业、实践型作业都有减少,但总体频率偏低。同时,各地的教师们也采取了多种办法为作业提质,在这些办法中,精选习题是多数教师的选择,频率为 29.9%,实施难度较小。个性化作业设计和区分作业难度是作业分层的措施,选择频率为 26.0% 和 21.7%,很多老师都在探索这种做法,但开放性问题中,有 32 位老师反映作业设计有难度。

表 12 - 4 教师在作业设计上的"增"与"减"

[多选]本学期,在作业减负要求下,您适量减少了哪些类型的作业?						
练习型	准备型	重复型	惩罚型	探索型	创新型	实践型
17.9%	9.2%	38.5%	20.2%	5.2%	4.4%	4.7%
[多选]本学期,在作业减负要求下,您采取了哪些措施为作业提质?						
个性化作业设计	区分作业难度	精选习题	探究性作业	都没有	其他	
26.0%	21.7%	29.9%	19.0%	1.0%	2.4%	

2) 教学协同:增强课堂反馈与自主探究

作业之所以成为教学中最常用的训练手段,其功能不言而喻。在此次的调查问卷和访谈中,不少老师和家长担忧作业减少后,无法有效得知学生的真实水平以及当天学习的知识难以熟练掌握。通过调查得知,"双减"政策下,为保证学业水平,老师在校内增加了一些措施,分为两类。一类为通过增加课堂反馈掌握学生知识水平。其中增加随堂练习的频率最高,为 20.8%;增加习题精讲次数频率次之,为 15.4%;增加答疑时间、上课提问次数和学生精讲次数的频率相当。另外一类为引导学生自主探究以增强学生自我学习能力和知识的熟练掌握程度。其中增加实践类作业的频率为 13.9%,增加校内探索性活动的频率为 10.9%。在对家长的访谈和调查中可知，19.1%的家长会额外给孩子布置作业。从某种程度上看，学校减掉的作业被一些家长又重新加到了孩子身上。由此可知，作业减负政策的实施需要家校双方的认可和协同，消除家长对作业减负的担忧至关重要。

3) 家校互补：监管学生闲暇时间与学生自我管理

作业减负的初衷是缓解学习焦虑情绪，促进学生的全面发展与健康成长。然而，调查发现，作业减少后产生的闲暇时间并非全部用于学生的自我发展。一方面，作业的减少不代表学业负担减轻，考核制度下的竞争压力依然存在；另一方面，对学生而言，"兴趣"引发的负担感同样存在。学生问卷的数据显示，33.7%的学生认为兴趣班、课后活动、拓展训练等与作业没有差别；28.7%的学生认为，与这些活动相比，他们更喜欢写作业。因此，部分学生闲暇时间可能不会按照期待去拓展兴趣，反而引发家长的焦虑。采用多重响应分析得出的学生闲暇时间自我管理数据显示（见表12-5），对于学生而言，节省下来的时间希望用于兴趣拓展的频率为35.8%，用于陪伴家人的频率为22.0%，用于玩耍的频率为17.1%，玩电子产品和睡觉的比例相对较低（分别为5.6%，9.1%）。然而实际中，家长观察到的孩子回家后拓展兴趣的频率比孩子自己的预期减少了13.2%，反而是玩耍和玩电子产品的频率明显增加。由此可知，学生闲暇时间的自我管理是能否实现作业减负初衷的关键。家长对作业减负政策的建议也显示，作业减少后，学生的家庭监管责任重了，更加考验家庭教育和学生的自律性。

表12-5　学生闲暇时间的自我管理

[多选]本学期，作业减少后，孩子回家后的时间用于什么？（家长）						
陪伴家人	玩耍	拓展兴趣（绘画、游泳、音乐等）	玩平板、手机、看电视	睡觉	做作业	其他
20.7%	22.1%	22.6%	7.2%	7.6%	9.9%	10.0%

[多选]作业减少后，你希望节省下来的时间用于什么？（学生）					
陪伴家人	玩耍	做自己感兴趣的事（绘画、游泳、音乐等）	玩平板、手机、看电视	睡觉	其他
22.0%	17.1%	35.8%	5.6%	9.1%	10.4%

4. "双减"背景下作业减负政策的认可度与现实困境

政策的效用需要通过长期的实践检验,也需要及时的反馈与调整。本次调查在"双减"政策实施两个月后,对其效果无法全面准确地评价,但是大多数人已经有了初步判断,并遇到了实施中的难题。

1) 作业减负政策受到普遍认可,教师认可度高于家长

调查家长和教师对"双减"下作业减负政策的认可度可知(见图 12 - 3),认可作业减负政策的老师和家长占据大多数,显著高于不认可的人。但具体分析,老师群体基本认可和完全认可作业减负政策的比例为 81.9%,高于家长群体的 73.2%。而家长中,基本不认可和完全不认可减负政策的人占 17.5%,远高于教师群体的 5.8%。数据显示出家长对作业减负政策的担忧程度高于教师,但持观望态度的教师比例高于家长。在"您认为作业减少为学生整体素养的提升提供了便利吗?"问题中,多达 26.3% 的教师选择了"不确定",在"您认为作业减负政策对学生的发展是有益的吗?"问题中,21.5% 的教师选择了不确定。相比较而言,教师对政策的积极态度高于消极态度。这些情况表明,教师和家长总体认可作业减负政策,但家长在对政策的建议中担忧明显高于教师,主要是学生的学业成绩;而教师相对理性,建议相对保守和客观,更关注后续的作业设计与学生管理。

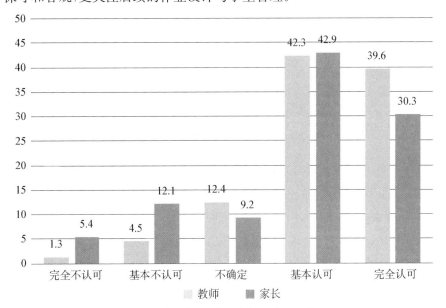

图 12 - 3 "双减"下作业减负政策认可度(%)

2) 教师的作业设计负担与难度增加，考核制度与减负矛盾激化

在回收的教师问卷中，有33位教师表示作业减负政策施行后，教师对作业的设计与安排难度增大，有20位教师在建议中明确提出需要专家指导作业的设计与创新。在对学生的调查中发现（见图12-4），学生作业中频率最高的为练习，占33.4%；其次是阅读和抄写，分别为24.4%和23.5%，比例相当；手工、劳动、调查研究和其他类型的作业频率较低。而学生最喜欢的作业类型是阅读，占24.7%，其次是练习和抄写（23.7%和15.3%）。针对学生喜好，对教师访谈发现，在作业减量情况下，要维持教学效果，仅有的作业量会优先考虑对当天课堂学习内容的练习，再兼顾学生兴趣。大量家长和教师在政策建议中表示，考试改革和作业减负应该同步进行，否则作业减少带来的只是当下的轻松。长期来看，若作业减负与考核目标背道而驰，升学的焦虑不但不会减弱，甚至会被激化，影响政策执行力度。

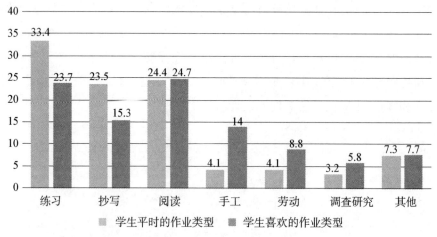

图12-4 学生实际作业类型与喜欢作业类型对比（%）

3) 学生自律性差异显现，家长学业忧患感显著

从学生对空闲时间的安排来看，拓展兴趣和玩耍的比例最大。据家长反馈，作业减少后，部分学生完全不会将时间用于其他形式的学习，而是花费在玩耍和电子产品上，违背了促进学生健康全面发展的初衷。这种情况主要取决于学生的自律程度和家长的监管力度。没有作业的约束，学习欲望强烈的学生回家后也能安排自我学习时间，或者被家长安排，这时家庭教育的功能得以凸显。但这对另一些家庭而言会成为负担。表12-6针对家

长担忧的调查结果显示,担心作业减少影响学业成绩的比例为27.2%,这也是家长最担忧的一点;其次是担忧学生将时间花费在电子产品上和影响后续升学(21.3%和19.4%),总体来看,四个选项的响应百分比分布集中。结合个案百分比来看,69%的家长四个选项都选,并且在建议中提出最多的就是对学生未来升学和学业水平的担忧。整体上看,家长对作业减负后的学业焦虑情绪高于学生和老师。

表12－6　家长对作业减负的担忧

针对作业减负政策,您的担忧是什么?					
影响学业成绩	产生学业懈怠情绪	空闲时间过多花费在电子产品上	影响后续升学	无	其他
27.2%	18.9%	21.3%	19.4%	8.8%	4.8%

(三) "双减"背景下作业负担治理的突破路径

作业减负与中小学教育问题治理亦步亦趋,它不是一个新举措,推行力度逐年增强,结果却差强人意,甚至形成了微妙的博弈僵局。形式上的减负在继续,实际的负担在加强。新一轮的作业减负政策与校外培训治理协同,已经触及的作业负担的核心层级。在作业减负现状调查基础上,新时期的作业负担治理不妨考虑从以下方面突破。

1. 提质增效:遵循作业训练的边际效应与个体差异

作业是把双刃剑,不可否认一部分人凭借"刷题"提升了学业成绩,但由此产生的"考试工厂"式的学校和疯狂的校外补习现象扭曲了教育的生态,使人的心理也发生了变化。作业仿佛成为学习效果的安定剂,作业量的减少使部分家长感到极为不安。但实际上,作业量并非越多越好,教育心理学大量案例表明,习题量达到"临界点",便会出现学习的"高原现象",呈现边际递减规律,影响作业效果。因此,作业减负可以以此为契机,一方面削减重复、机械性作业;另一方面探索作业习题的科学结构。从本次调查问卷的反馈可知,家长和教师既赞同作业减负,又不想失去"海量"作业的功效,对精简习题是否代替原有的机械刷题持怀疑态度。要突破这种瓶颈,设置的作业功能就不能局限于对知识点的记忆和熟悉,而要挖掘深层学习的细节和高阶思维方式。针对家长担忧的学困生与优等生差异,教师应设计并安排相应的基础性、应用性、综合性和创新性的习题训练,制订符合需求的适量作业。

2. 五育融合:专家指导基于全面发展的创新型作业

"双减"政策的指导思想中明确指出减轻作业负担、促进学生全面发展。教育的"十四五"规划中也提出要建立高质量教育体系,这种高质量的教育绝不是培养应试人才,而是素质教育下全面发展的人才。本次作业减负除了作业量,也提到了作业类型的设计与创新。政策实施过程中,不少老师也意识到作业"提质增效"不是单以删减作业量实现的;不少老师增加了实践类、探索类、劳动类作业。有18位老师在建议部分要求教育部门开展统一的作业设计指导,保证作业质量。特别是乡村地区教师,对于如何在落后地区作业减负背景下保证学生的发展尤为担忧。而"五育融合"目标恰好与本次作业改革中全面发展的目标一致,可以尝试在作业中融入德智体美劳各种元素,让"五育"不仅成为课堂的教学目标,也成为学生的任务目标。具体的操作需要指派专家进校指导,目前各省市已有针对作业设计的培训,但仍处于初期探索阶段。

3. 权责明确:划定教育利益相关者的权责边界

在对作业负担结构的分析中提到,先前作业减负政策成效低微的原因在于未触及作业负担的核心,即背后的教育利益争夺。即使学校为学生减轻了作业负担,家长仍然会在校外学业培训,反而造成了学校教育效果不佳的假象。宁本涛认为,减负难与其说是一个"教育问题",毋宁说是一个"文化和社会问题",是社会过度追逐名利而导致的教育利益相关者的短视行为和非公平竞争。在此情境中的利益相关者看似达成了共识,一旦涉及学业成绩、升学考核等,便会与政策逆行。因此,从教育资源与教育利益的合理分配入手,才能逐渐扭转作业减负的尴尬局面,此次的培训机构治理便是良好的开端。此外,教育部门要明确划分学校、家庭、社会在减负过程中的权责,不能学校一边减,家庭和社会以自己的意愿增加负担。三方要形成统一的思想和行动,围绕学生发展的核心利益,达成"和而不同"的共识。这样才有望打破利益博弈下作业减负难以推进的尴尬局面。当然,三方力量的统一是基于教育资源的均衡配置,国家已经出台了"公民同招""城乡教育一体化"等措施优化教育资源配置,但此过程需要时间。教育利益相关者不能等待效果立竿见影,而是要参与作业减负,与国家共同治理。

4. 家庭监管:引导学生闲暇时间的自我管理

从学生问卷的结果看,突然多出了闲暇时间,学生更倾向于自我放松。

玩耍和玩电子产品的比例占到 40%，这也是家长担忧的一个方面。作业减负政策主要是针对义务教育阶段的学生，而学生年龄越小，自我管理的能力越弱，因此，一些学生在回家之后完全和学习脱离，不利于成长。学习习惯良好的学生受作业的影响程度不大，但不自律学生很可能被政策"筛选"掉。此时，家庭教育的功能开始凸显，家长对孩子课余时间的引导和监督非常必要。此举并非将学生的作业负担转移给家长，而是家长对孩子成长的辅助。学校不是教育和学生发展的唯一场所，家庭教育也不只是作业辅导。学生兴趣培养、习惯养成在家庭轻松的环境中反而更容易实现。家长的责任不只是为孩子讲解习题，还应为他们的爱好提供支持与保障。

5. 内外协同：合理衔接作业任务与考核指标

通过调查发现，大部分教师和家长支持作业减负政策，并且愿意协助政策执行。但双方提出了同一个矛盾点，即作业量减轻、难度降低后，学生如何应对以考试为代表的学业竞争体系？这是作业减负改革中面临的尖锐又实际的问题。如果作业和考试无法对标，那么作业减负迟早会流于形式。利益驱动下，学校、家长、学生会心照不宣地延续原来的模式，架空政策。从系统论的角度看，作业是育人体系的一个环节，是知识加工的过程，而评价是育人的终点。系统中一个要素的变化必然需要其他要素协同，才能保持系统的整体稳定性。因此，义务教育阶段的考核要进一步弱化筛选功能，平时的期末考试也应该被视为学习的诊断。除中考外的考试成绩不作为学生分层依据，借此缓和家长和学生对考试成绩的过度追捧。

总之，对"双减"背景下的作业减负政策，虽教师、学生、家长整体持积极态度，但教育沉疴未除，政策施行中难免阻滞。政策执行者既要坚定推行信念，又要统一战线，与教师、家长携手解决实践中的问题，忍过改革阵痛，化解作业负担，让作业回归学生自我塑造、自我管理的育人价值。

二、"减轻校外培训负担"实施成效及复合治理机制透析

近年来，国家出台了多轮系列政策对校外培训进行治理，取得一定成效，但仍存在"校外培训热"、部分培训机构逃避监管等问题，甚至出现校外培训负担"越减越重"的现象。对此，2021 年 7 月，中共中央、国务院办公厅印发《意见》，大幅压减校外学科培训，对校外培训进行全链条治理，规范校外培训秩序，消减"剧场效应"带来的全社会集体性焦虑，使教育回归育人本质。

本轮校外培训治理是"双减"新政的重中之重,当前校外教育培训治理的形势如何? 治理过程中又存在哪些新的挑战与困难? 如何持续推进校外培训有效治理? 对此,华东师范大学基础教育改革与发展研究所五育融合研究中心课题组(以下简称"五育融合研究中心课题组")在全国 29 个省级行政区 152 个地级市的中小学校展开调研,面向学生、教师和家长发放并回收有效问卷共计23 567 份,其中学生问卷 10 118 份,教师问卷 2 502 份,家长问卷 10 947 份;同时深度访谈了 10 所校外培训机构相关负责人,其中包括学科类和艺体类培训机构,培训形式涉及线上和线下,包含大中小型校外培训机构。本节就"双减"新政中"减轻校外培训负担"情况,在实证调研的基础上,分析全国各地"双减"政策背景下校外培训治理成效,总结"双减"背景下校外培训治理经验,直面其治理过程中的痛点、难点,为后续持续推进校外培训治理提供对策建议。

本次调研结果显示:半年来校外培训治理已显现初步成效,校外培训机构行为进一步规范,学校课后服务水平整体提升,家庭校外教育支出锐减,家长教育焦虑情绪得到部分缓解。同时存在学科类校外培训机构转型困难、校内课后服务水平需进一步提升、教师负担明显加重、艺体类教育培训新"内卷"、政策配套改革不够及优质教育均衡仍需全面推进等难题。当下亟须系统设计"双侧"多主体协同复合治理机制,牢固树立五育融合、全面发展的育人理念,同时加强校外培训的产权治理,明晰不同减负利益相关者如各级政府、培训机构、学校、教师及学生和家长相互之间的教育权责关系,给学校放权,给教师激励,给学生赋能,共同营造各司其职,各尽其力,各安其心的教育治理生态。

(一) 研究设计

1. 研究对象与数据来源

1) 研究对象与调研内容

为从不同角度对"双减"背景下校外培训治理实施成效进行分析,本研究的研究对象分为四个群体,分别为学生、教师、家长以及校外培训机构从业人员。学生、教师和家长这三个群体采用匿名问卷形式进行调研,具体采用五育融合研究中心课题组自主编制问卷——《中小学生校外培训负担现状调查(学生版)》《中小学生校外培训负担现状调查(教师版)》以及《中小学生校外培训负担现状调查(家长版)》;校外培训机构从业人员采用访谈的形式进行调研,具体采用五育融合研究中心课题组自主编制访谈提纲——《校外培训机构从业人员访谈提纲(校外培训机构版)》。

《中小学生校外培训负担现状调查(学生版)》问卷,主要包括学生基本信息、学生参与学校课后服务情况、学生参与校外培训情况、家长情况以及学生对学校课后服务的意见或建议等内容;《中小学生校外培训负担现状调查(教师版)》问卷,涉及教师基本信息、教师课后服务情况、教师工作负担情况、教师所在学校考评情况、教师本学期工作情况、家校沟通情况以及对校外培训治理政策的意见或建议等内容;《中小学生校外培训负担现状调查(家长版)》问卷,涉及家长基本信息、学校课后服务情况、学生参与校外培训情况以及对校外培训治理政策的意见或建议等部分;《校外培训机构访谈提纲(校外培训机构版)》主要包括校外培训机构基本信息、行为规范情况以及转型情况等内容。

2) 调查方法与数据来源

五育融合研究中心课题组在大规模调研前,首先进行了小范围的预调研,抽取河南和江苏两省份 3 个地级市进行预调研,并在此基础上进一步完善修改调研问卷。正式调研采用分层抽样的方法,通过问卷星向全国 29 个省级行政区 152 个地级市的中小学校的学生、教师和家长发放问卷并进行回收。发放问卷时尽量保持各年级填答问卷数量相当,教师问卷抽取每个调研学校教师数的 60%,且尽量涵盖所有授课科目教师。本次调研的 29 个省级行政区分别为安徽、北京、重庆、福建、甘肃、广东、广西、贵州、海南、河北、河南、湖北、湖南、江苏、江西、吉林、辽宁、宁夏、青海、山东、上海、山西、陕西、四川、天津、新疆、西藏、云南和浙江。最终回收有效问卷共计 23 567 份,其中学生问卷 10 118 份,教师问卷 2 502 份,家长问卷 10 947 份。同时,五育融合研究中心课题组深度访谈了 10 所校外培训机构相关负责人,其中包括学科类和艺体类培训机构,培训形式涉及线上和线下,类型包含大中小型校外培训机构。

2. 信效度检验

信度检验常用的指标之一是 Cronbach's Alpha 系数。使用软件 stata17.0 对学生、教师和家长三个分样本进行信度检验,结果如表 12 - 7 所示,学生样本的 Cronbach's Alpha 系数值为 0.907,教师样本的 Cronbach's Alpha 系数值为 0.765,家长样本的 Cronbach's Alpha 系数值为 0.670,三个群体样本均通过信度检验。效度检验常用的指标之一为 KMO 检验。使用软件 stata17.0 对学生、教师和家长三个分样本进行效度检验,结果显示,学生样本的整体 KMO 检验值为 0.977,教师样本的整体 KMO 检验值为

0.850，家长样本的整体 KMO 检验值为 0.819，三个群体样本的 Bartlett 球形检验值均为 0.000，三个群体样本均通过效度检验。综上，本研究三个样本群体均通过信效度检验。

表 12-7　学生、教师及家长样本的信效度检验

	Cronbach's Alpha 系数值	整体 KMO 检验值	Bartlett 球形检验
学生样本	0.907	0.977	0.000
教师样本	0.765	0.850	0.000
家长样本	0.670	0.819	0.000

3. 调查样本数据的描述性分析

在本次调研的样本中，学生、教师和家长群体中，各年级样本量占比较为均衡，均处于8%～16%之间，如表12-8所示。男女生性别较为平均，占比约为1∶1；教师样本中，男女教师占比分别为22.78%和77.22%，女性教师较多；家长样本中，父亲填答问卷和母亲填答问卷占家长总样本量的比例分别为24.73%和73.25%，母亲填答问卷的比例较高。学生样本中，省会城市、一般城市、县城和农村的占比分别为22.44%、44.56%、20.10%和12.90%；教师样本中，省会城市、一般城市、县城和农村的占比分别为39.33%、29.06%、16.47%和15.15%；家长样本中，省会城市、一般城市、县城和农村的占比分别为28.88%、39.88%、18.62%和12.62%。

表 12-8　学生、教师及家长样本的描述性统计分析($N = 23\,567$)

变量	类别	学生群体($n = 10\,118$)		教师群体($n = 2\,502$)		家长群体($n = 10\,947$)	
		样本量	占比	样本量	占比	样本量	占比
性别	男性	5 108	50.48%	570	22.78%	2 707	24.73%
	女性	5 010	49.52%	1 932	77.22%	8 019	73.25%
年级	一年级	808	7.99%	204	8.15%	912	8.33%
	二年级	1 017	10.05%	238	9.51%	968	8.84%
	三年级	812	8.03%	244	9.75%	1 020	9.32%
	四年级	1 202	11.88%	281	11.23%	1 174	10.72%
	五年级	1 341	13.25%	272	10.87%	1 778	16.24%

（续表）

变量	类别	学生群体($n=10\,118$)		教师群体($n=2\,502$)		家长群体($n=10\,947$)	
		样本量	占比	样本量	占比	样本量	占比
	六年级	969	9.58%	236	9.43%	920	8.40%
	七年级	1 486	14.69%	335	13.39%	1 350	12.33%
	八年级	1 271	12.56%	338	13.51%	1 543	14.10%
	九年级	1 212	11.98%	354	14.15%	1 282	11.71%
学校所在地	省会城市	2 270	22.44%	984	39.33%	3 162	28.88%
	一般城市（包括县级市、地级市）	4 509	44.56%	727	29.06%	4 366	39.88%
	县城	2 034	20.10%	412	16.47%	2 038	18.62%
	农村（包括乡镇村）	1 305	12.90%	379	15.15%	1 381	12.62%

（二）减轻校外培训治理现状分析

1. 初步成效

"双减"政策实施半年后，校外培训负担减轻效果如何？调研发现，"双减"政策已显现出初步成效，主要体现在校外培训机构行为、学校课后服务水平、家庭教育支出、家长焦虑情绪以及"双减"后各地形成的好的经验做法等方面。

1）校外培训机构行为进一步规范

在家长问卷的分析中，有95.26%的家长认为"双减"政策实施后，孩子参加的校外培训班在教学、管理、收费等方面较为规范，如表12-9所示，仅有4.74%的家长认为校外培训行为较不规范，说明"双减"政策实施后，校外培训机构的行为进一步走向规范合理。

表12-9 "双减"政策实施后，校外培训机构行为规范情况

"双减"政策实施后，您认为您孩子参加的校外培训机构在各方面（教学、管理、收费等）规范情况（家长问卷）	非常规范	比较规范	规范	比较不规范	非常不规范
占比	26.91%	31.40%	36.95%	2.80%	1.94%

通过对10所校外培训机构相关负责人的深度访谈，了解到"双减"政策下校外培训机构行为进一步规范，大肆宣传、乱收费、教育内容超前以及大量占用学生课外时间等乱象得到初步整治，具体表现为以下方面。一是关于上课时间。"双减"政策指出，"校外培训机构不得占用国家法定节假日、休息日及寒暑假期组织学科类培训"。在"双减"政策之前，大多数培训机构利用周末、寒暑假的时间上课，占用了学生大量的休息时间。经访谈了解到，目前大多数校外培训机构在工作日晚间教学，周末时间不教学，把休息时间尽可能还给学生。二是关于教学内容。"双减"政策指出"严禁超前教学"。在"双减"政策之前，部分机构或教师存在超前教学、超前培训的现象。本次深度访谈的四所学科类培训机构，目前均依据学校进度同步教学，其中两所培训机构使用自编教材，另外两所主要根据义务教育阶段学校教材开展教学。三是关于广告宣传。"双减"政策指出，"坚决禁止为推销业务以虚假宣传等方式进行不正当竞争"。当前一些大型培训机构在地铁站、公交车站等场所的广告被清理，原本通过发宣传单页、朋友圈进行宣传的中小型机构，在"双减"政策之后也停止了宣传。四是关于收费标准。"双减"政策指出，"根据市场需求、培训成本等因素确定培训机构收费项目和标准"。访谈结果显示，除一所艺术类培训机构不便公开收费标准外，其余培训机构收费标准均公开透明、符合政府规定，其中两所存在退费现象，且收费周期缩短，从一次性收一年的费用缩短到一次性收三个月的费用。

2) 学校课后服务水平提升，能够满足学生的需要

学校课后服务水平进一步提升。学生问卷中"本学期和上学期相比，你所在学校的课后服务水平是否提升"一题中，69.61%的学生认为本学期与上学期相比，学校课后服务水平有所提升，仅4.2%的学生认为没有提升；学生问卷中"学校提供的课后服务和校外培训机构的服务，更喜欢哪个"中，63.27%的学生更喜欢学校提供的，仅有6.98%的学生更喜欢校外培训机构提供的，表明"双减"政策后，校内课后服务吸引力较高。

"双减"政策后，本学期学校提供的课后服务能够满足绝大部分学生的需要。如图12-5所示，97.95%的学生、93.64%的教师和97.83%的家长认为"双减"政策后，本学期学校提供的课后服务能够满足学生需要，仅有2.05%的学生、6.36%的教师和2.17%的家长认为"双减"政策后，本学期学校提供的课后服务不能满足学生需要。

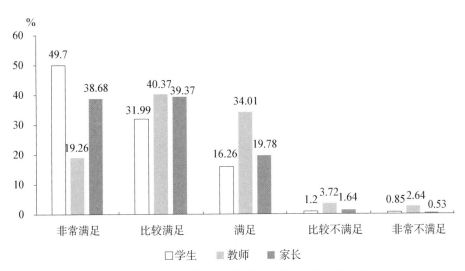

图 12 - 5 "双减"政策后,学校课后服务满足学生需要情况

"双减"政策后,本学期和上学期相比,学生在校学习效率明显提高。如图 12 - 6 所示,65.78% 的学生、49.36% 的教师和 61.38% 的家长认为本学期和上学期比,"双减"政策后学生在校学习效率提高;仅有 9.15% 的学生,16.27% 的教师和 12.22% 的家长认为本学期与上学期相比,学生在校学习效率降低。

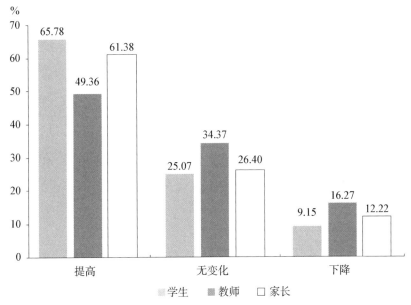

图 12 - 6 "双减"政策后,本学期和上学期比,学生在校学习效率情况

3) 家庭校外教育支出锐减,部分缓解家长教育焦虑情绪

"双减"政策实施后,家庭校外培训支出减少。如图 12 - 7 所示,在家长问卷中,有 73.3%的家长表示"双减"政策后,家庭校外教育支出有不同程度的下降,超过一成(12.75%)的家长表示家庭教育支出下降 50%以上,且 7.16%的家长表示下降幅度超过 80%,但仍有 26.7%的家长表示"双减"后家庭校外教育支出并没有下降。

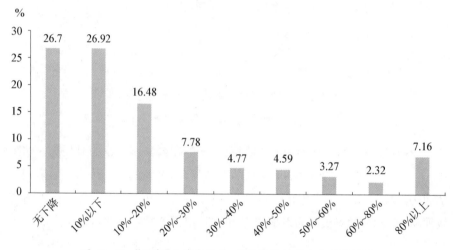

图 12 - 7 "双减"政策实施后,家庭校外教育支出下降情况

"双减"政策实施后,部分缓解了家长的焦虑情绪。如图 12 - 8 所示,在家长问卷中,有 45.23%的家长认为"双减"政策后,缓解了其教育焦虑情绪;在教师样本中,29.50%的教师认为家长教育焦虑情绪得到缓解。且在"双减"实施后,46.68%的教师其家校沟通的主要内容为"围绕学生表现与成长",26.74%的教师其家校沟通主要内容为"宣传双减政策和家庭教育理念",仅有 9.11%的教师其家校沟通的内容为"围绕学生的成绩沟通";且在学生样本中,98.76%的学生认为本学期与上学期相比,家长对自己的综合素质更加关注。可见,家长和教师逐步更加关注学生的表现与成长的综合素质。

2. 面临的困境

在校外培训治理取得初步成效的同时,校外培训治理难点、痛点并存,如学科类校外培训机构转型困难、校内课后服务水平需进一步提升、教师负担明显加重、艺体类教育培训新"内卷"、"双减"配套改革亟须进一步深化以及优质教育均衡仍需全面推进等。

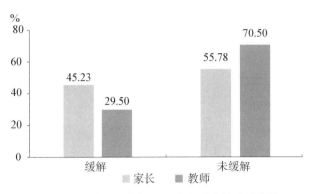

图 12-8 "双减"政策实施后，家长焦虑情绪缓解情况

1) 学科类校外培训机构转型困难

"双减"政策实施以来，部分学科类校外培训机构开始向艺体类、素质教育类和职业教育类等培训机构转型，但因资金的桎梏或办学经验的缺乏，大多数学科类培训机构面临生存危机和转型困难。通过对 10 所校外培训机构访谈，了解到受"双减"政策的影响，一些学科类培训机构转型成功，在运行模式上转为书店模式。大型学科类校外培训机构规模缩小，招生困难，机构生存压力较大；一些中小型培训机构加之受房租、配套设施投入的损失，资金无法回流，最终只能关闭。其中两所受访的学科类培训机构有转型艺术类机构的想法，但一方面由于资金的缺乏，另一方面由于缺少相关艺术类办学的经验，转型困难。学科类培训机构转向素质教育类和职业教育类培训机构的过程中，原有课程与新增课程之间差距较大引发的课程设计、师资培训与招聘等问题，阻碍了学科类培训机构的转型。同时，培训机构营转非也存在一定的资金门槛，导致培训机构或维持现状或倒闭，浪费了大量的教育资源和社会资源。

2) 校内课后服务水平需进一步提升

学生问卷中，"本学期和上学期相比，课后服务水平提升情况"一题中，如图 12-9 所示，69.61%的学生认为学校课后服务水平所有提升，但仍然有23.76%的学生认为本学期和上学期相比，学校课后服务水平没有提升。当被问及"本学期学校提供的课后服务内容是自主选择还是学校统一安排"时，77.29%的学生指出课后服务是根据兴趣，自主选择的；但仍有 22.71%的学生参加的学校课后服务是学校统一安排的，无需自己选择课后服务的内容（见图 12-10），其原因可能在于部分学校校内课后服务师资缺乏，无法安排较多可供学生自主选择的课程。因此，学校课后服务水平还需进一步提升,吸引力还需进一步增强。

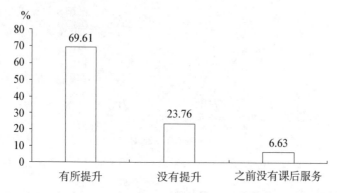

图 12-9 本学期和上学期相比,课后服务水平提升情况(学生问卷)

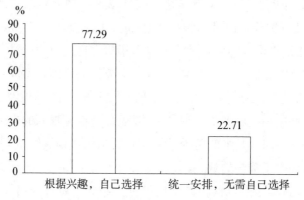

图 12-10 学校课后服务内容自主选择情况(学生问卷)

3) 教师工作负担明显加重

调查显示,76.82%的教师认为"双减"政策实施后其工作量增加,75.50%的教师认为"双减"政策实施后其工作压力增加(见图12-11)。进一步分析"双减"政策实施后教师压力来源情况,如图12-12所示,课后服务成为教师压力的主要来源;其他主要压力来源按照压力大小排序分别为:各类"进校园"活动、职称评定、作业批改与教案考察、学生沟通与家校沟通、非教学性行政工作、教学设计与教学研究、工资等。杨小微等认为,"双减"政策实施研究的薄弱点之一在于对教师负担问题的关注不够[①],且

---

① 杨小微,文琰."双减"政策实施研究的现状、难点及未来之着力点[J].新疆师范大学学报(哲学社会科学版),2022(4):1-14.

调研发现,"双减"政策实施以来,教师负担加重,主要体现在教师工作量和教师压力增加,且学校课后服务成为教师主要的压力来源,教师如何平衡课后延时服务与个人生活已成为亟须解决的现实问题。且经访谈发现,当前很多学校教师参与课后服务补贴较少,甚至没有,表明很多地区的课后服务经费保障机制尚不健全。

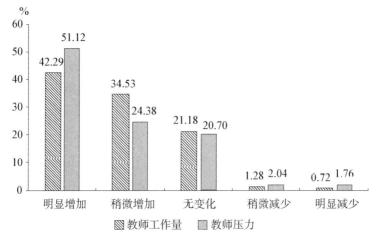

图 12-11 "双减"政策实施后,教师工作量和压力情况

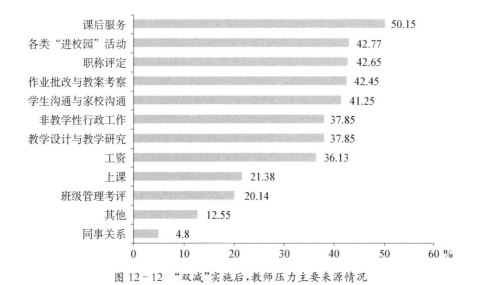

图 12-12 "双减"实施后,教师压力主要来源情况

4）出现艺体类新"内卷"问题

2020 年 10 月，中共中央办公厅、国务院办公厅印发《关于全面加强和改进新时代学校体育工作的意见》，提出"将体育科目纳入初、高中学业水平考试范围"。"双减"政策实施以来，出现学科类校外培训"受冷"，艺体类校外培训却更加"火热"的现象。据天眼查数据显示，"双减"政策实施一个多月的时间，我国体育运动类和艺术类相关机构新增 3.3 万多家，与去年同期相比暴增 99%。艺术和体育作为非学科类培训，已成为当前部分学科类培训机构转型的方向之一，得到资本的"青睐"，容易出现"应试体育""应试艺术"等新"内卷"现象。在学生问卷中，被问及"本学期，你参加了哪些校外非学科类培训"，77.63% 的学生参加了艺术类校外培训，37.98% 的学生参加了体育类校外培训，在选择其他选项中，回答最多的是编程类校外培训（见图 12-13）。在家长问卷中，被问及"孩子参加校外素质培训的主要目的"，76.53% 的家长因为孩子兴趣，67.17% 的家长主要考虑丰富孩子业余生活，近一半的家长（40.60%）主要为以后孩子升学就业做准备（见图 12-14），说明当前家长育儿观念仍需进一步转变。育儿观念转变的难点，一方面在于父母希望通过教育改变儿女命运或家庭地位，以实现"阶层跃迁"；另一方面在于现阶段考试评价制度的单一化。

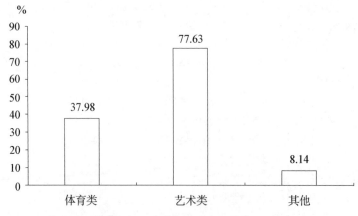

图 12-13　学生参加校外非学科类培训情况（学生问卷）

5）"双减"政策配套改革亟须进一步深化

当前存在校内课后服务经费保障不足、学生考试与评价制度不健全等"双减"配套改革措施"缺位"现象。要使"双减"政策真正有效落地，相应配

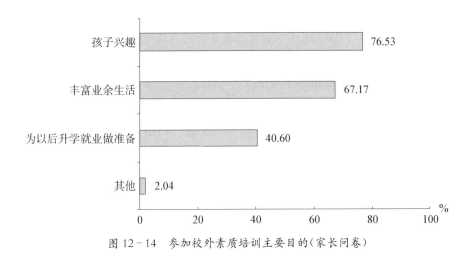

图 12 - 14　参加校外素质培训主要目的(家长问卷)

套改革需进一步深化到位。调研发现,存在部分学校未对参加校内课后服务的教师进行补贴的现象。在教师问卷中,当被问及"学校是否对课后服务工作进行补贴"问题时,39.12%的教师表示学校未对其课后服务工作进行补贴(见图 12 - 15)。且访谈了解到,有些学校虽对课后服务的教师进行额外补贴,但补贴金额微乎其微,教师对校内课后服务工作的辛苦付出,并未得到相应的报酬回报,课后服务经费保障机制亟须构建。再者,应试导向与减负相矛盾使监管落空。现行的学生考试评价制度体系中,仍然以学生的考试分数为主要依据。义务教育评价"指挥棒"决定了学校的办学方向,因此亟须进一步深化义务教育评价改革。

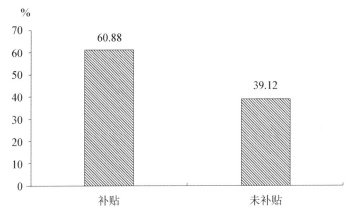

图 12 - 15　学校是否对课后服务工作进行补贴(教师问卷)

6) 优质教育均衡仍需全面推进

"校外培训热""鸡娃焦虑"等教育现象背后有其深层原因，原因之一在于当前教育不能有效满足家长、学生的高质量教育需求，在于优质教育资源的不平衡不充分。杨兆山等认为，校外培训贩卖教育焦虑，家长、学生负担加重是"标"，教育资源供给的不平衡是"本"[1]，且考试评价制度难以推进的根源在于优质教育的不均衡等造成的竞争机制。当前全国各地学校提质增效，学校内教育教学质量水平和课后服务水平等均得到进一步提升，但校际差距仍然在现实中客观存在，优质教育资源存在不均等问题依然突出，尤其城乡间、东部西部地区之间优质教育资源不均衡，乡村学校、西部地区学校优质师资等相对缺乏，因此，优质教育均衡仍需全面深入推进，以满足更多家长学生的高质量优质教育需求。

（三）复合治理视域下"双侧"协同校外培训生态重建对策

复合治理理论最早由杨雪东教授在多中心理论基础上提出的新型治理理论[2]，该理论关注治理过程的协同化以及治理主体的多元化，复合治理的主体多元化强调政府的主导作用，其他主体协同参与。对于校外培训治理实践来说，复合治理理论能够较好地应对校外培训负担的复杂性、综合性和持续性等特点。本书提出校外培训治理过程协同化，是从"供给侧"和"需求侧"双侧协同视角治理校外培训负担（见图 12-16）。"供给侧"治理一端的教育改革应聚焦明确校外培训功能定位、整顿治理校外培训机构、引导学科类校外培训机构转型、增加校外培训治理制度供给。"需求侧"治理一端则着力降低家长、学生对校外培训的需求，增强学校课后服务吸引力、加强对家庭教育的专业指导、深化教育评价体系改革、持续推进优质教育均衡发展等同向双侧推进、协同治理。校外培训复合治理的主体多元化强调政府的主导作用，其他主体如学校、社会各界、家长和学生的协同参与。"减负"问题已不单单是学校教育问题，而是一个各种教育利益相关者参与的社会"利益角力场"。政府、社会各界、学校、家长和学生个人都是"减负"的重要参与者和结果评价者，他们之间的利益相互博弈，更加加重了"减负"难。因此，需理顺政府与学校、学校与家长/社会力量、学校与教师、教师与学生、家长

---

① 杨兆山，陈煌."双减"引发的对基础教育的几点思考[J].四川师范大学学报(社会科学版)，2021，48(6)：35-41.

② 杨雪东.全球化、风险社会与复合治理[J].马克思主义与现实，2004(4)：61-77.

和学生的教育产权关系,着力营造依法治教的良好教育生态。

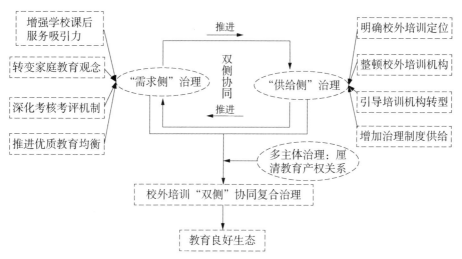

图 12-16　"减轻校外培训负担"复合治理机制

1. "供给侧"治理

首先,需明确校外教育培训的功能定位,使其回归到原本的教育"补充者"的角色上。薛二勇认为,需明确校外培训的目标、定位、功能,以公益性为导向规范校外教育培训行业。校外培训治理,减的是"负担",但并不意味着"一刀切",全面禁止所有校外培训,而是"精准减负"、科学治理,使校外教育培训真正成为学校教育的有益补充,成为学校教育的"助力者",而不是正常校内教育教学的"干扰者"。

其次,在摆正校外培训功能定位的基础上,对校外培训的供给进行整顿治理,对校外教育培训机构进行科学分类治理,建立科学的认定机制,对不同类别教育培训机构,应遵照不同的管理标准与程序,逐步提升校外培训行业供给的整体质量。同时在整顿的过程中,需注意整顿校外培训和禁止校外培训的区别,避免"一刀切"问题。针对非学科类校外培训机构,需在促进其规范有序发展的同时加强监督,防止出现艺体类等新的"内卷"现象。

再次,积极引导学科类培训机构转型为职业教育、家庭教育和终身教育等类型培训机构。如职业教育,国家从政策、机制等方面为职业教育提供充分支持,2021 年 5 月公布修订后的《中华人民共和国民办教育促进法实施条例》从法治层面明确了鼓励企业举办或者参与举办职业教育的方针。或可引导学科类培训机构转型开发智能在线教育,助力学校教育、乡村教育振兴及扩大教育对外开放等。同时对校外培训机构转型过程中存在诸如经验不足等困难予以相应指导。

最后,政府应持续增加校外培训治理的制度供给创新,增加校外培训制度供给,持续不断治理包括线上和线下在内的校外培训机构,使其规范发展。习近平总书记曾强调深化供给侧结构性改革,需增加有效制度供给。因此校外培训治理需着力加强供给侧治理的制度供给创新。深化校外培训治理供给侧教育治理的根本推进在于治理,需抓住制度创新和制度供给这一治理核心,扎实推进复合协同治理,切实打破各种体制机制障碍。

2. "需求侧"治理

在校外培训"供给侧"治理的同时,更应从"需求侧"一端进行校外培训治理,减少家长学生对校外教育培训的需求,以"需求侧"治理推进"供给侧"治理,进而实现"供给侧"和"需求侧"双侧协同复合治理,最终使"双减"政策有效落地。

首先,"需求侧"一端校外培训治理,需强化学校教育"主阵地"作用,提升义务教育阶段学校教育教学质量和课后服务水平,确保学生能够在校内学足学好,有效满足家长、学生对优质教育的需求,从而减少对校外培训的需求。一方面,政府可通过"购买服务"形式和"财政补贴"的方式,保障学校课后服务的公益性和质量达标。另一方面,学校需进一步增强其课后服务吸引力,挖掘其课后服务潜力。调研发现,部分学校课后服务并未达到家长学生的需求,未来学校课后服务应在保障对有学习困难学生答疑辅导的同时,坚持"五育融合"观,依据学生年龄等特征分年级设计课后服务活动,满足学生多样化需求,全面提升学生综合素质。同时需做好课后服务保障工作。当前已出现因课后服务工作,额外增加教师工作负担的问题。因此,政府需建立健全课后服务教育经费补贴机制,学校需增强柔性化管理水平,如积极探索教师"弹性上下班制"等措施合理减轻教师工作负担。

其次,转变家庭教育理念,完善家校社协同育人机制。笔者认为,减负必须转变家长及其利益相关者的家庭教育观念,提升家庭教育与学校教育的合力。日本"教育减负"政策失败的主要原因之一在于家长对政策不理解、不配合。《中华人民共和国家庭教育促进法》提出"建立健全家庭学校社会协同育人机制"。做好校外"减负",一方面,家庭教育应尽快回归其育人本位、人生第一位教师定位。加强对家庭教育的指引,引导家长转变家庭教育理念,形成科学的教育观念。只有家长摆脱应试思维科学育儿,才能理性选择校外培训,防止不必要的校外培训,从而达到校外培训"需求侧"治理。另一方面,家校社责任协同,从校外培训治理"需求侧"达成"减负"共识,共同发力,推进系统化协同育人,形成家校社协同育人合力。同时需进一步统筹用好社会优质资源,进一步拓宽课后服务渠道,如北京、上海等地探索统筹校外资源,为学校提供"菜单式"课后服务。

再次,以教育评价改革引导校外教育培训改革。"双减"意义绝非仅局限于减轻校内课业负担和校外培训负担,而是以此为切入点,拉开教育改革序幕。马克·贝磊等认为校外培训的产生与国家的考试选拔制度密切相关,考试竞争越激烈,校外培训行业的发展越好[1]。校外培训治理不能仅限于以"堵"为取向的"供给侧"治理,需构建以"疏"为导向的"需求侧"源头治理,从而降低学生家长对校外培训的需求,逐步消解校外教育培训乱象。改革学校教学和考试选拔制度是校外培训治理的基本制度保障。现行教育评价体系中,智育评价和结果性评价仍是主要指标。减轻校外培训负担,缓解家长教育焦虑,关键在于健全多元评价、"五育融合"综合评价、多元录取评价、过程性评价和增值性评价制度,破除唯分数、唯升学、唯学历的评价体系。用人单位从重分数、重学历转向重综合素质、重能力、重技能、重创新。以教育评价改革引导校外教育培训改革,从"需求侧"源头治理,为校外培训"减负"。

最后,持续推进优质教育均衡。优质教育均衡对于校外培训"需求侧"治理至关重要,是"双减"政策有效落地的关键。"校外培训热"现象原因之一在于当前学校教育不能有效满足家长、学生对高质量优质教育的需求,在于优质教育资源的不充分不均衡问题,尤其城乡之间教育资源如师资等差距较大。因此,其一,需进一步深化当前义务教育资源配置,推进优质教育均衡,使得优质教育资源持续流动,如部分省市实行的"校长轮岗制""干部教师轮岗制"等。其二,应继续加大力度落实"学区制""集团化治理""学区化治理"等促进优质教育均衡发展的政策,以"需求侧"改革助力"双减"背景

---

[1] Bray M, Lykins C. Shadow education: Private supplementary tutoring and its implications for policy makers in Asia [R]. Mandaluyong: Asian Development Bank, 2012:65 - 66.

下校外培训治理。其三，需进一步丰富优质课程教学云资源，持续扩大优质教育资源共享共用，助力乡村地区教育教学技术信息化，为更高层次优质教育均衡助力。

3. 治理主体多元化

校外培训治理的主体多元化，意味着需在政府的主导作用下，理顺政府与学校、学校与家长/社会力量、学校与教师、教师与学生、家长和学生的教育产权关系。"双减"政策是厘清学校、家庭、社会教育责任的系统性改革。贾伟等的研究认为学生及其家庭、教师及中小学校，以及校外教育培训机构等共同构成了中小学生减负的利益相关者矩阵①。"减负"的深层根源在于教育治理产权界定不明晰和学生自主教育产权弱化，突出表现为学校、政府以及家庭之间的教育责权利边界模糊和校长、教师与学生自主教育产权弱化。产权的根本意义在于试图解决财产权利冲突条件下的界定问题，即财产使用受益的适当划分，以实现资源整体效益的最优。从教育产权角度分析"双减"背景下的校外培训治理，其核心是在政府主导作用下，处理好政府与学校、学校与家长/社会力量、学校与教师、教师与教师以及家长与学生的教育产权关系。当前已出现教育产权中有权无责任、有责任无权的现象，如校长缺乏办学自主权、家校低效合作、教师自主教学权没有得到有效激发等。在产权明晰的情况下，竞争意识和合作意识共同提高，才能够在政府的主导下，充分调动社会各界包括企业、团体、个人等的制度创新主体的积极性。因此需权责利明确，划定减负教育利益相关者的权责边界，厘清政府、学校、家长、社会、教师与学生等多方主体责任，各主体多中心协同复合治理，着力营造各就其位，各司其职，各尽其力的教育良好生态。

三、"双减"之后"增"什么——新高考改革的制度反思

新高考制度的变革过程既聚焦了社会的共同关注，又时刻牵动着中国每一个家庭的真实"心声"。从教育制度改革的初衷来看，"公平与效率"的权衡难题，始终是新高考制度改革致力于破解的根本困局。但是，在复杂的制度改革过程中，"公平与效率"这对"矛盾体"所依存的具体语境也十分复

---

① 贾伟,邓建中,蔡其勇.利益相关者视域下我国中小学生减负的博弈困境及突破对策[J].中国电化教育,2021(9)：51-58.

杂。因此,我们不仅需要回溯到高考制度改革的脉络中,深入"省"思其在改革策略、改革方式和改革内容等方面的以"公平与效率"为核心的具体探索过程;还需要聚焦新高考制度的未来发展走向,在"公平与效率"的价值视域下,对高考制度的"副作用"进行合理地"哲"思;更重要的是,我们要在"省"思与"哲"思的基础上,用多重视角——从制度变迁视角、走向"在教育中"的融通视角以及基于"三才"一致的人才发展视角等,来探索新高考制度改革中"公平与效率"困局的"破解之道"。

新高考教育制度变革之"先声",源自 2014 年 9 月国务院印发的《关于深化考试招生制度改革的实施意见》(以下简称《实施意见》)。《实施意见》明确提出:"2014 年启动考试招生制度改革试点,2017 年全面推进,到 2020 年基本建立中国特色现代教育考试招生制度。"[①]2017 年 10 月 19 日,教育部部长陈宝生进一步表示,到 2020 年,我国将全面建立起新的高考制度[②]。2018 年 3 月 16 日,陈宝生在十三届全国人大会议举行的记者会上,提出在新高考制度改革背景下,要让每一个孩子都能享有公平而有质量的教育[③]。自新高考制度试点改革推行以来,不论是国家相关政策文本还是教育部领导人的讲话,都多次强调了制度改革中的公平教育原则。从目前试点改革的情况来看,新高考制度改革已取得了一定的成果与经验,并逐步平稳、有序地向全国各省份铺展开来。

尽管新高考制度改革的初衷始终围绕着我国教育"公平与效率"的核心问题进行理论与实践的探索,但是几乎任何一次高考改革都无法做到"零弊端"[④],究其根本,目前作为全民教育"重中之重"的高考,也被称为中国教育改革的"牛鼻子",具有"牵一发而动全身"的关键作用[⑤];我们也清醒地认识到,世界上不存在任何一种可以使得教育发展"有百利而无一害"的"神药",即任何教育体制、教育政策或者教育方案,都存在一定的"副作用"。因此,

---

① 国务院.关于深化考试招生制度改革的实施意见[EB/OL][2014 - 09 - 03].http://www.ggzx. net/gzxkc/ShowArticle.asp? ArticleID = 3530.

② 余佳莹.教育部部长陈宝生:2020 年全面建立新高考制度[N/OL][2017 - 10 - 19].人民日报, https://www.yicai.com/news/5357397.html.

③ 教育部部长陈宝生两会答中外记者问[J].中国高等教育,2018(7):4 - 10.

④ 刘希伟.新试点高考招生制度:价值、问题及政策建议[J].教育发展研究,2016,36(10):1 - 7.

⑤ 袁振国,柯政,田爱丽,等.中国高考改革的昨天、今天和明天[J].中国教育政策评论,2018(00): 1 - 39.

有必要在新高考制度改革美好愿景的驱动下，从制度的理论建设与实践探索层面，重新反思其背后"公平与效率"的教育价值观问题，并对新高考制度变革中的"副作用"及其价值进行"省"思、"哲"思与"反"思。

（一）高考制度到新高考制度的演进：新高考制度变革的"省"思

中华人民共和国成立以来，国家高考制度主要经历了三次重大改革。首先，中国普通高等学校招生全国统一考试（简称"高考"）创立于 1952 年，为国家迅速恢复经济的建设目标和人才的公平选拔提供了制度保障，但后来由于某些时代因素和为学生"减负"等要求，到 1970 年统一的高考形式已"名存实亡"；直到 1977 年 10 月 12 日，国务院批转了教育部根据邓小平指示制定的《关于 1977 年高等学校招生工作的意见》，该文件规定了高等学校新的招生政策，即废除推荐制度，恢复文化考试，择优录取[①]；2014 年，国务院印发的《实施意见》以正式文件的形式，提出了从试点改革到全面改革高考制度的要求。在这三次重大改革之间，高考制度基于本国国情，一直处于探索和完善的状态中。因此，透过这三次重大的高考制度改革，从改革策略、改革方式到改革内容等三个方面，我们可以较为全面地对新高考制度变革的过程进行多维度的理解和核心价值观的"省"思。

首先，从改革策略来看，这三次高考制度改革都是一种延续性或者继承性的改革。中华人民共和国成立以前，中国在废除科举制的同时也保留了中国几千年来的考试招生模式，并引进了西方学校人才选拔理念，逐渐摸索出中国现代高考制度模式，到 1952 年，正式建立起全国统一的高考制度。在这个过程中，高考制度从学习摸索到正式建立，充分总结了中国和其他现代国家高等学校招生的制度经验和育人理念，并结合中国人才培养目标的现实状况进行了长期的探索和经验的总结。1970 年我国高考制度模式发生了重大的转向，从全国考试统一招生转变成了以"群众推荐、领导批准和学校复审"的方式进行，这与中国汉代实行的察举制和孝廉制度有一定的相似性，都是一种自下而上的人才推选模式，为人才公平的晋升通道和重视德行的社会风气提供了制度条件，这种"变相"的考试模式，暂不论其显而易见的"弊端"，我们也会发现当时全国考试制度对中国"早已有之"的人才选拔方

---

① 李聪.国务院批转的《关于 1977 年高等学校招生工作的意见》[EB/OL][2014 - 10 - 16].http://www.zgdazxw.com.cn/dagb/2014-10/16/content_70181.htm.

式与培养目标等经验的继承与延续。而从 1977 年开始,我们又重新恢复了高考制度,尤其是它的文化考试模式,一直延续至今。在这四十多年的时间里,不论是全国高等学校考试招生的宏观政策,还是各大省份在考试科目和考试内容等高考政策具体实施层面,都在进行一定形式的"制度微调",但调整的"步调"一直秉承谨慎的原则,质言之,都在根据我国基础教育的进展情况和现代社会发展需求进行相应的变革。因此,我们会发现,我国高考制度从整体来说,在古今延续、中外借鉴、制度经验的"环环相扣"等方面的继承性特征尤为显著。

我国高考制度改革策略为什么会出现这样一种继承性特征呢? 这与教育事业的复杂性、动态性、丰富性和全面性密切相关。叶澜教授也基于教育的本质,用十个字概括了教育事业的使命——"教天地人事,育生命自觉"[1]。我想,我们"在教育中"既是"教天地人事",也需成就"天地人事",换言之,站在人类社会实践的层面来看教育,教育是关乎人的成长过程中的与社会发展效率相关的重要事业。因此,我们的教育事业必须朝着促进现代社会发展和人的全面进步的整体方向"负重前行",这种教育发展成效的要求反过来也会从根本上影响教育政策的复杂性,尤其是教育制度变革中的"微调"行为。"育生命自觉"则直接点出了教育制度的制定和实施过程,始终是面向社会中每一个生命体的现实需求而言的,也坚持为实现每一个社会成员的幸福而努力,但是不论是人先天情况的多样性和差异性,还是社会生活环境所带来的诸多"悬殊",都要求我们的教育政策要为弥补这种"不公平"而努力,即为实现每一个人公平地接受教育并公平地享受社会教育成果而不懈努力。因此,出于社会"公平与效率"的考虑,我们制定了现代高考制度;而为了实现更全面和更人性化的"公平与效率",我们不断调整和更新我们的现代高考制度。围绕着"公平与效率"的教育发展目标,我们的高考制度在改革策略上也出现了这种继承性或者延续性的特征。

其次,从改革方式来看,这三次高考制度改革都体现出"以点带面"的渐进性试点改革到全面改革的特征,从而形成了一个有差异、不间断的"协调"变革过程。高考制度在中国教育事业中一直处于人们"翘首相盼"的关键地位,因此,高考制度一旦有任何的"风吹草动",就会引起中国成千上万个家

---

① 叶澜.庞庆举.变革中生成:叶澜教育报告集[M].北京:中国人民大学出版社,2019.

庭的"牵肠挂肚"，而高考制度的变革在一定程度上确实会影响到大多数社会成员的"升迁"道路。透过三次高考制度改革，我们发现即使是在 1970 年似乎"突如其来"的废除高考教育举措中，也并非一个完全激进的改革策略，这一教育政策的制定早就"有迹可循"，从 1953 年到 1970 年之间，社会、学校乃至学生本人，都存在提出教育负担过重甚至废除现行的升学制度的声音。因此，从 1966 年起，高等学校招生的政策被不断推迟，直到统一的高考形式"消失"。而 2014 年国务院出台的《实施意见》，也采用的是先在上海、浙江进行试点改革的模式，在吸取两地高考改革经验的基础上，再逐步启动其他省市的高考招生制度改革。同样地，从 1977 年恢复高考制度到《实施意见》出台，我国高考制度也并非处于"一成不变"的状态中，从"定向招生，定向分配"到"大学生就业市场化"，从全国统一命题，到分省命题，再重回统一命题①的组织形式变革，实际上都为我国新一轮的高考制度改革做了"点点滴滴"和"实实在在"的铺垫。因此，我国高考制度几次重大变革的背后，实际上都体现出中国特色的改革形式和改革理念，即不仅关注到机会公平和结果公平等问题，也注重了长期效率和短期效率的相关性。因此，从改革方式"一直在路上"②的基本路径中，深刻地反映出中国教育发展与改革道路中追求"公平与效率"两者紧密结合的核心价值观。

最后，从改革内容来看，这三次高考制度改革都以追求教育的"公平与效率"为核心，主要体现在以下三个方面。第一，改革的目的具有相似性，都与教育的本质密切相关。无论是哪一次重大的高考制度改革，都涉及如何解决学生升学压力负担过重的问题、如何缩小教育区域差距的问题以及如何规范和保障好高考招生的科学性、严谨性和合理性等问题。第二，改革的指导思想都体现出中国特色社会主义教育方针，即如何通过高考制度既从根本上维护好社会的公平与正义，又能够科学高效地选拔出中国社会主义政治、经济和文化建设的接班人。第三，改革的基本原则不变。以《实施意见》中提出的四大基本原则为例，新高考制度改革必须做到"坚持育人为本，遵循教育规律""着力完善规则，确保公平公正""体现科学高效，提高选拔水

---

① 黄锐.高考"全国一张卷"强势归来　三大关键牵动人心[EB/OL][2015 - 07 - 02].http://www.
xinhuanet.com/politics/2015-07/02/c_1115799762.htm.
② 袁振国，柯政，田爱丽，等.中国高考改革的昨天、今天和明天[J].中国教育政策评论，2018(00)：
1 - 39.

平"以及"加强统筹谋划,积极稳妥推进"①等四项基本原则,从中也深刻地体现出中国的高考制度改革,既注重教育发展的科学规律,坚持人才选拔的高效性,同时又注重教育发展的育人本质,为促进全社会教育事业的公平公正而努力。

从把握中华人民共和国成立以来高考制度改革的整体脉络,再逐渐过渡到中国新高考制度改革的新视域,我们便能发现,"公平与效率"的教育价值观思考一直贯穿其中,并与时代的特殊背景相互作用,推动和影响了中国高考制度的几次重大变革。制度背景下"公平与效率"的"省"思,带来了新高考制度改革的"变与不变",也真实地反映出每一个时期国家所崇尚的教育公平与教育效率、每一个家庭所追求的发展公平与发展效率以及每一个个人所呼唤的成长公平与成长效率。因此,新高考制度改革在继承"不变"的教育理想和社会关注之外,也持之以恒地推动着影响教育"公平与效率"保持平衡的"变动"因素不断更新,以适应为未来社会培养未来人才的新需求,也深情回应了中国现代教育制度的人文主义价值观。

(二) 聚焦新高考制度的发展走向:"公平与效率"价值视域下,制度"副作用"的"哲"思

新高考制度自试点改革实施以来,其带来的各方面成效也被人们所明晰,学者们对于新高考制度在"公平与效率"这一价值观层面的突破性进展也进行了相应的研究。

"公平"主要体现在三个方面。①从考生视角来说,考试科目的灵活多样选择、一科多考的考试方案设置、农村学生的单招计划以及取消不必要的特殊加分政策等,都为考生提供了更公平的高考竞争环境。②从考试评价、录取机制来说,以往"一刀切"形式的文理分科被"3+3"或"3+1+2"科目模式替代,学业水平考试成绩、高考成绩、综合素质等均被纳入综合评价结果中。因此,考生能力的差异性和多样性得到了制度的保障和公平的尊重。③从社会监督体制的角度来说,《实施意见》鼓励"健全促进公平、科学选才、监督有力的体制机制,构建衔接沟通各级各类教育、认可多种学习成果的终身学习立交桥"②,促

---

① 国务院.关于深化考试招生制度改革的实施意见[EB/OL][2014-09-03].http://www.ggzx. net/gzxkc/ShowArticle.asp? ArticleID=3530.

② 国务院.关于深化考试招生制度改革的实施意见[EB/OL][2014-09-03].http://www.ggzx. net/gzxkc/ShowArticle.asp? ArticleID=3530.

进社会更全面地参与高考制度评价与监督体制的举措，有利于增强社会成员共享公平的教育进步成果。

"效率"则体现在多个方面。①新高考制度整体改革的模式就充分体现出制度建设的"效率"原则。新高考制度改革采用的是"统筹规划、试点先行、分步实施、有序推进"的方式，即在总结浙、沪试点改革经验的基础上，引导其他达到改革条件的省份继续推进改革，这在一定程度上使得新高考制度改革的模式更加平稳，在科学改革经验的有效指导下确保了高考政策的实施质量，并大大提高了新高考制度变革的效率。②高校可以选择不同的考试招生模式，自主确定是按专业还是按专业招生类录取，还可以自主设置某一专业考生的选考科目要求。这显然是一种普遍的、重要的权力回归[1]。而高校招生自主权的增强和招生政策责任的增加，有利于促进高校自身管理效率和专业教学质量的提高，激活高校在新一轮高考制度改革背景下的发展活力，明确自身办学的定位和增强自身办学的特色，为培养现代社会的创新型人才贡献宝贵力量。③新高考考试招生科目和招生评价机制的调整与变化，为基础教育阶段的学校，尤其是高中学校的班级流动管理和分科教学内容等带来了巨大的挑战，但在高考"压力"的驱动下，必然带来我国基础教育阶段各大学校的科学管理效率的大大提高。④新高考制度由浅入深、由点及面的改革过程和中国特色现代教育考试招生制度的基本建立，不仅能够提高我国教育的现代化质量和我国国民的综合素质，还能进一步促进社会资源和社会利益的再分配与纵向流动，加快我国现代化建设的步伐。

在我们注意到新高考制度改革在"公平与效率"方面发挥的显著作用的同时，也需要认识到任何教育制度改革，都难以保证"十全十美"。这与教育目标的丰富性、动态性和长期性有关，也与教育对象本身的复杂性有关，更与教育与社会的特殊关系密切相关。因此，在教育制度变革过程中，我们对新高考制度教育成效的理解，必须关注到一组基本的概念，即教育成效的"作用"与"副作用"，这也是教育研究必须关注到的基本问题，同时也是教育发展过程中"科学性"与"哲学性"相互统一的重要体现。以下将基于新高考制度改革的视域，重点分析新高考制度教育成效在"公平与效率"的追求过程中的"副作用"问题。

---

① 刘希伟.新试点高考招生制度：价值、问题及政策建议[J].教育发展研究，2016，36(10)：1-7.

1. 多样化的高考科目搭配带来了"有人欢喜有人愁"的"副作用"现象

当我们在为新高考考试科目设置的灵活多样性"欢欣鼓舞"时，又同时出现了"有人欢喜有人愁"的教育"副作用"现象。这里两次出现的"有人"可以是同一群人，也可以指代不同的人群。如何来理解呢？

当两次出现的"有人"聚焦于同一群人时，他们"欢喜"是因为新高考政策将部分高考科目的选择权放回到学生手中，学生可以根据自己对语、数、英之外其他科目的掌握情况和喜爱情况进行自主地选择，以充分发挥自身的优势与特长，甚至热爱自己所学的知识；然而，我们现行的基础教育制度是否培养出了学生这种自主选择能力呢？从目前学校和家长的反馈与担忧中，我们会发现，学生对于"过早"地拥有高考科目自主选择的权利而开始感到"手足无措"，就像我们一直以来的本科专业选择一样，考生们经历着同样的茫然与困惑。因此，他们在"欢喜"的同时，也感到了"忧愁"。因为高考科目的选择，在一定程度上直接影响了他们高考后的专业选择范围和专业发展目标。这对于"涉世未深"的高中生来说，是一个艰难又焦虑的选择。此外，由于他们对于未来的不确定和相对迷茫，这种权利还有可能被学校和家长直接限制或间接转移，导致考生自主选择科目的权利再度"丧失"，随之而来的也是这种科目改革灵活性所带来的"副作用"——学生的个性培养和自主能力受到无形限制，不利于考生健康心理和积极人格的培养和塑造，甚至导致新高考科目改革的政策"变质变味"。

当将两次"有人"聚焦于不同的人群时，那么我们以为有人"欢喜"，是谁欢喜，欢喜什么？有人"愁"，是谁忧愁，忧愁什么？当浙江和上海新高考试点改革一开始，随之而来的就是高考教育阶段"走班制"的出现。什么是"走班制"呢？"走班制"是相对于我们传统的行政班级体制而言的，与行政班模式不同的是，"走班制"是为了配合学生修读科目的不同搭配组合而出现的，学生根据自己选择的科目，按时到不同的教室听不同老师的课程，来有序地完成自己的修读内容。因此，"走班制"对于师资力量强大且丰富的学校而言，能够更灵活地设计出适应新高考模式的"走班制"教学管理体系，满足学生多样化的科目选择需求，并激发学生择选多样化课程的兴趣和自主自觉学习的活力，那么，在这种情况下，对于师资力量更为完善的学校和学习资源更加丰富的学生及其家庭而言，"走班制"的出现大大丰富了高中生的学习方式，也充实了学生们的学习内容，为实现学校及师生教学成果、教育利益的最大化提供了物质条件和制度保障。"有人欢喜"的同时，谁又会感到"忧愁"呢？对于师资力量薄弱且严重不足的学校而言，尤其以农村学校为代表，这种"走班制"的模式不仅在师资力量上难以做好合格的调配，还对学校基础设施建设和教育资金支持等方面，都带来了严峻的"考验"。因此，无论是从公平的视角还是效率的视角，"走班制"的出现，都将严重影响这些学校的教学生态平衡，因而受冲击最直接也最严重的就是就读于这些学校的学生及其家庭。

多样化的高考科目搭配，初衷本是为了推动教育朝着更加公平和更有效率的方向发展，但是这种新的"搭配"模式反而在原有问题的基础上激起了"千层浪花"，进而把"公平与效率"的问题重新抛给了发达地区与欠发达地区的教学资源差距、家境良好家庭与家境困难家庭的教育资源差距等根本的社会问题上。究其根本，教育"公平与效率"的抉择，不仅是理论设计的问题，还需要依赖于社会实践层面的多方协调和同步改革，方能真正"齐头并进"，转向生态竞争、科学竞争和公平竞争。

2. 新高考"等级赋分制"带来了"分值等价"与否的"副作用"难题

新高考改革，除了引发"走班制"改革的"热议"之外，还涉及另一个同样"举足轻重"的"副作用"难题，即新高考"等级赋分制"带来的"分值等价"与否的新问题。什么是"等级赋分制"呢？它主要指按照考试科目排名等级进行"赋分"的统计方法，即规定思想政治、历史、地理、物理、化学、生物等6个科目同时设等级性考试，按照分数排名的百分比而非卷面分数来计算成绩的一种方法。因此，与传统的原始分计分方法相比，"等级赋分制"更着重强调的是考生的具体排名，因为在新高考背景下，考生的选考科目不一，但为了保证新高考模式的公平公正，所以采用了新的计分方法。"等级赋分制"不仅考虑到考生选考科目的差异性，也充分协调了不同考卷难度不一的现实情况，即"等级赋分制"有效地避免了因学科难度不同和试题难度不同而带来的分数分布不均衡和分数结果计算不公平等问题，从而能够保证广大考生分数结果的公平和高校选拔人才的效率。

然而，这种新形式的计分方法是否合理有效地反映出了考生的学习能力差距呢？有人对此提出了质疑，不同学科本身就存在难度差异，导致学生投入精力的"悬殊"情况变得更加普遍，比如选择了物理科目的同学和选择了政治科目的同学，同时考取了第一名的成绩，在"等级赋分制"的衡量标准下,两位同学的成绩都是满分,那么,两个相同的满分是否就等同于其学习能力完全相同呢?所以,我们可以发现,"等级赋分制"有一个隐形的判断前提,即认为参加每门等级科目考试的同学,在学业能力的分布上是相同的,并且这些科目本身的难度也完全一致,但实际上只要使用"现实情况"的"显妖镜"去照一照,就能迅速地"反射"出彼此客观的差异。"等级赋分制"本来的"好意"是希望避免出现分数统计不公平的现象,保证考试选拔的高效性和科学性,与此同时,可能也希望鼓励学生培养自己的学科特长,但是同时又带来了一个"与身俱来"的"漏洞",即很容易导致学生出现"田忌赛马"的不良竞争心态——学生可能为了博得更好的考试排名而放弃自己感兴趣的学科,转而选择容易上手且容易拿高分的学科。因此,这又会导致高考竞争模式的不良循环和部分科目受到"冷落"的现象。这就与"等级赋分制"的"公平与效率"追求背道而驰了,"分值等价"与否的"副作用"难题也随之出现,并给新高考模式的全面推广造成了新的"困扰"。

3. 学生学业负担是否有效减轻的"副作用"再思考

《实施意见》在提出新高考具体改革要求、改革目标和改革内容之前,对新高考制度变革的初衷进行了阐述,认为我国改革开放几十年来,考试招生制度存在唯分数论的教育弊端,即一考定终身使学生学习负担过重,区域、城乡入学机会存在差距,中小学择校现象较为突出,加分造假、违规招生现象时有发生[1]。这些已有的教育问题也推动了新高考制度的新一轮改革行动。针对这些已有问题,新高考制度朝着"分类考试、综合评价、多元录取"[2]的方向大步迈进。因此,在新一轮高考制度改革中,最显著的特色就是为学生减负,也就是减轻学生负担,促进学生健康发展[3]。然而,这一核心问题是在新高考制度的考核标准下得到了有效的解决,还是被进一步强化了?

首先,相比于以往文理分科的考试模式而言,新的"3 + 3"模式并没有减轻学生的大部分学业负担,而"等级赋分制"又在此基础上强化了分数排名的重要性,因此,学生不论是日常的考试竞争还是最终的高考竞争,都会变

---

[1] 国务院.关于深化考试招生制度改革的实施意见[EB/OL][2014 - 09 - 03].http://www.ggzx. net/gzxkc/ShowArticle.asp?ArticleID = 3530.

[2] 国务院印发《关于深化考试招生制度改革的实施意见》[EB/OL][2014 - 09 - 05].新华社,http:// old. moe. gov. cn/publicfiles/business/htmlfiles/moe/s5147/201409/174589.html.

[3] 赵嘉凤.教育公平视角下的新一轮高考制度改革探讨[J].读与写(教育教学刊),2018,15(2): 244 - 245.

得更加激烈，这对于学生学习心理的健康发展有很大的害处；其次，"一考定终身"的基本局面没有太大改变，虽然新高考模式为学生的外语考试提供了两次考试机会，但是语文和数学等其他科目仍然只有一次考试机会，并没有真正地扭转高考制度中"唯分数论"的评价标准，因而对于缓解学生的学业负担和心理压力而言，"药效"有限；最后，在新高考模式的推动下，高校招生不仅看重文化考试的成绩，还会将学生在德智体美劳等综合素质方面的能力纳入考察范围，这不但会加大全体考生的心理焦虑和现实学业负担，而且对于经济发展水平存在差异的不同省市和地区的学生而言，不公平的可能性会进一步增加，因为"五育融合"的培养模式还需要更多的社会物质条件作为根本的支撑，但对于欠发达地区的学生而言，锻炼综合素质的教育资源严重不足，提升自我各方面能力的机会也十分有限。从以上三个方面来看，新高考制度变革背景下，为学生减负的初衷不仅没办法有效"兑现"，还可能带来新的"公平与效率"问题，在加大学生学业负担和心理焦虑的同时，也使得其"副作用"更加凸显。

（三）如何合力打破新高考制度改革中"公平与效率"的根本困局

高考制度的每一次"破茧"，不论其成效与否，首先它都蕴含着渴望"化蝶"的美好而强烈的动机。这种动机究其根本，表现为对高考制度公平性与有效性能够并存的基本愿望。其中的道理显而易见，高考制度在很大程度上影响着社会培育和选拔人才的公平与公正，因而公平性是高考制度改革的重要前提；而反向观之，"任何一种人才选拔制度，不管程序多么公平，如果选拔效率低下，在一定的时间内不能有效地实现人才甄别的目的，都不能称之为成功的考试招生制度"[①]。两者在理论与逻辑层面的关系易辨，但现实语境中却不可避免地受困于令人棘手的"公平与效率"的难题之中。特别是在新高考制度试点改革推行以来，人们对于这一困局的关注更加强烈，如何抓住新高考制度改革的新机遇，全力打破存在已久的"公平与效率"困局，其引发了人们空前的热议与深刻的反思。

1. 从制度变迁视角构思彼此"玉成"的解决之道

我国的高考制度改革一路走来，实属不易。基于"公平与效率"的矛盾

---

① 袁振国,柯政,田爱丽,等.中国高考改革的昨天、今天和明天[J].中国教育政策评论,2018(00)：1-39.

视角,便能深刻理解变革过程的艰辛。然而,从高考制度变迁的角度来审视,这种"艰辛"源于什么呢? 制度的生成与变革本身,既受制于"千丝万缕"的利益"纠葛",也同时得益于彼此利益理性计算中的相互牵制。因此,它不仅要求建立一种稳定的制度机制,以减少在实现预期目标过程中的不确定性[①];同时,它也渴望存在一种能够"因时而变,视时而动"的灵活规则,以避免在改革过程中产生严重的路径依赖,进而导致脱离实际,缺乏可操作性[②]。新高考制度作为我国人才培养机制中的关键组成部分,它既需要扎根于我国社会的复杂情境中,来理解和分析影响"公平与效率"这一难题的重要原因;它也需要基于教育本身普遍的"特殊性"来进行自我反思和自我革新。如何来理解教育普遍的"特殊性"呢? 在复杂科学视角看来,教育事业作为一种"有生命的系统","似乎总是自下而上地、从大量极其简单的系统群中突现出来,而不是工程师自上而下设计的那种机器"[③]。早在 2000 年,杨小微教授就提出,教育的"组织"是充满活力的"软件",教育活动如果依靠精心设计而创造出来,反而会失去其育人过程的真正"活力",所以我们也需等待它自身的"涌现"[④]。因此,利用简单规则以促成自下而上的教育变革和新教育秩序涌现的方式,与对教育事务进行公共选择的方式之间也具有高度的一致性[⑤]。

新高考制度的出现和成长,不可回避地需要经历一种充满不确定性和等待恰当磨合的过程。这种发展变迁的过程,不能够只依赖于改革者精密的整体设计,实际上这种整体设计在面临各种纷繁复杂的利益关系问题时,也容易"不攻自破";而更需要以开放包容的态度,去设身处地地理解和不懈努力地解决新高考制度改革推行过程中遇到的各种困惑、矛盾甚至冲突。制度变迁过程中存在的各种"不确定性",从根本意义上来说,并非阻碍其改革进程的真正障碍,反而是充满想象力和无限可能性的某种存在。然而,"不确定性"本身并不能任由其发展,改革的过程需要致力于解决这种"不确定性"所带来的各种难题,比如最核心的难题就是如何尽可能兼顾新高考制度

① 柳博.新高考制度改革的现状与思考:制度变迁的视角[J].中国高教研究,2020(1):35-41.
② 康永久.教育制度的生成与变革:新制度教育学论纲[M].北京:教育科学出版社.2003.
③ 米歇尔·沃尔德罗普.复杂:诞生于秩序与混沌边缘的科学[M].陈玲,译.北京:生活·读书·新知三联书店,1997:390.
④ 杨小微.从复杂科学视角反思教育研究方法[J].教育研究与实验,2000(3):64-68+73.
⑤ 康永久.教育制度的生成与变革:新制度教育学论纲[M].北京:教育科学出版社,2003.

的公平性和有效性，其他的各种难题都是或多或少地在此基础上衍生出来的。

那么，如何解决制度变迁中的"不确定性"问题？

首先，我们需要以"公平与效率"的彼此兼顾为核心抓手，来试图减少改革过程中可能出现的各种利益摩擦和情绪不满。新高考制度变革所带来的人才培养模式与机制的转变，也势必会对与其相关的一系列制度"配套设施"提出更新的要求，以有效地保障和顺利地推进新高考制度改革的行进过程。然而，中国各省市和各地区的学校由于经济基础的"先天差异"，在这一变革过程中很容易产生"孰先孰后"的问题，而这一先后顺序的把握，以及如何透过先后的不同来调整改革的步伐和增强支持转变的力度，就存在着基本的公平性问题。

其次，制度变迁过程中的"不确定性"不仅是每个人利益的互相牵制和权衡，即个人"私利"的理性计算问题，还关涉整个社会基本"公益"的保障路径，所以我们需要的是一种"各美其美"，而不是教育利益的一方独占。从根本上来说，新高考制度的改革举措，反映出中国高考制度为社会公民和社会发展带来的价值利益出现了危机。因此，我们亟须以一种共同协商、共建未来的价值思维来深入影响制度变革过程，换言之，新高考制度的改革单纯突显和保障任何一方的利益都不可能获得长远的成功，它需要在"好商好量"的基础上"共谋发展、共话未来"①。

最后，要充分发挥新高考制度渐进性改革过程中"自下而上""集思广益"的根本优势，这也是中国制度改革过程中的重要组织智慧之一。新高考制度改革的过程极其复杂，每个人在这个过程中都具有参与的使命，这也是个人在制度改革中"权、责、利"的重要体现。我们都希望改变"应试教育"的模式，但其实更关键的是改变我们彼此"应试教育"的思维。教育不仅是国家、政府和学校的重要工作，也是事关我们每一个人当下生存和未来发展的重要根基。因此，作为新高考制度影响下的每一个个体，我们更需要参与其中，试图改变传统的教育思维，共同打破制度变迁过程中的"公平与效率"的困局。只有这样，我们的规则才能具有生命的活力，我们的思维才能真正助力生命的成长，未来社会的变革才能欣欣向荣。

---

① 宋桂昌.共叙友谊　共谋发展　共话未来［N/OL］［2019 - 01 - 29］.昆山日报，http://www.jrkunshan.cn/culture/show.php/itemid-22221/.

2. 从走向"在教育中"的融通视角来探究新高考制度的革新路径

新高考制度改革中致力于解决的"公平与效率"的长期困境,仍需回归到教育问题本身进行思考,重新理解社会育人理念的迫切期待,重点转向教育的自身逻辑进行原因的分析,我们将这种看待与解决问题的视角,称之为走向"在教育中"的融通视角,即新高考制度改革在任何方面的革新,都需要回归到为社会培育创新型人才的教育目标上来,都需要用教育的眼光、教育的思维和教育的方式来解决"在教育中"的难题。有学者提出,新高考制度改革所追求的是一种多向贯通,多元融合的"菁英教育"(菁英:充满生长力的,各自卓越的),秉承的是一种生长教育观。[①] 这一观点与我们新时代教育所提倡的"五育融合"理念不谋而合,融通一体。作为新时代教育发展过程中的重要突破,"五育融合"不仅是一种育人理念的融合提升,更是一种育人路径的有效把握。与此同时,它更是教育初心的根本回归,也是社会育人过程的深刻反思。新高考制度的改革过程,同样需要兼容新时代"五育融合"的育人理念和育人路径,来解决高考探索路径中不得不面临的公平性与有效性的基本问题。

从教育本身的视域来看,新高考制度的改革动机在于解决"在教育中"的根本问题,这一根本问题需要回溯到教育思维与教育理念中来。我们对于教育中"公平与效率"的讨论,往往受限于社会政治、经济等教育外的领域,一直忽略了"在教育中"的"公平与效率"面临两难的问题根源。质言之,教育自身理念和思维的科学重建,才能真正解决"公平与效率"内外交困的根本难题。

长期以来,我们的教育理念和教育思维存在两方面重要的局限。

第一,我们的教育理念和教育思维过于重视智育。尽管像叶澜先生在内的众多学者早在 20 世纪末就开始疾呼我们须尽快转变单一的育人理念,重新拓展教育自身丰富的育人价值,而不要把教师作为单纯的知识传递者,把学生当作简单的知识接收者。这里的"知识",就是与智育相关的一切知识。从教育理念来看,我们一直树立和坚持的正是这样一种极为不公平的教育制度。每当我们为这种教育制度所带来的"高效性"欢呼雀跃时,我们忽视了被这样一种教育制度排斥在外的那一群人的痛苦与焦虑。这又何尝

---

① 葛军.应对新高考,做品质教育[J].江苏教育,2019(34):33 - 35 + 39.

不是一种不公平基础上的严重"低效"呢？我们的教育呈现出"只见森林，不见树木"的畸形景观，远远望去一片青葱，走近观之，尽是"荒芜"。也许有人会质疑，我们并非只注重了智育，我们也同样关注到了德育的重要性，但是这种关注往往流于形式，而没有深入内心，因而每当我们以实际行动观之，就会发现"有名无实"。因此，基于以往教育理念和教育思维存在的种种局限性，新高考制度改革有必要借鉴"五育融合"的新思路，摒弃智育独大的教育评价观和工具化与短视化的教育人才观，打破割裂的、单一的育人理念和育人思维，孕育"在教育中"的教育理念生态合力①，继而从根本上扭转教育制度的不公平与低效性。借助新高考制度改革重新发力，聚焦共生型和多元化的课程生态、教学生态、资源协同生态、教育评价生态以及教育治理生态重建等举措②，来真正打破"在教育中"的"公平与效率"的困局。

第二，我们缺乏一种中国式教育的思维理念。任何的制度都具有适合自身生长的土壤，好的嫁接固然需要，但如果因此破坏了它本身的生长机能，就会严重挫伤它已有的生长力。我们深知"尺有所短，寸有所长"的借鉴道理，但这并非承认"头痛医头，脚痛医脚"的借鉴局限。西方国家的教育制度确实有其智慧之处，但我们是否也需看到这些教育制度本身惯常生长的社会"土壤"有所差异？中国的新高考制度变革，始终是在中国的教育变革行动中发生并进行着的；而且它也必将面临如何在中国教育领域中实现社会化的过程。与此同时，它还需要与工业化教育的思维弊端以及中国封建教育的思维局限③进行长久的斗争，这种工业化教育的思维能如此根深蒂固的原因之一，就在于我们长久以来过于崇拜西方所谓成功的教育制度经验和实施路径。因此，当我们对西方教育制度过于信赖时，就会带来对本国教育制度的严重不自信，因而也带来了教育发展中的不平等现象。这些不平等现象对于中国整体的教育事业来说，正是一种不公平的体现，由此造成的中国教育改革中的"公平与效率"困境，也变得棘手和困难。

---

① 宁本涛."五育融合"与中国基础教育生态重建[J/OL].中国电化教育，2020(5)：1-5[2020-07-23].http://kns.cnki.net/kcms/detail/11.3792.G4.20200410.1639.002.html.

② 宁本涛."五育融合"与中国基础教育生态重建[J/OL].中国电化教育，2020(5)：1-5[2020-07-23].http://kns.cnki.net/kcms/detail/11.3792.G4.20200410.1639.002.html.

③ 顾明远，彼得·圣吉，周作宇，等.未来的教育：我们如何迈向新的时代——顾明远与彼得·圣吉凝聚东西方智慧的跨界对话[J].比较教育研究，2016，38(1)：1-6.

因此,通过构建"五育融合"的"教育新体系"①,来整体把握中国教育的新问题,走向"在教育中"的融通视角,改变"在教育中"的人的评价观,是新高考制度改革过程中打破"公平与效率"困局的重要解决路径之一。

3. 基于"三才"一致的人才发展视角共建新高考制度的美好未来

新高考制度改革还需要基于"三才"一致的人才发展视角来实现共建新高考制度的美好未来。然而什么是"三才"一致的人才发展视角呢? 我们认为新高考制度转变的不仅是国家、社会、学校"选才"的根本机制,还提出了如何为未来社会更好地"育才"和"用才"的新要求。因此,新高考制度重建我国高考选拔机制的努力,不仅需要实现如何公平和高效地选拔人才,还需要做到公平和高效地培育人才和选用人才。

新高考制度首先需要明晰的是,它不再只是国家"选才"的制度设计,而需要致力于将国家"选才"下位到大学"选才"、中小学"选才"的实际过程中,尤其需要赋予大、中、小学自主"选才"的灵活与自由,甚至能够兼顾本十件、地方性以及学校自身的特点,进行"选才"模式的合理设计与充分开发。因此,新高考制度改革过程中,应根据教育对象的全面发展需求和特殊发展路径,而进行"选才"过程的权利下移、理念下移和行动下移。

伴随着"选才"目标的一体式重心下移过程,学校育人理念也将发生根本的转变,其中最重要的是"育才"的转变,表现为"学校不能只关心少数'尖子'学生,为高一级学校培养专门化的、精英式的人物服务,仅以培养出获奖学生、考上名牌大学或后来成为著名人物的学生为荣(在各类校庆和校史展览中,人们最能感受这一点),而是致力于每一个学生的发展、为学生的终身学习与发展奠定坚实的基础"②。以往"掐尖"式的人才培育理念和学校发展模式,不仅不利于我国人才的多元化培养,也在一定程度上阻碍了社会的公平与公正。从以往的高考制度改革中,我们发现了大学"自主招生"政策的身影,尽管"自主招生"政策已被取消,代之以教育部提出的"强基计划",但是原有的"自主招生"理念和制度探索经验仍然被承袭了下来。"强基计划"最突出的一点就是已经跳出招生的狭隘范畴,着眼于国家对人才的战略需

---

① 李政涛,文娟."五育融合"与新时代"教育新体系"的构建[J/OL].中国电化教育,2020(3):7-16 [2020-07-23].http://kns.cnki.net/kcms/detail/11.3792.G4.20200310.1628.004.html.
② 张向众,叶澜."新基础教育"研究手册[M].福州:福建教育出版社,2015.

要,贯通国家急需拔尖创新人才的选拔与培养两阶段。在这一点上,"强基计划"显然比原来的自主招生站位更高①。因此,新高考制度改革中,需要着重协调"强基计划"的育人理念和育人模式,做到"选才"与"育才"的有机统一,回到为社会培育"整全人才"的原点。

新高考制度的转型,不仅要在教育理论与教育实践相互结合的层面,坚持"选才"与"育才"的高度统一,还需要明确其"与身俱来"的教育责任②。因此,这就需要立足于新高考制度如何与社会用人制度紧密联合,做到"用人"层面的公平性与有效性。从公平性来看,需要借助新高考制度改革发力,推动我国基础教育领域教学与管理变革的与时俱进,使我们的教育体制能够为人一生的发展蓄积动力和奠定基础,从而真正摆脱短期性培育模式对人造成的终身"困扰"。从有效性来看,需要加强社会与学校之间的评价机制的联动共建,改变长期以来的选择性评价模式,走向发展性评价的改革过程。

因此,新高考制度改革依旧是任重道远,它需要基于"选才""育才"与"用才"一致的发展视角,共建、共创、共享新高考制度的美好未来。

四、教育人力资本研究范式的限度及其完善

"范式"(paradigm)一词源自古希腊语 paradeigme,包含"共同显示"的意思,由此衍生出模式、模型、范例等义,英语中的"范式"原意为"语法模式"。《现代汉语词典(第 7 版)》中"范式"释义为:可以作为典范的形式或样式;模式。③ 学界普遍认为,"范式"这一概念是由美国科学哲学家库恩(Kuhn)在《科学革命的结构》中最早提出的,他认为"范式"是"科学家集团所共同接受的一组假说、理论、准则和方法的总和"④。

"范式"作为库恩范式理论的核心,代表了某一历史进程中公认的科学理论体系。库恩在《必要的张力:科学的传统和变革论文选》中对"范式"进行了再思考。他认为:"'范式'一词有两种意义不同的使用方式。一方面,它代表着一个特定的共同体的成员所共有的信念、价值、技术等等构成的整体。另一方面,它指谓着那个整体的一种元素,即具体的迷题解答;把它们当作模型和

---

① 陈志文."强基计划"不是自主招生的升级版[J].中国民族教育,2020(2):8.
② 李政涛.现代信息技术的"教育责任"[J].开放教育研究,2020,26(2):13—26.
③ 中国社会科学院语言研究所词典编辑室.现代汉语词典[M].7 版.北京:商务印书馆,2016.
④ 库恩.科学革命的结构[M].金吾伦,胡新和,译.北京:北京大学出版社,2003.

范例,可以取代明确的规则以作为常规科学中其他迷题解答的基础。"①巴斯、盖奇认为:"范式是模型、型式或图式,范式不是理论,更确切地说,它是思维方式或研究型式,当人们运用这些方式或型式时,就可以导致理论的形成。"②盖奇等同时指出,范式具有两个特点,一是具有普遍性;二是常以图表或纲要的形式来研究问题情境中各种因素之间的关系。"范式"概念具有多义性、可塑性与丰富性,其界定虽经历了不同的阶段,但成分始终包括三部分:"共同信念、共同的研究问题、共同的解题方法。"范式就是这三个成分的集合体。

传统教育经济学研究范式是我国教育经济学界盛行的、以新古典经济学中的人力资本理论为根基的研究范式。"工欲善其事,必先利其器",反思研究范式是学术研究领域亘古永新的话题。以教育经济学研究方法近四十年的演进为例,笔者曾运用文献计量分析对《教育与经济》杂志于 1985—2020 年的有效文献进行获取,就使用研究数据情况、定量研究方法使用情况、研究结果展示情况以及文献高频关键词情况等分析统计,结果发现四十年来教育经济学定性研究逐渐向定量研究范式转变,且实证研究的规范化程度以及方法与问题的适切性等进一步提高,研究热点逐步从宏观、国家、区域层面向微观、学校、个体层面转变。同时也存在定性和定量研究范式外的其他研究范式较少、采集获取一手数据进行研究的比例较小、缺乏对学科发展及人的基本教育制度安排问题的持续关注等问题。基于此,笔者认为教育经济学的未来之路,应秉持跨学科的融合观,同时加强教育学的参与,一是教育经济学研究范式还应拓展教育经济哲学和价值研究、伦理决策范式研究以及教育经济实践研究范式;二是秉持研究方法融合的方法论意识,以历史的全面的视角选择合适的研究方法,同时注重研究一手数据的采集挖掘;三是研究中国教育经济学"真问题",持续关注学科发展和人的教育制度基本问题;四是人力资本理论需扩充人格资本和社会资本等内涵,以及亟须构建具有中国特色的教育经济学理论体系、学科体系和学术体系。

西方人力资本理论形成于 20 世纪 60 年代,这绝不是偶然的,而是有着

---

① 库恩.必要的张力:科学的传统和变革论文选[M].范岱年,纪树立,等译.北京:北京大学出版社,2004.

② 巴斯,盖奇.认知、大脑和意识:认知神经科学引论[M]王兆新,库逸轩,李春霞,等译.上海:上海人民出版社,2015.

深刻的理论和现实原因。二战以后,经济学家们发现有若干经济现象用传统的经济学理论是无法解释的。例如,为什么经济增长总是高于要素投入的增长?为什么德国、日本等资源贫乏国能在战后得到迅速恢复并重新崛起?一些经济学家从传统经济学局限于物力资本研究的狭隘视野中摆脱出来,将研究视角从物转到人,多从教育、健康、劳动者技能等方面对上述问题进行深入研究和探讨,并做出了令人信服的解答,从而直接推动了现代人力资本理论的形成。

西方人力资本理论的形成标志是西奥多·舒尔茨(Theodor Schultz)在1960年美国经济学会年会上所发表的著名演讲《人力资本的投资》,因此,他也被后人誉为"人力资本之父"。以此为开端,人力资本研究引起了经济学界的广泛关注,许多学者纷纷发表论文表达自己的观点。1962年,《政治经济学杂志》10月号增刊以"对人的投资"为题专门刊发了一组关于人力资本研究的文章,迅速推动了人力资本研究热潮的到来。虽然雅各布·明塞尔(Jacob Mincer)对人力资本理论的形成也做出了开创性贡献,但是正如教育经济思想史专家马克·布劳格(Mark Blaug)说过的一样,明塞尔在舒尔茨、贝克尔之前"发现"了人力资本,但该理论的创始人通常被认为是舒尔茨。[①]

何为人力资本?其经济属性是什么?它为何对解释经济增长至关重要?舒尔茨对这些问题曾做过如下回答:人们需要有益的技能和知识,这是显而易见的,但是人们却不完全知道技能和知识是一种资本,这种资本实质说来是一种计划投资的产物;这种投资在西方社会按着一种比传统的(非人力)投资大得多的速率增长,而且这种增长恰好是该经济体系最为突出的特点。[②] 人们已经广泛地注意到,跟土地、工时及物质再生产资本的增加相比较,国家产出的增加是很大的。人力资本投资可能是解释这种差别的主要因素。

人力资本的概念可以从两个方面理解:一是相对一个个体而言,人力资本是指通过投资形成凝结在人身体内的知识、能力、健康所构成,能够物化于商品和服务,增加商品和服务的效应,并以此获得收益的价值;二是相对

---

① 布劳格.经济理论的回顾[M].姚开建,译.北京:中国人民大学出版社,2009.
② 舒尔茨.教育的经济价值[M].长春:吉林人民出版社,1982.

与一个总体来说,人力资本是指一个国家或地区中每个人具有的知识、能力、健康等个体人力资本构成因素的整合,并能物化于商品和服务,提高商品和服务产出效应的价值。

人力资本理论的基本原理包括以下几方面。

第一,人力资本是靠对人的教育、健康等投资而形成的资本。人力资本包括质与量两个方面。质是指凝聚在高级劳动者身上的、每当劳动时支出的身体内的体力和脑力的总和,尤其是智力的支出。量是指一个社会中从事有用工作的人数及百分比,以劳动时间为指标。人力资本的实质就是商品化的工人,也包括知识分子的劳动能力。凡是能形成这种人力资本的投入,甚至包括所用的时间都是人力投资。

第二,人力资本的作用大于物力资本的投资。物力资本和人力资本都是发展经济不可缺少的生产性投资,如果没有人力资本投资,物力资本投资再多也是无效的。要发展经济,人口质量是比土地、货币资本和人口数量问题更为重要的问题,是现代经济发展的核心问题。而教育是提高人口质量的关键,教育具有极强的生产性。各国人口质量的不同,主要取决于后天的能力,这种能力主要是知识、技能、文化水平、企业家能力等,这是教育的结果。

第三,教育投资的收益是可以测算的。要进行人力资本投资收益的测算,比如培养一名高中教师花了多少费用,这个高中教师一生中服务的效果是多大,也能用金钱测度出其收益率。这个高中教师服务的收益与培养这个高中教师的花费的比率,就是这项人力资本投资的收益率。如果要测量某一阶段教育的收益率,如大学教育的收益率,其具体方法是:先测定不同学历或教育阶段的毕业生所得收入的差额,这一差额与该阶段教育费用之间的比率就是该阶段的教育收益率。舒尔茨还创立了"经济增长余数分析法"。他在分析美国 1929—1957 年国民经济收入时,发现国民经济收入由 1929 年的 1500 亿美元,到 1957 年增长到 3020 亿美元,总增长值为 1520 亿美元,其中有 710 亿美元不能由物的投资和劳动力数量增长加以说明。他为了寻找这 710 亿美元的余额,就创立了这种经济增长余数分析法。通过具体运用此种方法,求得教育投资对经济增长的贡献,所以也称为"教育投资收益率计算法"或"投资增量分析法"。

舒尔茨认为,很多被我们称之为消费的东西构成了人力资本投资。用在教育、卫生以及为获得更好的就业机会而进行的国内迁移方面的直接费用就是证明。成年在校生及在职训练的工人所放弃的收入也同样是清楚的范例。但是，在任何地方这些都未列入国家统计数字中去。利用闲暇时间去提高技术增长知识的现象很普遍，这同样没有记录在案。利用这些以及类似方法，人们的工作质量可以大大改进，生产力可以很快提高。他断言，对于每个工人实际收入的明显增加来说，人力资本投资是地地道道的"源头活水"。

如果根据一种把人力资本、物力资本都包括进去的全面的资本概念去考虑问题，并认为所有资本都是由投资的方式产生的，那么这种想法既颇有裨益又妥帖正当。长期以来，人们就抱有一种顽固的偏见，认为资本只包括物质设施、建筑物、器材和物资库存等。这种偏见在很大程度上成为政府贬低人力资本投资抬高物力资本投资的固执态度的原因。在很多国家，最优先受到考虑的是钢厂、民航、辅助工业以及土地开发等，而只把少量资源留给中等和高等教育。长期以来，这种反常的投资减少了生产和福利的潜力。理想的投资方式应该是增加那些可能产生最佳预想收益率的资本形式。当代高收入国家的财富是由什么构成的？主要是人的能力。当亚当·斯密写出他很有创见的《国富论》一书时，他还没有料到这些事。在这些高收入国家中发生的现象是：来自财产方面的收入与来自工资薪金以及企业活动的收入相比，显著降低了。在美国，国民收入的五分之一来自物力资本即财产，而五分之四来自人力资本。总之，西方人力资本理论认为教育是一种重要的以提升个人的知识与技能以及能力的人力资本投资活动，具有较强的直接的投资收益价值。

人力资本理论从一开始就形成了两种研究思路。一种是结合经济增长问题，对人力资本在经济增长中所起的作用进行深入探讨，用人力资本理论对所观察到的用传统理论无法解答的经济现象加以解释，如"增长余值之谜""列昂惕夫之谜"等。显然，这种思路是基于宏观分析的，所以可以称之为人力资本理论的宏观研究思路。另一种是用经济学方法对个人及家庭的行为进行分析，把教育、婚姻、生育、健康、迁移等都纳入投入—产出的分析框架，试图从微观经济主体的层面揭示人类行为的一般规律。我们将这种思路称为人力资本理论的微观研究思路。

在人力资本宏观研究思路上做出突出贡献的经济学家有舒尔茨、K.J.

阿罗(K.J. Arrow)、E.丹尼森(E. Denison)等人。舒尔茨在人力资本理论方面所做的开创性贡献可以归纳为以下几点。第一,从概念上对人力资本提供了权威性解释,并明确界定了人力投资的范围和内容,构建起人力资本理论的概念性框架。第二,运用人力资本理论对许多所观察到的、用传统资本理论无法解释的经济现象进行分析,为经济学研究注入了新思维。第三,从经济学角度对人的时间价值进行分析,认为有效地分配和利用时间的能力是人力资本的重要组成部分,"人的时间价值在低收入国家和高收入国家之间存在着相当大的差距"①。第四,将关于贫困问题的理论纳入经济学的研究范畴,建立了"贫困经济学"理论。在他看来,贫困的根本原因并不在于"穷人的大量增殖"②而在于穷人人力资本的缺乏。

在人力资本微观研究思路上取得重大研究成果的有明塞尔、贝克尔等人。明塞尔对人力资本理论的贡献主要在于以下几方面。第一,提出了著名的明塞尔人力资本收益函数,后发展成一种简单的经济计量学工具;第二,用人力资本理论解释个人收入差别,认为收入差别之所以发生是因为个人在人力资本质量上存在差异,为便于分析,他构造出具有极大工具价值的收入剖面图(earnings profile);第三,将人力资本理论与分析方法运用于劳动市场行为与家庭决策,提出了许多新的理论洞见。贝克尔的重大贡献表现在以下几方面。第一,把人力资本理论研究引入家庭经济行为领域,为人力资本理论奠定了坚实的微观基础,尤其是对生育率的微观经济分析,具有重要的学术创新价值。他认为,孩子的数量与质量有着某种替代关系。第二,提出了家庭时间价值和时间配置观念。与传统经济理论对于时间的分析不同,他认为,时间既可以用于劳动市场的有酬工作,又可以用于多种形式的无酬工作,两者同样具有经济价值,是必不可少的。通过合理的时间配置,实现两者的最佳组合,可以使消费者获得最大效用。第三,把收集价格与收入的信息也作为人力资本投资的一项重要内容。他指出人力资本投资就是"通过增加人的资源影响未来货币与心理收入的活动。这种投资包括正规学校教育、在职培训、医疗保健、迁移,以及收集价格与收入的信息等多种形式"③。第四,特别关注教育和培训的作用。他指出,不同的培训方式其

---

① 舒尔茨.论人力资本的投资[M].吴珠华,等译.北京:北京经济出版社,1990.
② 舒尔茨.论人力资本的投资[M].吴珠华,等译.北京:北京经济出版社,1990.
③ 贝克尔.人力资本[M].梁小民,译.北京:北京大学出版社,1987.

费用支付方式也应该不同。

新经济增长理论的兴起开创了人力资本研究的新局面。20世纪80年代中期以后,经济学家们发表了一系列以构建技术内生化经济增长模型为核心的著名论文,推动了新经济增长理论的兴起。1986年,美国经济学家保罗·罗默尔(Paul Romer)发表了《收益递增与经济增长》一文,提出了"收益递增的长期经济增长模式"。1988年,R.卢卡斯(R. Lucas)发表了著名论文《论经济发展的机制》,提出了"专业化人力资本积累的经济增长模式"。1990年,罗默尔又建立了一个包括最终产品、中间产品和研究与开发(R&D)三部分在内的增长模型,克服了他本人(1986年)和卢卡斯(1988年)的模型中没有微观基础的缺陷。新经济增长理论的一个显著特点就是将人力资本视为重要的内生技术变化因素纳入经济增长模型,从人力资本角度揭示增长的根本原因,用人力资本差异重新阐释经济增长率和人均收入上广泛的国际差异。至此,人力资本引起了经济学家和各国政府的高度重视,人力资本理论研究因而也出现了前所未有的兴旺局面。

首先是在教育投资研究领域取得长足进步:教育是人力资本投资最主要的手段。进入20世纪90年代以来,有关教育投资的研究也空前活跃。具体表现在:①研究范围得到极大扩展,由原来少数人对少数西方国家的研究扩展为世界性研究;②对发展中国家的教育投资收益问题研究日益增多;③教育对长期增长以及收入不平等的影响日益引起经济学家们的关注。

其次,人力资本产权和人力资本外部性问题研究逐步进入了经济学家们的视野。越来越多的经济学家注意到,人力资本也是有产权属性的。从所有权看它属于人力资本的拥有者本人,但从使用权看则不尽如此。人力资本产权界定明确与否,直接决定着人力资本的积累及其价值实现。如果人力资本产权遭到破坏,其价值将立即贬值或荡然无存。因此,设计合理的制度安排以保护劳动者的人力资本产权就显得极为重要①。

自20世纪60年代以来世界政治经济发生了巨大变化,世界政治经济正变得越来越具有竞争性和全球性,并越来越为信息和通信技术所影响和制约。这就使得作为技术知识和应变能力的人力资本成为生产过程中的一个更为关键的投入因素。这些变化也同时意味着需要从新的角度看待人力资

---

① 杨明洪.论西方人力资本理论的研究主线与思路[J].经济评论,2001(1):90-92.

本的含义及其形成和实现,以及它在经济增长和劳动力市场中的作用。

　　人力资本理论在 20 世纪五六十年代曾对许多国家的经济和社会发展决策起了很大作用。许多国家把人力资本理论作为经济发展的理论基础,大力发展教育事业,追加教育投资。但是,这样做的结果到 20 世纪 60 年代末和 70 年代初人们开始发现,教育投资并没有收到预期的效果,超度教育、过度教育收益不大,并且还出现了许多社会问题、经济问题、教育问题。这种情况不得不引起了教育经济学界人士对人力资本理论"合理性"的怀疑,他们认为人力资本理论不够完善,有难以克服的缺点。于是西方又有些学者提出了新的理论和主张,主要有"筛选假设理论""社会化理论""劳动力市场分割理论"。这些理论从观点、方法到研究对象,以及教育对经济发展的含义都与对人力资本理论的补充、修正甚至是反对相关,西方人士一般把这三派理论称为"教育经济学第二代理论",以便区别于第一代人力资本理论。在第二代经济理论推动下,教育经济学开拓了新的研究方向,国外称之为教育经济学进入了一个新时代。

(一) 社会化理论

　　"社会化理论"是从研究教育如何培养、训练劳动力的个性特征,从而为生产服务、为发展经济服务,论证教育与经济的相互关系。其主要理论观点是批评早期的人力资本理论,认为在现代社会里,教育的作用首先不在于提高劳动力的知识技能或认知能力,而在于它的社会作用。所谓社会化,就是着重培养和训练社会生产中需要的各种劳动力的个性特征如服务的意志品质。另外,从教育和社会不平等关系上说,资本主义社会的教育不但没有促进社会平衡,而且还会再生产社会不平等。

(二) 劳动力市场分割理论

　　"劳动力市场分割理论"则注重分析劳动力市场的内部结构,从而说明不同的劳动力在劳动力市场上受到不同的待遇,进而阐述教育对经济的功能。它反对人力资本理论关于受教育程度与工资水平成正比例关系的观点,认为劳动力市场分为两个部分,一部分是主要劳动力市场,另一部分是次要劳动力市场。在主要劳动力市场,劳动力的受教育水平是比较高的,教育程度与工资水平是成正比例关系的,而在次要劳动力市场,劳动力受教育水平是比较低的,受教育程度与工资水平的正比例关系是不成比例的。在美国等西方社会主要劳动力市场由白人占据统治地位,这个市场工资待遇较高，就业机会多，工作比较保险；而在次要劳动力市场，大部分是黑人劳动力，工人工资低，容易失业，没有工作保障。在此基础上论证教育与经济的关系，有把劳动力分到不同劳动力市场的作用，劳动力在不同的劳动市场受到不同的待遇，说明教育有把人等级化的作用。

（三）筛选假设理论

"筛选假设理论"是对人力资本理论假设的冲击最大的一种"新人力资本理论"。该理论认为教育的本质是信息，是一种提供社会（在劳动力市场上的雇主）进行人才选拔的有用符号。其主要观点是：同意人力资本理论把受教育程度与工资收入水平看成正比例关系。不同之处在于，人力资本理论把受教育程度与工资水平的正比例关系说成通过提高从业者的教育水平，提高其就业和工作能力，从而提高工作水平，而筛选理论则认为教育程度与工作水平的正比例关系是通过教育的筛选作用形成的。进而言之，教育的主要经济功能不是提高能力，只是反映能力，也就是说教育的主要经济功能不是培养人才，而主要是选拔人才（教育大大降低企业招聘人才的交易成本）。该理论主要解决了20世纪70年代的诸多社会与经济问题如学生毕业后找不到工作。但又出现了另外的问题如教育"文凭主义"膨胀现象。

但是，是否"文凭主义"在某些地区的盛行就足以表明教育基本功能是选拔人才而不是造就人才呢？笔者认为，筛选假设理论，只是说明并验证了教育"筛选人才"的教育经济功能，这种功能的确是"第一代人力资本理论"所忽视的。但是，它似乎并不能完全推翻第一代人力资本理论的基本内核：教育能提高人口的质量尤其是人的劳动能力进而带来收入的增长、企业的发展和国家的富强，这是客观事实。或者说它修正的积极意义在于提醒人们教育与个人收入增长的关系不是直线式，还有许多我们需要不断探讨的问题。总之，在中国教育活动在实施重要的人才选拔功能外，也的确对人口的质量如知识与技能的传播、公民文化道德水平的提高等起到了非常重要的作用。只是中国教育的发展还没有真正从"应试教育"转型到"素质教育"上来。笔者认为，随着中国制度创新环境的好转，这种转型迟早是要完成的。

不可否认，人力资本理论的产生不仅带来一场经济增长理论的"经济学革命"，更重要的是对教育学学科的发展也产生了极其深远的影响。具体表现在，一方面，人力资本理论深化了我们对"人的本质"问题的认识。人力资本理论认为，要充分认识人的本质属性，必须超越人的自然属性，必须从人的社会性出发。而人的社会性中最基本的内涵就是人的生产性和创造性。只有"以人为本",充分尊重这种生产性和创造性的制度设计才是一种具有生命力的好制度。另一方面,人力资本理论对人类社会在认识"教育与经济"的关系以及"我们为什么要受教育"问题上获得了突破性的进展,开辟了教育投资与收益的研究新领域,为一门新的边缘学科即教育经济学的产生奠定了基础。人力资本理论认为教育投资作为一种生产性投资,是形成人力资本的核心,它对经济的发展具有至关重要的作用。同时,该理论认为教育的本质功能是为经济服务而不是仅仅为政治服务,把教育从上层建筑的意识形态圣坛拉回到了经济基础的大地上,深化了对教育的社会功能及其本质的认识。说到底,与传统教育相比,现代教育不再是为少数人"炫耀"服务的"政治化精英教育"而是为社会化大生产服务的"产业化大众教育"。进而言之,现代教育的基本经济功能不是选拔少数政治官吏,而是培养适应社会发展的具有一定劳动本领的各级各类的劳动者。该理论对教育尤其是高等教育的发展非常有利。高等学校必须讲求办学效益,必须讲求投入产出,必须适应市场和社会的需求。

西方人力资本理论是有缺陷的,对复杂教育经济问题的解释也越来越力不从心。人力资本理论有其先天的不足。首先,人力资本理论抹杀了劳动创造价值的基本事实,具有理论上的不彻底性。其次,强调教育对工资的影响掩盖了社会制度的不公平。尤其重要的一点是,人力资本的数量分析脱离了生产关系的制约,忽视了社会关系对经济的影响作用,抹杀了人的本质是一切社会关系的总和的基本观点。人不仅是资源要素之一,也是运用资源的主体,人在运用资源要素的过程中,不是作为单个人出现的,而是作为社会群体出现的。西方人力资本学家将更多的注意力放在人作为资源要素作用上,在一定程度上忽视了人在运用资源时的主体存在状态——社会关系。再者,人力资本理论研究教育与经济增长的关系也没有深入到经济增长的全部因素。珀尔塔等人发现,在许多国家,诚信值上升 1 个标准差则会带来 0.7 个标准差的司法效率的提高以及 0.3 个标准差的政府腐败的降低①。这同样可以带来经济的增长。这些都是人力资本理论所没有讨论的

---

① 转引自爱德华·格拉泽,罗建辉.社会资本的投资及其收益[J].经济社会体制比较,2003(2):35 – 42.

因素。

具体说来，人力资本理论的局限还表现在以下方面。①把人力投资"资本化"，关注人力投资的个人经济回报价值，抹杀了资本的实质——工人或知识工人的商品化。②把人力投资与物质投资等同起来，认为他们都创造社会物质财富的观点也是不妥的，马克思主义政治经济学认为，只有工人或知识工人的活劳动才是创造价值的源泉。③人力资本理论的"收益论"同时掩盖了包括"知识工人"在内的劳动者同样受剥削的阶级实质。④人力资本理论夸大了教育在国民经济发展中的作用，决定一国经济发展的因素是多种多样的，如文化传统、制度安排、资本筹集等，教育只是其中一个必要因素。同时，教育作用的发挥还需要其他各条件的配合。⑤将教育与经济增长的关系简单化，其计量模型也是有缺陷的。教育必须要在良好的制度和体制内，良好的政策模式和分配机制下，才能推动经济的增长。⑥人力资本理论研究更多关注的是人力资本的个体以及人们的知识、技能和健康等因素，而对人力资本作为人体所特有的质量，会对人和人之间的关系造成的影响，人力资本所蕴含的制度创新价值以及人的个性和人的思想道德品质的经济意义等问题都未有明确的阐述。

最后需要注意的是，人力资本理论单纯从新古典经济学视角来看待对人的教育投资问题，把教育当成一种纯经济行为，客观上弱化了教育的其他功能，如社会功能、文化功能等。其实，根据现代教育学原理，教育的功能不只是提高人的劳动技能，促进生产力的发展，更要促进人类精神的提升、社会的和谐存在，维护人类的尊严和道德。为此，我们需要拓展对教育投资的资本内涵认识，在关注教育投资的人力资本价值形成与实现的同时，探讨教育投资在个体和组织发展中的精神资本和社会资本问题。该问题是当前教育经济学基础理论研究面临一个极其重要的研究课题。

因此，必须重塑新的教育经济价值观。教育投资并不仅仅具有人力资本的投资价值，好的教育应当形成个体或群体的三种教育资本，即人力资本、社会资本和精神资本。其中，人力资本是指体现在受教育者身上的一种基础资本类型，它是劳动者拥有的知识、技术水平、工作能力以及个人的健康状况方面的价值总和。人力资本尤其优秀的人力资本不是自然生成的，而是通过包括家庭和学校教育投资而形成的，这种投资包括学习培训费用、时间投入、机会成本等。这种资本在人力资本理论学派看来具有重要的经济价值。比如一个组织的发展,不仅取决于组织的物力资本、财力资本,更取决于人力资本的数量和质量。企业家是企业发展的关键的人力资本;校长和教师是学校发展的关键人力资本。

20 世纪 80 年代至 90 年代,美国学者科尔曼(Coleman)、普特南(Putnan)等先后提出了社会资本理论并将社会资本理论作为人力资本理论基础上的理论发展加以阐述,深化了舒尔茨关于人力资本理论中人与经济发展的关系。按照普特南的定义:社会资本是指社会组织的那些可通过促进协调行动而提高社会效能的特征,比如信任、规范及网络。科尔曼则从社会资本的功能角度指出:许多具有两个共同之处的主体,它们都由社会结构的某些方面组成,而且它们都有利于行为者的特定行动。亚历山德罗·波茨(Alejandro Portes)认为:"社会资本是指个人通过他们的成员资格在网络中或者在更宽泛的社会结构中获取短缺资源的能力——获取的能力不是个人固有的,而是个人与他人关系中包含着的一种资产。"[①]埃莉诺·奥斯特罗姆(Elinor Ostrom)认为,"社会资本是关于互动模式的共享知识、理解、规范、规则和期望,个人组成的群体利用这种模式来完成经常性活动。它包括家庭结构、共享规范、规则体系等"[②]。

另外一种综合的观点认为,社会资本是指在一个国家或地区,通过民众自由地将个体人力资本进行横向的社会组合而生成的能够促进一个国家经济和社会持续发展的社会关系结构和社会心理结构[③]。它包括:①合作性企业和自愿性社团组织;②畅通和谐的横向交往网络;③民主自治的社会契约;④互相信任的心理认同;⑤互学共进的合作创新心态。这种观点认为,社会资本对人力资本的形成具有协同效应作用。人力资本含量相同的组织因社会资本的不同而产生的经济增长等各方面的作用不同。社会资本理论从群体人力资本的角度研究社会经济增长,把社会心理关系、社会契约、组织结构、家庭结构、共享规范、规则体系等引入分析中。社会财富的增长是人力资本与社会人际关系等构成的一切社会关系的共同作用。

---

① 布朗,木子西.社会资本理论综述[C]//李惠斌,等.社会资本与社会发展.北京:社会科学文献出版社,2000.
② 埃莉诺·奥斯特罗姆,龙虎.社会资本:流行的狂热抑或基本的概念[J].经济社会体制比较,2003(2):51-58.
③ 童宏保.从教育资本到社会资本:教育经济学研究的新视角[J].教育与经济,2003(4):23-27.

综合以上观点，笔者认为，教育不仅是提高人力资本存量，也通过提高对社会关系的认知能力、制定合理的共享规范和合理的组织结构等社会资本存量从而达到促进经济增长和社会发展的目的。因此，研究教育经济学不能仅仅局限于人力资本的范畴，更应该通过社会资本来凝集人力资本，达到人力资本组合的帕累托最优效应。只有从社会资本理论这一新的视角研究教育对社会资本投资、形成与影响以及对经济增长和社会发展的作用，我们才能更准确、更全面地把握教育与社会经济发展的相互关系。

第三种亟待重视的教育资本类型是道德资本。王小锡认为："所谓道德资本，从内涵上它是指投入经济运行过程以传统习俗、内心信念、社会舆论为主要手段，能够有助于带来剩余价值或创造新价值，从而实现经济物品保值、增值的一切伦理价值符号。从外延上，它既包括一切有明文规定的各种道德行为规范体系和制度条例，又包括一切无明文规定的价值观念、道德精神、民风民俗等。从表现形态来看，道德资本在微观个体层面体现为一种人力资本，在中观企业层面体现为一种无形资产在宏观社会层面体现为一种社会资本。"[1]笔者认为，所谓道德资本，从教育学视角理解，就是受教育者个体或群体身上表现出来通过教育与启蒙形成的一种人文（人之为人）的自我超越的精神层面的资本。如个体或全体形成的道德素养、自我超越精神、优良品格。这种教育资本是一种无形的教育资本，也是一种最高意义上的教育资本，从教育的投入与产出看，以上这种文化资本的培养更难，花费的心力更多，却是收益更大更可持续的教育资本。精神资本越丰富越能带动和有效促进人力资本和社会资本的生成，并带来个体或群体更大幸福收益。如何开发受教育者和劳动者身上的文化资本是未来教育界和经济学界一个亟须共同探讨的课题。人才的判定标准有一个说法：有德无才是"次品"、有才无德是"危险品"、无才无德是"废品"，德才兼备才是"正品"。众所周知，中国拥有约14亿人口，是世界上最大的发展中国家，人口数量庞大，人口文化素质尚有待提升，因此，我们亟须进行人力资本、社会资本与文化资本的共同和协调开发。

从新制度经济学层面看，如何积极推进现代化的进程，加快包括教育产权制度、教育评价制度、产业制度和分配制度改革的步伐，尽快建立各用人

---

① 王小锡.道德资本论[M].南京：译林出版社，2021.

单位的"用人补偿机制"和用人单位的人才激励(经济利益、权利与地位、企业文化)和约束机制(公司章程与合同、偏好约束、机构的约束、法律与道德约束、市场的约束、社会团体的约束),成为中国从人力资源大国向人力资本强国迈进的关键举措。

五、呵护新制度教育经济学发展的未来断想

新时代,我们进入了物质文明高度发达的时代,也是一个知识急速转型的时代。科学与技术主导下的现代经济社会,在满足人们物质层面多样化需求的同时,也带来前所未有的"幸福"烦恼或危机,很多人的生活变得没有确定性、方向力和幸福感。

翻开人类文明的进化史卷,我们不难发现,社会实践危机到来之时也往往是人类认识孕育飞跃生机,走向理性与光明的时期。教育作为一种培养人,造就人的宏伟事业,需要给予足够的关心与重视,或许重建我们的教育体制和模式也是拯救人类社会危机的一个重要出路。在此紧要关头,我们不得不回归经济发展和社会进步的源头问题——在集体意义上关注人才培养的教育大问题。也就是说,如何在真实意义上推进教育经济学思想的拓展与创新是教育经济学学科建设的一个突出问题。

伴随着西方人力资本理论的出现,西方教育经济学的发展已经有了四十几年的历史,我国教育经济学学科在近二十几年中,有了迅猛发展。不可否认,与其他成熟学科相比,我国教育经济学至今还没有形成比较完整的理论体系结构。针对教育经济学研究长期徘徊于"问题与主义之间"的现状,许多学者深感担忧。

早在2000年,沈百福就指出以往的教育经济学研究缺乏对教育经济学基本规律问题的系统总结与把握[1],这一现象亟须改观,并首次总结出我国教育经济学研究的八大规律,即教育与经济相互作用的规律,教育结构与经济结构的相互作用的规律,教育的供给与需求规律,教育的社会分层作用的规律,经济发展不平衡和教育发展相对平衡的矛盾规律,教育投资不断增长的规律,地方教育投资变与不变的规律,教育投资经济效益形成的规律等。

置身于知识经济和社会全球化浪潮中的著名经济学家汪丁丁未雨绸

---

[1] 沈百福.教育经济学规律探析[J].教育理论与实践,2000(11):3-7.

缪，一针见血地指出"知识"与"价值"的冲突所构成的张力，将是主导 21 世纪中国教育的基本力量①。教育经济学的问题直接导源于教育的终极目的与教育所受到的生存状况的制约之间的矛盾。教育过程是教育参与者认知发展与道德发展不断展开对话和不断阐释的过程，而如何以最小的成本获得每个参与者个性的最大发展是教育经济学所探讨的基本问题。与此同时，作者提出了教育制度改革的三个基本原则。其一是竞争性原则。这里竞争不仅指市场竞争，还包含了政府规范下的多种竞争形式。以竞争的方式提供教育服务，就是要求教育结构具有营利性质，不允许追求利润，就难以激发民办教育机构节约教育成本和提高回报率的教育服务的积极性。其二是责任计量原则。教育制度改革既要关注教育标准的确立，又要关注对教育标准的计量与监督。其三是公共性原则。强调整个教育运行过程的公共性，包括教育的目的、内容、体制、标准、责任、利益分配和权利监督等都要面向社会公众，都必须接受公众监督。这种认识和觉醒在一定程度上拓宽了未来教育经济学发展的视野。

鉴于教育经济学是教育学与经济学之间的一门交叉科学，学科定位向来分歧较大。随着教育与经济学科的不断分化以及研究者学科自我意识的不断觉醒，来自教育学和经济学领域的不同教育经济学研究者都非常关注这一问题。比如针对教育经济学的研究对象与方法问题，有学者认为教育经济学应该是用正统经济学的观点、方法探索教育领域中"所有"问题的一门新兴的交叉学科②。但是，那些尽管属于教育领域中的问题，却不能或暂时不能用教育经济学理论或方法来研究的问题，就不应该成为教育经济学的对象。教育经济学无意侵占传统教育学研究的全部阵地，只是为教育学科的发展提供一种新的研究视角，从而有利于人们对教育科学进行更加全面的认识。其实，解决这一问题的关键是首先在学理上厘定教育经济学学科归属问题。针对教育经济学的学科归属问题，当前教育经济学界争议很大。因为，按照以往的划分，教育经济学主要有两大归属：一类归属在教育学领域；另一类则归属在经济学门下。新的国家学科建设规定教育经济学属于教育经济与管理学科领域之内。对此略带行政命令型的学科划分问

① 汪丁丁.探索面向二十一世纪的教育哲学和教育经济学[J].高等教育研究,2001(1):1 - 5.
② 徐海熙.教育经济学几个热点问题的探讨[J].扬州大学学报(高教研究版),2003(6):38 - 41.

题,业内人士见仁见智。一种观点提出辛辣的批评。如杨天平首先对教育经济与管理学作为一门学科的合理性提出了大胆的质疑,认为教育经济管理学是一个纯粹行政性重组的学科①。另一种观点则表示由衷的赞同。如周仲高认为,教育经济与管理学科的设置既符合知识分类的要求,也获得了政府必要的支持,其学科设置具有现实合理性②。周仲高分别从交叉学科发展的趋势、学科研究对象、学科性质、学科研究方法和学科归属等多个角度进行了论证,同时也指出了这门学科的不成熟性及发展方向。上述两种观点各有见地,一时难见高低。总之,不管未来的社会如何发展,知识作为一种生产要素在社会中的作用日益显著,而教育作为一项生产和传承知识的大业,无疑具有举足轻重的作用。因此,以知识和智能——人力资本的主要形式为主要研究要素的教育经济学发展前景无限。

每一门学科的产生都有其客观必要性,比如天文学产生于游牧民族确定季节的需要,几何学产生于农业中丈量土地的需要,教育学产生于家庭、社会及国家培养人才的需要,而教育经济学则产生于教育资源稀缺以及由此产生的教育选择的需要。教育经济学主要解决教育选择的三个基本问题:第一,培养什么人才和培养多少人才的问题,这个问题涉及教育的经济效益问题,如果培养的人才不能最大限度地满足社会的需要,就会给个人造成很大的损失。第二,如何培养? 即人才由谁来培养,使用哪些资源作为教育的投入要素,采用何种方式和技术等,这些问题的解决与教育过程的效率有关,也就是如何提高教育部门的劳动效率。第三,培养谁? 即由谁来接受教育的问题,就是如何把有限的教育资源在不同的个人及家庭之间进行公平分配的问题。

面对以上诸多方面的教育经济学理论与实践问题,教育经济学者具有不可推卸的学术责任,尤其是从教育经济学研究的方法论层面来看,未来中国教育经济学的重建应注意以下三个方面的问题。

首先,要进一步改进研究方法并提高研究规范,积极汲取现代经济学的滋养,提高教育经济学研究的科学性。毋庸置疑,教育经济学研究在方法上的确存在不少问题。一是缺乏对教育经济学方法论的反思。研究中的教条

---

① 杨天平.关于教育与经济管理学科设置的几点不同看法[J].教育与经济,2002(2):1-5.
② 周仲高.教育经济与管理学学科设置的合理性辩护[J].教育与经济,2003(2):5-8.

主义和主观经验主义现象严重。二是研究方法落后。从规范研究的视角来看，质的研究范式如现象学研究、人种志研究、个案观察等在研究中用得很少。三是研究方法运作不规范。往往是论题前设不清晰，设计不严密，步骤不明确，数据和理论的关系不明确。四是微观研究不足。许多研究为宏观和中观研究，具体地分析某一单元教育经济过程和要素的研究比较匮乏。另外，从研究的有效性来看，教育经济学的分析框架需要进行重新认识和重构，传统的新古典经济学只是一种"黑板经济学"，无法解释与预测现实、复杂的教育经济问题。而大胆借鉴新制度经济学中的制度分析法和案例研究法研究教育经济问题，就不仅仅指向教育的成本与收益分析，还需对制约教育成效的若干制度问题进行深入细致的研究，这样对教育经济问题的认识更为系统全面，教育经济学研究的有效性也会大大增强。

其次，关注教育经济学研究的立场问题，提高教育经济学研究的人文性。这方面关键是处理好教育经济学理论研究与实践的关系，其实质是教育经济学作为一门边缘学科，如何处理好经济学和教育学的关系问题。也就是如何做到研究与行动价值取向统一的问题。从当前教育经济学研究的基本趋向上看，主流教育经济学研究的一个主要目的是积极探索教育经济学的基本事实与规律。但是，这种以探讨教育经济规律为宏旨的教育经济学研究，往往偏重或满足于解释西方的教育经济学理论和学说，而忽视本土问题以及缺乏开展行动研究。在中国社会转型时期，学者们有义务关注涉及大多数人利益的教育经济学问题，大众化进程中的大学生就业问题研究等。

最后，加强中国教育变革"真实"问题的新制度教育经济学研究，寻求中国教育经济学发展的新的增长点。美国当代著名教育经济学家 M. 卡诺伊认为，尽管 20 世纪 60 年代以来，世界经济与社会发生了巨大的变化，但教育经济学家作了大量的工作来证明舒尔茨等人关于教育是生产过程中的一种重要投入的观点是正确的。[①] 教育经济学家要想真正了解教育在当今社会发展过程中的作用，必须超越这些早期模式进行更为深入的研究。比如关于教育结构与经济结构匹配关系的研究，关于学校及教育组织制度变迁的研究，以及教育过程内部效率问题的研究等。总之，教育经济学学科的应用

---

① Martin Carony. 教育经济学国际百科全书[M]. 闵维方，等译. 北京：高等教育出版社，2000.

实践特征决定了它必须密切关注现实的生活世界。无论是社会变迁、实践变革,还是理论发展、政策的改变,都会使教育经济学激荡出鲜活的时代话题和更为"真实"的教育经济学问题,从而不断推进教育经济学学科的向前发展。

在深化教育治理体系和治理能力提升的背景下,明晰和重组改革传统的社会化和多元化的教育产权制度,目的无非就是使教育服务从制度上融入社会主义市场经济的一种深层次权利选择和制度创新。未来仍需进一步研究的方向涉及以下几个重要问题。

第一,建立和健全教育资产多元化及所有人机制。区分营利性和非营利性教育是教育产权市场运行机制改革的重要环节。非营利性教育机构是通过政府税收或捐资举办的教育服务机构,举办者不以营利为目的,不享有财产所有权和收益权;营利性教育机构是通过投资兴办的教育服务机构,投资者拥有其所投资的教育机构的所有权和收益权。进一步完善公共教育学校的法人产权制度,实现终极财产所有权外在化和法人产权独立化。

第二,调整和理顺教育行政管理和行政问责机制。在公共教育产权各项权能的法律保护方面,核心是理顺公共教育行政管理机制,推进公共基础教育"管办评"分离。教育治理现代化改革的关键在于政党及中央与地方政府应通过拨款、信息咨询、制定大的方针政策来宏观控制中小学校,进一步扩大中小学学校及校长在招生、教学、科学研究、机构设置、教师管理、学生管理、经费使用等方面的自主权,以及与社会力量联合办学的自由权等。同时,为了减少由于多层行政增加的教育交易费用,教育行政部门要改为中央、省、县三级,加强统一的人权与财权、事权管理,并加强行政问责。

第三,建立和健全教师人力资本产权交易市场。社会化和多元化是我国教育产权制度变革与改进的核心,是形成有利于教育场域受教育者自由选择和教育从业人员充分发挥聪明才智的机制和环境,承认并促进大学和中小学教育法人的管理、品牌、专业知识、专利和经验等无形资产转化为股份的必要条件。应建立健全包括大学和中小学教师人力资本产权及其知识产权在内的教育产权交易市场,依法保证教育个人资产所有人和校长、教职工个体及学生、家长的教育选择权及知情、参与权等合法权益。

第四,建立和完善中小学和大学学校法人机制。学校教育法人是国家认可的合法教育组织,是教师的执业机构。现代教育产权制度体制下的教师，是指依法取得教师资格证书，为社会提供教育服务的执业人员。教育法人应当具备下列条件：有自己的名称、住所和章程；有规定金额以上的资产；有符合相应规定数额以上的教师。教育法人依法自主开展教育教学业务，以该教育法人的全部资产对其债务承担责任。教师可以设立合作或合伙教育法人，教育法人和教师应当依法纳税。现代教育产权制度条件下的教育资产所有人和教育法人将是两个独立的法律关系主体，即使两者统一为一体的情况下，即教育资产所有人同时是经营着该资产的教育法人，也应如此。教育资产所有人和教育法人之间是一种委托代理关系。教育法人化，就是要赋予教育自由运作的权力，使其更容易发挥教育专业特色，强化教育的行业独立性，更好地适应社会和经济发展的需要。实行教育法人化，将改变原有的公办学校教职工的国家事业单位工作人员身份，减少财政预算支出。实行教育法人化后，学校不再是国家行政部门的下属机构，而成为独立的市场主体，拥有独立的法人权利。教育法人不具有政府意义上的行政级别（校长职级制度、教师县管校聘、教育集团化等）。依资质可分为高教、中教（高中和初中）、小教和幼教四个类型；依从事教育职业的类型可分为普通教育、职业教育和特殊教育三个类型。教育法人可自由成立，自由组合。对教育法人实行国家、省、县三级管理。教职员的身份由事业编制向自由职业者过渡。无论公立还是私立学校，教师的聘用均采用公开招聘制和任期制，并放宽对教师兼职的限制。

第五，建立和完善公共服务型教育经费管理机制。这里所说的教育经费，既包括国家或政府用于教育事业的费用，也包括私人用于教育事业的费用。教育经费管理，就是有关教育法人和相关政府机关遵循法规制度和管理原理，对教育经费进行筹措、分配和使用的过程。教育经费管理具有筹资、导向和监管三大功能。我国的教育经费来源，在 20 世纪 80 年代教育改革前，几乎全部来自政府的预算内财政拨款。自 20 世纪 80 年代中期实行地方负责、分级管理的体制后，初等和中等教育的管理权与责任划归到了地方政府，在教育经费的供给和管理上，则采取"谁管谁出钱"的办法，层层下放，省下放到县，县下放到乡，乡下放到村，现在又回到了县。这种管理体制虽然极大调动了地方办教育的积极性，地方对教育的投入大大增加，在一定程度上促进了地方教育的发展，同时也减轻了国家在教育上的沉重负担，有一定的积极意义，但也出现了一些问题。由于地方经济条件和发展水平的差异,出现贫困地区教育经费短缺,教育条件下降甚至难以维持,如此就形成了教育发展的不平衡。将公共教育经费管理,尤其是义务教育阶段的教育经费管理,纳入社会保障系统,建立公共服务型的教育经费管理机制,是保证我国教育平衡发展、公平发展的重要制度措施。

第六,建立和完善中小学和大学教学管理监督机制。也就是目前已建立和推行的政府教育督导机制。教育督导的主要内容是检查和监督地方各级政府及教育行政部门对国家教育法律、法规和政策的执行和贯彻落实情况。教育的公共性所具有的行政性,赋予国家、政府及其教育行政部门依法行使教育管理的权力和职能。国家必须依法对各种教育活动实施控制、协调、指导和监督。教育管理历来是各级政府的重要行政职能之一。那种让"教育独立于现实社会,独立于政治"的企图,显然是既不合情理,又违反常规的一厢情愿,也是违背教育基本属性的主观臆想。对于教育的产业性来讲,行政管理是一把双刃剑,用好了,会促进和保护教育的快速发展,用不好,会阻碍甚至破坏教育的发展。用得好与不好,关键取决于国家教育法规和教育政策制定的科学有效性及其开放程度。国家以及地方各级政府对教育教学实施监管的方法、步骤、程序和内容,一定要法制化、体量化、科学化和规范化。各级政府及其教育行政部门对教育(主要是通过教育法人对学校)的每一项管理措施都应当是有法可依,明明白白,理性的。教育行政管理应以教育法律法规制约和宏观指导为主。超脱一些,有所舍,有所得,有所为,有所不为;少当教育裁判,少组织教育活动,少干涉教学业务。要改变以往那种什么都可以管、什么都可以不管,该管的不管、不该管的乱管的无序管理状态,关键是要明确该管什么、不该管什么,明确鉴别教育行政职能的真实内涵,依法行政,不缺位,不越位。

第七,建立和完善中小学和大学教育资产评估审核机制。这里所说的教育资产,仅指直接服务于教育的有形资产和无形资产,不包括政策性教育资源。教育资产作为经济行为主体,不可避免地要进入市场流通,其交易的结果,最终必然体现为价格。由于我国的教育资产长期处于不流动状态,资产评估长期处于缺位状态,教育资产转化为产权的过程,也是对资产进行重新评估的过程。我国目前教育资产的基本状况是,公办学校的资产,绝大部分名义上属于国有,这是教育资产的主体部分,比较容易界定;纯民办学校的资产属于办学者所有(土地使用权除外),也容易界定,界限比较模糊的和情况比较复杂的是由公办学校举办的那些半公半私、不公不私的学校，如独立学院、公办民助、民办公助等混乱状态下形成的资产。

第八，建立教育投资社会及个人经济社会效益评价体系。评价教育投资的社会经济效益不仅可以增强对教育的经济意义的认识，改变教育是一项单纯的消费与福利事业的错误认识，还可以增强制定教育发展规划的科学性、计划性。通过对教育投资社会经济效益的计算，可以确定教育投资的各种比例，避免人力、物力的浪费，使教育投资获得最佳的经济效益。构建区域教育投资评价指标体系和国家级、省级以及县（市）教育投资评价的思路，进行努力程度评价、教育资源配置的合理性评价、教育投资利用效率评价等。构建学校教育投资评价体系，进行教育投资总量与来源、教育投资的支出结构、教育投资成本与效益、学校人力、物力、财力资源的使用效率等方面评价。构建个人教育投资评价体系，进行个人教育投资的成本、个人教育投资收益率、个人教育投资回报期等方面的评价。

总之，本书从产权经济学视角透析我国教育治理的权利、利益和责任边界模糊导致的种种教育疑难问题，聚焦教育流行病理个案和关键事件调查，从打破传统的强迫型教育制度依赖出发，提出走教育治理困境的法制型教育制度创新路径。需要说明的是，本研究基于新制度经济学产权和制度变迁视角，主要考虑的是教育产权制度市场运行和法律保护的正式制度及其实施机制的研究，兼顾对社会教育产权若干问题及教育产权制度变革中的主流价值观念以及社会习俗及个人文化心理结构环境等非正式制度的研究。本书的基本观点总结如下。

（1）公共教育是建立在公共经济基础之上的一项提供教育公共服务的复杂性系统工程，以公共经济为基础、多种经济成分混合而成，是教育公共服务混合产品属性的显著特点。教育公共服务的"供给不足"和"机制不活"不是政府、社会和家庭的物质或信息技术供给不足，而是教育产权制度、教育产权政策与教育产权供给方式的"供给不足"。

（2）走出当前全民教育治理焦虑的困境，必须重构教育利益相关者之间的产权关系和教育价值共识。教育产权是教育产权主体（各级政府、教育机构、教育投资者和受教育者及其他教育利益相关者）围绕教育产权客体（有形资产即办学的物质条件，包括土地、建筑、教学设施等；无形资产包括学校的特色、经验、品牌等知识产权，也包括学校的债权和债务；教育话语方式等)形成的权、责、利和话语关系。而教育产权制度是对教育产权相关主体在教育活动中对各类型的教育财产的所有、占有、支配和使用等各种权责利关系的规定,它包括基本权限、责任及利益的界定和产权交易、契约的执行、监督等一系列配套规则,是一组规则的集合。学校产权制度则是教育产权制度在学校层面的具体化,以学校产权为核心,涉及教育管理体制、办学体制和学校内部管理体制中针对各教育产权主体的产权制度安排,能以点带面地反映教育产权制度的具体内容。多元教育共治的目的与归宿是让政府的归政府、学校的归学校,教师的归教师,学生的归学生,家长的归家长,社会的归社会。

(3)构建教育产权制度的核心是有效界定、激励和保护各个教育产权主体的权、责、利和话语权,完善教育产权交易规则和教育价值观共识,以公正有效的教育产权制度激励和规范包括政府、学校、社会、家长及学生个体的教育产权主体的行为,促进教育产权主体形成合理的教育交易与教育参与预期,提高教育资源配置与教育活动参与的效率与公平。教育产权制度变革的实质是教育利益相关者的博弈和利益的重新分配和调整,需要政府、学校、社会组织、家庭以及受教育者个人诸多力量的整合,在各自教育权责利的边界内行动,克服变革的路径依赖,推动教育治理制度的良性发展与自我纠错。

(4)教育惩戒不是负面教育,而是一种正面的教育,是以关心和爱护学生为前提,由"惩"而达到"戒"的一种有效措施,它既是学校教育必不可少的重要教育形式,也是教师的专业权利之一。任何一种方式都应该在合理的范围内使用,而惩戒教育更应如此,要惩之有据、惩之有方、惩之有度和惩之有情。要合理地实施这种权利,既需要立法赋予教师教育惩戒权,又需要构建完善的教育惩戒体系。

(5)建立教育资产多元化及所有人机制和教育话语的价值沟通对话机制,区分营利性和非营利性民办学校是教育产权改革的一个重要环节。非营利性民办学校是通过捐资举办的教育机构,举办者不以营利为目的,不享有财产所有权和收益权;营利性民办学校是通过投资兴办的教育机构,投资者拥有其所投资的教育机构的所有权和收益权。进一步完善民办学校的法人产权制度,实现终极财产所有权外在化和法人产权独立化。理顺教育行政治理机制,中央与地方政府应通过拨款、信息咨询、制定大的方针政策来宏观治理学校，进一步扩大各级各类学校在招生、教学、科学研究、机构设置、教师管理、学生管理、经费使用等方面的自主权，以及与社会力量联合办学的自由权等。

（6）清晰化、社会化和多元化与价值观共识是公共教育治理产权制度改革的核心，有利于形成受教育者自由选择和教育从业人员充分发挥聪明才智的机制和环境。机制上，承认并促进教育法人的管理、品牌、专业知识、专利和经验等无形资产转化为股份，建立健全包括教师人力资本产权在内的教育产权交易市场，依法保证教育个人资产所有人和校长、教职工个体的合法权益。要建设良好的职业教育，职业学校的学生必须有内在的动力。他们的动力，取决于他们可以期待的前途，如不错的收入，其中的佼佼者享有良好的社会评价和声誉等。

（7）为促进民办学校增强竞争优势，民办教育应率先建立公平明晰和高效的教育产权制度。民办学校在法律中的"民办非企业"角色和在现实运行中的"公益性与营利性并存"的角色严重冲突，使得民办学校法人属性定位较不合理，从而导致产权归属不明晰。根据不同学校的性质类型，重新界定民办学校公益性学校法人和营利性学校法人类型，调整经费补偿政策和税收优惠政策，以增强法律政策的适切性。赋予民办教育组织与个人以"合理回报"双重属性，重新对合理回报的内涵范围进行界定，将合理回报分为奖励性回报和收益性回报。

（8）择校问题现阶段在根源上一时似乎难以解决，因为教育资源很难做到完全平等，而父母望子成龙的愿望也不会改变。我们应该更理性地看待这个问题，所站的角度不同看法也不尽相同。没有成为父母很难体会父母的良苦用心，有条件择校的家庭认为其理所当然，没有条件进行择校的家庭会无奈甚至抱怨。但是，对于教育而言，培养孩子的自主性与父母多花时间教育孩子的效果可能更甚于择校带来的效果。"双减"的理想境界是使教育者不断感到自己是多余的，管理者不断感到自己是不被需要的。

（9）重新界定"家校合作"的产权关系。学校与家庭之间之所以会产生关系，是因为学校和学生之间产生了关系，而家长作为未成年学生的监护人，其在教育活动中的教育权必须得到承认和保护，同时家庭作为学生学习和生活的主要场所之一，必须和学校教育进行相互交流与合作，才能充分发挥其教育价值，实现培养人的共同目标。但在家校合作的教育实践中，往往会因为家庭教育与学校教育相互越界而造成一些不良的后果。家长在家校合作中与教师、学校的地位往往并不对等，反而是处于一种低话语权的状态，最终造成了学校教育对家庭教育的"入侵"，是配合工作而非平等合作。

感谢诸多教育学者的研究成果和严谨治学精神对我本人及研究团队的启发，如果说本书在前人研究基础有所创新和价值的话，主要表现在以下两方面。

第一，学术创新方面。

（1）研究方法的创新。教育治理经济学是一个多学科视角的领域，本成果在新制度经济学的产权理论、交易成本理论、委托代理理论和制度创新理论、对话理论基础上，综合运用文献综述、比较研究、深度访谈和实证调查分析的研究方法，实现了研究视角和话语体系的创新。

（2）构建了系统的公共教育治理的产权制度分析框架。本成果在理论层面上，较为科学地界定了产权、教育产权和教育产权制度的概念，深入论证了教育产权制度变革的逻辑起点、社会功能、实现机制和效率评价原则及产权制度边界。

（3）在实践层面，对处于新时代改革进程中的我国教育行政管理、办学体制和学校内部治理结构和机制中教育产权创新问题进行了实证性分析，提出了加快改革、不断创新的针对性对策建议。

第二，在学术价值方面。

（1）本书拓展了教育经济学学术研究的新领域。随着教育产权理论研究的深入，有必要对教育产权概念、理论本身进行学术反思和清理，并就正在进程的教育行政管理体制、办学体制和公办和民办学校以及师生之间、家长与学生之间的产权激励机制和法律保护作进一步的深化、细化研究，拓展和提升教育治理产权制度研究的品质及应用价值。

（2）本书对基础教育治理体制创新及实践有重要指导意义。提出改革和完善中国教育产权利益主体的相互关系，便于更好地发挥教育资源的作用，实现教育产权的价值。通过现代教育产权制度的创新，解决如何界定、变更和安排教育产权结构，降低或消除教育管理机制中费用过高的问题，提高教育人力资源与物力资源的运行效率，改善教育资源配置和治理机制，促进中国教育经济的可持续内涵发展。

（3）在研究的系统化方面提供了诸多定量与定性研究结合的混合研究

范例。通过扎根一线的问卷调查研究和产权理论分析对我国当前制约教育发展的教育产权边界模糊、公共教育资源管理"缺位"、个体教育产权保障"不当"、教育行政管理"低效"、公办学校办学自主权"缺失"等问题进行深层次的制度探讨，并提出系统推进公共教育产权改革的基本机制和实践路径。

参考文献

一、中文文献

[1] 周洪宇.教育公平是和谐社会的基石[M].合肥:安徽教育出版社,2007.

[2] 陈宝亚.流动人口子女学校的办学现状与对策研究:基于宁波市的调查与思考[D].宁波:宁波大学,2009.

[3] 陶红,杨东平.北京市"流动儿童"教育面临的问题和对策[J].江西教育科研,2007(1):61-63.

[4] 陈小华.多维视角下的城市农民工子女义务教育问题研究评述[J].教育发展研究,2010(23):49-52.

[5] 沈跃东.关于"关闭打工子弟学校"的宪法学思考[J].江汉大学学报,2007(1):73-75.

[6] 刘莉.农民工子弟学校合理性分析及政策建议[J].法制与社会,2007(10):617-618.

[7] 谢尹安,邹泓,李小青.北京市公立学校与打工子弟学校流动儿童师生关系特点的比较研究[J].中国教育学刊,2007(6):9-12.

[8] 何颖.打工子弟学校教师的继续教育需求调查研究:以北京市五所打工子弟学校教师为对象[J].教育理论与实践,2008(4):49.

[9] 莫怡文.权利的贫困:浅谈农民工子女教育困境的原因[J].新视角,2005(2):80.

[10] 项继权.农民工子女教育:政策选择与制度保障:关于农民工子女教育问题的调查分析及政策建议[J].华中师范大学学报,2005(3):5-10.

[11] 陈信勇,蓝邓骏.流动人口子女平等受教育权的应然与实然[J].浙江大学学报(人文社会科学版),2007(6):120-126.

[12] 教育部,中央编办,公安部,发展改革委,财政部,劳动保障部.关于进一步做好进城务工就业农民子女义务教育工作的意见[Z].2003.

[13] 国家教委,公安部.流动儿童少年就学暂行办法[Z].1998.

[14] 周翠萍.我国政府购买教育服务的现状与问题:基于上海市教育委托管理的分析[J].教育发展研究,2011(3):39-44.

[15] 李彦荣.政府职能转型过程中教育委托管理中介机构的发展:浦东的实践与思考

[J].上海教育科研,2009(4):66-68.

[16] 陈志龙.基于委托管理学校的实践及启示:上海市东沟中学内涵发展凸显成效[J].上海教育科研,2009(4):68-69.

[17] 傅禄建.委托管理机制还需要不断完善:上海市崇明县学校评审后的思考[J].上海教育科研,2011(10):21-25.

[18] 蒋志明,陈怡.中、美、英三国学校委托管理之比较研究[J].外国中小学教育,2009(11):11-16.

[19] 王湖滨.美国的"公校私营"运动及其对我国教育委托管理的启示[J].基础教育,2010(3):46-50.

[20] 韩立福.我们需要构建什么样的中小学教育督导评估制度[J].教育测量与评价,2009(1):12-17.

[21] 张礼.学校内涵发展督导:基础教育督导的新走向[J].江西教育,2012(10A):28-30.

[22] 周德义.论教育督导的几个关系[J].当代教育论坛,2007(5):8-1.

[23] 李卓.我国学校教育督导的困境及其存续价值探析[J].教育测量与评价,2010(7):16-18.

[24] 刘朋.区域教育督导服务机制的实践探索[J].中国教育刊,2006(12):21-24.

[25] 刘阳科.发展性教育评价的理论探究、实践探索及其对教育督导工作的启示[J].教育测量与评价,2010(9):19-24.

[26] 赵连根.以发展性教育督导评估促进学校主动发展[J].教育发展研究,2002(5):72-75.

[27] 于慧.我国教育督导工作专业化探析[J].教育发展研究,2009(15-16):16-19.

[28] 许万发,段来财.对学校做好督导自评工作的几点思考[J].教育督导,2013(2):11-12.

[29] 秦行音.学校自主中的国家监督:评王璐教授的《英国教育督导制度》[J].比较教育研究,2012(2):88-90.

[30] 杨丽娟.关于教育产权若干问题的探讨[J].教育与经济,2000(1):12-16.

[31] 曹淑江,范开秀.也谈关于教育中的产权问题:兼与杨丽娟同志商榷[J].教育与经济,2001(4):16-19.

[32] 范先佐.教育的低效率与教育产权分析[J].华中师范大学学报(人文社会科学版),2002(3):5-10.

[33] 张万朋,薛天祥.进行教育产权制度创新　促进教育市场发育[J].中国高教研究,2003(6):20-22.

[34] 张铁明.试论教育产权多元化变革[J].天津市教科院学报,1998(2):17-21.

[35] 靳希斌.教育产权与教育体制创新:从制度经济学角度分析教育体制改革问题[J].广东社会科学,2003(2):74-80.

[36] 史秋衡,宁顺兰.高等学校产权分析[J].教育与经济,2002(4):11-14.

[37] 宁本涛.解读民办学校:产权经济学的视角[J].河北师范大学学报(教育科学版),2002(4).

[38] 曹勇安.民办学校产权制度改革的实践与认识[J].北京城市学院学报,2001(2):11-12.

[39] 陈艳华.谈教师的幸福[J].济南大学学报,2003(1):78-81.

[40] 王伟.营利性教育机构:理论逻辑与市场现实[J].北京大学教育评论,2005(2):10-12.

[41] 袁继刚.发展性教育督导与学校的督导需求[J].浦东教育,2012(4):25-27.

[42] 贺扬,张学敏.学校法人财产权:建立现代学校制度的基石[J].教学与管理,2007(2):6-8.

[43] 南旭光,罗慧英.GHM理论视角下的教育产权制度问题及对策[J].复旦教育论坛,2007(5):56-59.

[44] 张娜著.权利与规制:学校产权制度论[M].北京:教育科学出版社,2010.

[45] 康宁.人力资本产权在大学组织治理框架中的核心地位[J].高等教育研究,2005(1):25-29.

[46] 康宁.优化教师激励机制与约束机制的制度分析[J].教育研究,2001(9):23-26.

[47] 栗玉香.高校人力资本产权及其价值界定[J].江苏高教,2003(6):115-117.

[48] 黄乾.论人力资本产权的概念、结构与特征[J].江汉论坛,2000(10):9-14.

[49] 霍生平,周平.关于人力资本产权界定的几个问题[J].湖南师范大学社会科学学报,2001(5):286-289.

[50] 刘文.教师人力资本产权的特性[J].山西财经大学学报(高等教育版),2003(2):1-4.

[51] 樊华,陶学禹.高校教师人力资本产权特征及管理模式研究[J].科学学与科学技术管理,2004(7):115-118.

[52] 王琼芝.我国高校教师流动的机制研究[D].长沙:湖南师范大学,2004.

[53] 唐博.我国高校教师流动机制研究[D].长沙:长沙理工大学,2011.

[54] 周婷婷.我国公办高等学校教师聘任制度改革探析[D].武汉:武汉大学,2004.

[55] 管培俊.关于新时期高校人事制度改革的思考[J].教育研究,2014(12):72-80.

[56] 王伟,黄晓露.广西高校教师合理流动管理浅议:基于人力资本产权的视角[J].玉林师范学院学报,2009(1):107-111.

[57] 曾先锋.当前我国高校教师流动的理性分析[J].江苏高教,2017(8):49-52.

[58] 刘进,哈梦颖.什么影响了大学教师流动[J].河北师范大学学报,2017(3):103-110.

[59] 郭俊峰,李炎.人力资本产权视野下高校教师流动机制构建策略研究[J].中国成人教育,2017(14):40-42.

[60] 范国睿.学校章程是学校治理的法理依据[J].中国民族教育,2017(1):14.

[61] 范国睿.基于教育管办评分离的中小学依法自主办学的体制机制改革探索[J].教育研究,2017,38(4):27-36.

[62] 褚宏启.我们需要什么样的现代学校制度[J].教育研究,2004(12):32-38.

[63] 寿柱.章程建设:引领学校改革与发展[J].中国民族教育,2016(9):57-59.

[64] 陈立鹏.学校章程:学校的"基本法"[J].中小学管理,2013(4):4-6.

［65］陈立鹏.深入推进学校章程建设的再思考［J］.中国民族教育,2016(6):49－51.

［66］陈立鹏.新西兰中小学章程的特点分析［J］.中小学管理,2011(6):51－52.

［67］林祖浮.中小学学校章程"三化"建设探究［J］.中学教学参考,2017(21):5－13＋2.

［68］赵永攀.学校章程建设要解放学生［J］.教学与管理,2016(11):6－8.

［69］郑万瑜.学校章程建设的虹口经验［J］.中小学管理,2013(4):10－12.

［70］许杰.现代学校制度建设的实践逻辑［J］.教育研究,2016,37(9):32－39.

［71］彭宇文.中小学幼儿园章程建设实践考察:基于章程文本视角的实证分析［J］.教育研究,2016,37(9):67－72.

［72］何晓雷,郎全发.学校章程建设问题的法理学解析［J］.黑龙江高教研究,2017(9):37－39.

［73］方芳.依法治校背景下中小学内部治理现状调查［J］.教学与管理,2015(36):51－54.

［74］邢陈强.学校章程:制度与文化的和谐存在［J］.山东教育,2017(Z4):12－13.

［75］王利军.基础教育学校章程存在的现实问题与解决路径［J］.教学与管理,2017(24):41－44.

［76］金建陵.国外制定学校章程的实践经验和法律规定［J］.外国中小学教育,2001(3):42－44.

［77］金建陵.学校章程与学校评价机制的构建［J］.教育实践与研究,2002(5):16－18.

［78］金建陵.应重视学校章程的育人功能［J］.中小学管理,2002(5):26－27.

［79］丁莉莉.以师生合法权利制约校长权力［J］.人民教育,2015(6):37－38.

［80］丛洲.解读"现代学校章程建设"［J］.思想理论教育,2007(24):28－32.

［81］陈寿根.高等职业院校章程内容研究［J］.高等教育研究,2013,34(11):66－70.

［82］吴佩芸.学校章程制定与实施的"三·三·三"模式［J］.中小学管理,2013(4):13－14.

［83］米俊魁.学校章程实施的几点思考［J］.教学与管理,2016(7):20－22.

［84］米俊魁.关于学校章程内涵、价值与制定的探讨［J］.内蒙古师范大学学报(教育科学版),2007(11):1－4.

［85］米俊魁.学校章程实施的几点思考［J］.教学与管理,2016(7):20－22.

［86］卢明.关于学校章程制定与实践的思考［J］.中小学管理,2003(5):9－10.

［87］赵维贤.苏联中等普通教育学校章程(草案)［J］.中小学管理,1990(1):57－63.

［88］孙丽昕.我国教师权利救济的困境与对策［J］.教育学术月刊,2011(8):12－15.

［89］郭凯.中小学校长权力的性质与边界［J］.教育发展研究,2008(20):41－46.

［90］程刚,俞建伟.高校内部教师申诉制度的研究与设计［J］.教育研究,2009,30(5):80－87.

［91］俞建伟,韦玮.海峡两岸《教师法》的比较及启示［J］.教师教育研究,2008(4):44－50.

［92］［美］诺斯.制度变迁理论纲要［J］.改革,1995(3):52－56.

［93］卢现祥.论制度变迁中的四个问题［J］.湖北经济学院学报,2003(4):10.

［94］李小燕,朱正伦.怎样写好学校章程?［J］.中小学管理,2004(5):15－18.

［95］ 吴敬琏.路径依赖与中国改革:对诺斯教授演讲的评论［J］.改革,1995(3):57－59.

［96］ 娜仁花.略论学校章程建设的重要性［J］.云南社会主义学院学报,2014(3):248－249.

［97］ 王利军.基础教育学校章程存在的现实问题与解决路径［J］.教学与管理,2017(24):41－44.

［98］ 魏叶美,范国睿.中小学自主办学的应然特征、实然困境与策略［J］.教育理论与实践,2017,37(17):13－16.

［99］ 冯统帮.法治视角下学校章程建设的实践探索:以宁海县为例［J］.领导科学论坛,2017(7):73－75.

［100］程红兵.教育治理现代化进程中学校治理体系变革研究:以深圳明德实验学校为例［J］.全球教育展望,2017,46(11):90－103.

［101］纪胜辉.小学民主治理存在的问题和对策:以粤东10所小学为例［J］.韩山师范学院学报,2017,38(2):94－99.

［102］张秀芝.落实学校章程建设,助推学校全面发展［J］.天津教育,2017(Z2):65－66.

［103］邢陈强.学校章程:制度与文化的和谐存在［J］.山东教育,2017(Z4):12－13.

［104］林祖浮.中小学学校章程"三化"建设探究［J］.中学教学参考,2017(21):5－13＋2.

［105］曹旖旎.建章立制　依法治校:上海市杨浦区中小学校幼儿园章程建设工作的成效［J］.中小学校长,2017(5):16－18＋27.

［106］张婷.一部解渴的地方教育法规［N］.中国教育报,2017－03－07(006).

［107］陈立鹏.学校章程［M］.北京:光明日报出版社,1999.

［108］北京教育科学研究院基础教育科学研究所"样本校建设"项目组.学校发展的动力与策略初探［M］.北京:中国科学技术出版社,2005.

［109］李永连.日本教育法规选编［M］.北京:教育科学出版社,1987.

［110］邓洪波.中国书院章程［M］.长沙:湖南大学出版社,2000.

［111］王秀明.白鹿洞书院［M］.长春:吉林文史出版社,2010.

［112］拜尼斯.拜占庭:东罗马文明概论［M］.陈志强,郑玮,孙鹏,译.郑州:大象出版社,2012.

［113］褚宏启,江雪梅,徐建平,等.论教育法的精神:为了人的自由而全面发展［M］.北京:教育科学出版社,2013.

［114］谢军.职责论［M］.上海:上海人民出版社,2007.

［115］卢现祥,朱巧玲.新制度经济学［M］.北京:北京大学出版社,2012.

［116］诺斯.制度、制度变迁与经济绩效［M］.上海:上海三联书店,1994.

［117］诺思.理解经济变迁过程［M］.钟正生,邢华,等译.北京:中国人民大学出版社,2008.

二、英文文献

［1］ Shober A F, Manna P, Witte J F. Flexibility meets accountability: state charter school laws and their influence on the formation of charter schools in the United

States［J］. Policy Studies Journal，2006，34(4)：563-587.

［2］ Renzulli L A，Parrott H M，Beattie I R. Racial mismatch and school type：teacher satisfaction and retention in charter and traditional public schools［J］. Sociology of Education，2010，84(1)：23-48.

三、电子文献

［1］全面推进依法治校实施纲要［EB/OL］.［2021-05-30］. http：//www. gov. cn/gzdt/2013-01/16/content_2313387. htm.

［2］中华人民共和国教育法［EB/OL］.［2021-07-30］. http：//www. moe. edu. cn/s78/A02/zfs__left/s5911/moe_619/201512/t20151228_226193. html.

［3］教育部关于加强教育法制建设的意见［EB/OL］.［2021-05-30］. http：//www. moe. gov. cn/s78/A02/zfs__left/s5911/moe_623/201001/t20100129_5144. html.

［4］教育部关于加强依法治校工作的若干意见［EB/OL］.［2021-09-15］. http：//www. moe. gov. cn/s78/A02/zfs__left/s5911/moe_623/201001/t20100129_5145. html.

［5］教育部办公厅关于开展依法治校示范校创建活动的通知［EB/OL］.［2021-05-30］. http：//www. moe. gov. cn/jyb_xxgk/gk_gbgg/moe_0/moe_9/moe_40/tnull_170. html.

［6］教育部关于实施《中华人民共和国高等教育法》若干问题的意见［EB/OL］.［2021-05-30］. http：//www. moe. gov. cn/s78/A08/gjs_left/moe_739/201001/t20100129_745. html.

［7］小学管理规程［EB/OL］.［2021-05-30］. http：//old. moe. gov. cn//publicfiles/business/htmlfiles/moe/moe_621/201001/81895. html.

［8］中华人民共和国民办教育促进法实施条例［EB/OL］.［2021-07-10］. http：//www. moe. gov. cn/s78/A02/zfs__left/s5911/moe_620/tnull_3183. html.

［9］国家中长期教育改革和发展规划纲要(2010—2020年)［EB/OL］.［2022-02-25］. http：//www. moe. edu. cn/srcsite/A01/s7048/201007/t20100729_171904. html.

［10］关于实施《中华人民共和国教育法》若干问题的意见［EB/OL］.［2022-03-25］. http：//www. law-lib. com/law/law_view1. asp? id=11674.

索 引